普通高等学校“十三五”省级规划教材

第3版

网上贸易实务

主　编　夏名首

副主编　段文忠　倪莉莉

中国科学技术大学出版社

内 容 简 介

本书是为高职高专电子商务及经济管理类专业学习“网上贸易”课程编写的教材，内容包括网络营销概述、网络营销策略、网上市场调研、网上商务信息的收集与整理、网上交易管理、网上贸易安全、网络采购、网上贸易案例分析等。全书以提高学生整体素质为基础，以培养学生综合职业能力为主线，特别注重实践能力和创新能力的培养。

本书适合高职高专电子商务以及经济管理等相关专业作教材使用，也可作为电子商务师培训的参考教材，对从事电子商务的职业工作者和研究人员也有较高的参考价值。

图书在版编目(CIP)数据

网上贸易实务/夏名首主编. —3 版. —合肥：中国科学技术大学出版社，2016. 8(2018. 8 重印)

ISBN 978-7-312-04045-0

Ⅰ. 网…　Ⅱ. 夏…　Ⅲ. 网络贸易　Ⅳ. F713. 36

中国版本图书馆 CIP 数据核字(2016)第 194859 号

出版　中国科学技术大学出版社
安徽省合肥市金寨路 96 号，邮编：230026
http://press. ustc. edu. cn
https://zgkxjsdxcbs. tmall. com

印刷　安徽省瑞隆印务有限公司

发行　中国科学技术大学出版社

经销　全国新华书店

开本　787 mm×1092 mm　1/16

印张　16. 25

字数　366 千

版次　2006 年 12 月第 1 版　2016 年 8 月第 3 版

印次　2018 年 8 月第 9 次印刷

定价　36. 00 元

前　言

《网上贸易实务》出版已经有十多年了，它经过了安徽省内外多所职业院校的教学实践检验，受到了广大读者和职业院校师生的欢迎，得到了大家充分的肯定与认可。在这十多年中，我国互联网产业不仅实现了与全球的同步发展，并在发展速度、用户规模、应用创新、技术突破等多个方面呈现出居于世界领先水平的发展势头。过去的十年，是中国互联网快速发展的十年，这种快速发展不仅仅体现在某一个层面或角度，而在于互联网已经从一个工具，变为一种基础设施渗透到各行各业。互联网甚至成为承载数字经济发展的核心，成为我们工作与生活的重要载体。与此同时，电子商务已经融入了我们工作与生活中的每个角落，它不仅带动了许多行业的发展，也带动了生产模式的转变，带动了现代服务业的创新。然而，电子商务还是新兴的学科，尚不健全，还需要我们进一步探索，需要我们不断地学习、实践、总结和完善。

本书被列入安徽省高等学校“十一五”和“十二五”省级规划教材后，又于2017年被遴选为安徽省高等学校“十三五”省级规划教材（项目号：2017ghjc337）；同时，它也是教育部“现代学徒制”试点项目和创新行动计划（项目号：2016cx29）、安徽省高校优秀青年骨干人才国内外访学研修重点项目（项目号：gxfxZD2016327）、安徽商贸职业技术学院安徽省地方技能型高水平大学建设项目中电子商务专业人才培养模式改革（项目号：2016gj09）和电子商务专业教学团队建设（项目号：2016gj10）的阶段性成果。

本次再版除遵循第1版、第2版的编写原则外，尤其强化了实务方面的内容，对近几年电子商务的新知识、新技能、新案例及新应用进行了强化。修订工作分工如下：第一、二、四、七章由安徽商贸职业技术学院夏名首完成，第三章由安徽商贸职业技术学院段文忠完成，第五、六章由铜陵职业技术学院倪莉莉完成。

再版过程中，得到了安徽商贸职业技术学院各位同仁的帮助，特别是得到了电子商务教研室全体同仁们的帮助，同时也参考了诸多电子商务领域学者的研究成果，在此表示衷心的感谢。由于编者水平有限，书中有不妥之外在所难免，希望读者批评指正。

编　者

目　　录

第一章 网络营销概述

学习目标

本章是网络营销的基础章节。通过本章的学习，掌握网络营销的基本概念与内涵；了解网络营销与传统营销的异同以及如何进行两者的整合；了解网络营销的理论基础和网络营销的参与对象，学会如何根据企业实际情况进行目标市场定位，并做出相应的分析。

引例
YINLI

"王老吉"的网络营销

王老吉是加多宝公司名下的一个老字号品牌。2002 年以前，从表面上看，红色罐装王老吉是一个不错的品牌，在广东、浙南地区销量稳定，盈利状况良好，有比较固定的消费群，红色罐装王老吉饮料的销售业绩连续几年维持在 1 亿元人民币。但是，在发展到一定规模后，加多宝的管理层发现，要把企业做大，王老吉还面临着两个问题：一是品牌定位不明确，即王老吉是"凉茶"还是"饮料"；二是营销范围有限，无法走出广东、浙南。

2002 年年底，加多宝找到成美营销顾问公司，初衷是想为红色罐装王老吉拍一则以赞助奥运会为主题的广告片，要以"体育、健康"的口号来进行宣传，以期推动销售。成美营销顾问公司经过初步研究发现，红色罐装王老吉的销售问题并不是广告所能解决的，应进行一个系统、严谨的品牌定位。在调查中成美营销顾问公司发现，在消费者的认知中，饮食是上火的一个重要原因，特别是"辛辣""煎炸"饮食，而在预防上火的饮料方面，市场中始终还是一片空白。

从"健康永恒，永远相伴"到"怕上火，喝王老吉"，王老吉终于找到了自己明确的定位——"预防上火"，开辟出一片蓝天。王老吉迅速在电视和网络中播放消费者在吃火锅、通宵看球、吃油炸食品和夏日阳光浴等场景中畅饮王老吉的广告。由于品牌定位及网络、电视广告的成功，使王老吉的销售额大幅增加。

2008 年 5 月 12 日，汶川遭受特大地震，2008 年 5 月 18 日晚，中央电视台举办"抗震救灾募捐晚会"，加多宝集团以 1 亿元人民币的捐款成为国内单笔最高捐款企业。地震灾害中王老吉慷慨捐助的行为感动了大批消费者并快速形成口碑，而消费者的感动和支持也转化成了购买行为且极具“传染性”。随后，一则“封杀王老吉”的帖子在网上热传。帖子中写道：“生产罐装王老吉的加多宝公司向地震灾区捐款1亿元人民币，这是迄今为止国内民营企业单笔捐款的最高纪录！王老吉，你够狠！为了‘整治’这个嚣张的企业，买光超市的王老吉！上一罐，买一罐！”这给王老吉带来的不仅是在百度上搜索量的直线上升，同时还有销售量的大幅提升与知名度的迅速提高。

王老吉使用了网络推广手段，借助于网络营销中的事件营销、病毒式营销，用1亿元人民币感动了3亿网民，进而感动了全体中国人。而为地震的1亿元人民币捐款，为其带来的不是花1亿元人民币广告费就能赢得的品牌美誉度。

这一案例表明网络营销正以前所未有的速度走进我们的经济生活，而且大有替代传统营销的趋势。本章将系统地阐述网络营销的基本原理。

第一节　网络营销的内涵

网络营销是以互联网为媒体，以新的方式、方法和理念实施营销活动，更有效促成个人与组织交易活动的实现，实现企业的营销目标。

网络营销的产生，是科学技术的发展、消费者价值观念的变革和商业竞争等综合因素所促成的。

一、网络营销的产生基础

（一）网络营销产生的科技基础——计算机通信技术与网络的普及

现代计算机通信技术及网络的应用与发展是网络营销产生的技术基础。网络营销的产生，离不开20世纪90年代互联网的飞速发展。互联网起源于1969年，在加利福尼亚大学洛杉矶分校的计算机实验室里，6名科学家首次将一台计算机与远在千里之外的斯坦福研究所的另一台计算机联通，此举标志了网络时代的到来。1974年，计算机网络已拥有100多个站点，再后来的发展就是爆炸性的了。国际互联网络（Internet）是一种集通信技术、信息技术、计算机技术为一体的网络系统。它将入网的不同类型的网络和不同机型的计算机互联起来，构成一个整体，从而实现了网上资源的共享和网络信息的共享。互联网是目前计算机之间进行信息交换和资源共享的最佳方式。在互联网上，任何人都可以享有创作发挥的自由，所有信息的流动皆不受限制，网络的运作可使使用者自由地连接，任何人都可加入互联网，因此网络上的信息资源是共享的。由于互联网从学术交流开始，人们习惯于免费，当商业化后，各网络服务商也只能采取低价策略。这些因素促使了互联网的蓬勃发展。

中国互联网信息中心(CNNIC)2016年1月发布第37次《中国互联网络发展状况统计报告》(简称《报告》)显示,截至2015年12月,中国网民规模达到6.88亿,互联网普及率达到50.3%,中国居民上网人数已过半,网民的上网设备正在向手机端集中,手机成为拉动网民规模增长的主要因素。截至2015年12月,我国手机网民规模达6.20亿,有90.1%的网民通过手机上网。只使用手机上网的网民达到1.27亿,占整体网民规模的18.5%。

此外,网民数量的激增和旺盛的市场需求推动了互联网领域更广泛的应用发展热潮。2015年,1.10亿网民通过互联网实现在线教育,1.52亿网民使用网络医疗,9 664万人使用网络预约出租车,网络预约专车人数已达2 165万。互联网的普惠、便捷、共享特性,已经渗透公共服务领域,也为加快提升公共服务水平、有效促进民生改善与社会和谐提供了有力的保障。

互联网不再是单一的辅助工具,企业开始将"互联网+"行动计划纳入企业战略规划的重要组成部分,这突出表现在企业对互联网专业人才的重视、开展网上销售和采购业务,以及运用移动端进行企业营销推广等。《报告》显示,34.0%的企业在基层设置了互联网专职岗位,24.4%的企业设置了互联网相关专职团队,13.0%的企业由决策层主导互联网规划工作。受中国网络零售市场快速发展的带动,企业开展网上销售、采购业务的比例均超过30%,销售规模增长迅速。

(二)网络营销产生的观念基础——消费者价值观的变革

当今企业正面临着前所未有的激烈竞争,市场已由卖方市场向买方市场演变,消费者主导的营销时代已经来临,满足消费者的需求,是网络营销的核心。随着科技的发展、社会的进步、文明程度的提高,消费者的观念也在不断地变化,这为在互联网上建立网络营销提供了普及的可能。这些观念变化可概括为:

1. 消费者消费个性回归

网络营销最大的特点在于以消费者为主导。消费者将拥有比过去更大的选择自由,他们可根据自己的个性特点和需求利用网络在全球范围内寻找商品,不受地域限制。消费者心理上的认同感是做出购买决策的先决条件,以商品供应多样性为基础的单独享有成为社会时尚。通过进入感兴趣的企业网址或网上商店,消费者可获取产品更多的相关信息,使购物更显个性。

2. 消费者需求的差异性

不仅仅是消费者的个性消费使网络消费需求呈现出差异性,对于不同的网络消费者,因其所处的环境不同,也会产生不同的需求。不同的网络消费者,即便在同一需求层次上,他们的需求也会有所不同。因为网络消费者来自世界各地,有不同的国别、民族、信仰和生活习惯,因而会产生明显的需求差异。所以,从事网络营销的厂商,要想取得成功,就必须在整个生产过程中,即从产品的构思、设计、制造,到产品的包装、运输、销售,都要认真思考这些差异性,并针对不同消费者的特点,采取相应的措施和方法。网络技术的发展,使这种需求得到满足成为可能。

3. 消费者的主动性增强

由于商品生产的日益细化和专业化，消费者购买的风险感随选择的增多而上升。对于消费者来说，已经不再满足于卖方单方面的信息传递，更多的是追求双方的信息沟通，消费者会主动通过各种途径获取与商品有关的信息，并进行分析比较，以减少购买失误的可能。多数消费者会利用网站提供的"对比功能"进行比较产品或服务，主动参与到买卖活动中。

4. 消费者直接参与生产和流通的全过程

传统的商业流通渠道由生产者、商业机构和消费者组成，其中商业机构起着重要的作用，生产者不能直接了解市场，消费者也不能直接向生产者表达自己的消费需求。而在网络环境下，消费者能直接参与到生产和流通中来，与生产者直接进行沟通，减少了市场的不确定性。

5. 追求消费过程的方便和享受

现代化的生活节奏已使消费者用于外出在商店购物的时间越来越短。在传统的购物方式中，从商品买卖过程来看，一般需要经过看样品—选择商品—确定所需购买的商品—付款结算—包装商品—取货(或送货)等一系列过程。这一买卖过程短则几分钟，长则数小时，加上往返、逗留时间，使消费者为购买商品而在时间和精力上有很大的付出；拥挤的交通和日益扩大的店面更延长了消费者购物所耗费的时间和精力。然而，由于现代人工作负荷较大，消费者希望购物方便，时间和精力支出尽量节省，特别是对某些品牌的消费品已经形成固定偏好的消费者，这一需要尤为重要；人们越来越珍惜闲暇时间，越来越希望在闲暇时间内从事一些有益于身心愉悦、健康的活动，并充分地享受生活。同时，现代人的生活丰富多彩，购物活动不仅是消费需要，也是心理需要，很多消费者以购物为生活内容，从中获得享受。在这种情况下，人们用于外出购物的时间越来越少。

6. 消费者选择商品的理性化

网络营销系统巨大的信息处理能力为消费者挑选商品提供了前所未有的选择空间，消费者会利用在网上得到的信息对商品进行反复比较，以决定是否购买。对企事业单位的采购人员来说，可利用预先设计好的计算程序，迅速比较进货价格、运输费用、优惠、折扣、时间效率等综合指标，最终选择有利的进货渠道和途径。

7. 价格仍是影响消费心理的重要因素

价格仍然是影响购买的重要因素。虽然现代市场营销倾向于以各种策略来削减消费者对价格的敏感度，避免恶性价格竞争，但价格始终对消费者产生着重要的影响。只要价格削减的幅度超过消费者的心理预期，难免会影响消费者既定的购物原则。网络营销能为企业节省巨额的促销和流通费用，使产品成本和价格的降低成为可能。而消费者则可在全球范围内寻找最优惠的价格，甚至可绕过中间商直接向生产者订货，进而能以更低的价格实现购买。

8. 网络消费仍然具有层次性

在网络消费的开始阶段，消费者偏重于精神产品的消费；到了网络消费的成熟阶段，等消费者完全掌握了网络消费的规律和操作，并且对网络购物有了一定的信任感后，消费者就会从侧重于精神消费品的购买转向日用消费品的购买。

据中国电子商务研究中心监测数据显示，2015 年中国网络零售市场交易规模达 38 285 亿元，相比 2014 年的 28 211 亿元，同比增长 35.7%，占到社会消费品零售总额的 12.7%，较 2014 年的 10.6%，增幅提高了 2.1%。预计 2016 年全年中国网路零售市场交易规模有望达 53 261 亿元。2015 年网络零售市场出现拐点，B2C 市场交易规模占 51.6%，C2C 市场交易规模占 48.4%。网络零售市场出现“拐点”，B2C 份额首次超过 C2C 份额，成为市场主体；一系列监管、扶持政策的出台也倾向扶持 B2C 的发展，“人人开网店”的盛况不复存在。

这些数据表明，目前网络消费已经不仅是早期的以图书、软件等精神产品为主的购买，而更多的是向日用消费品市场进军。

（三）网络营销产生的现实基础——商业竞争的日益激烈

随着市场竞争的日益激烈，为了在竞争中占优势，各企业都使出了浑身解数想方设法地吸引顾客，很难说还有什么新颖独特的方法能令商家出奇制胜。市场竞争已不再依靠表层的营销手段，经营者迫切需要用更深层次的方法和理念武装自己。经营者迫切需要寻找变革，尽可能降低商品在从生产到销售的整个供应链上所占用的成本比例，缩短运作周期。

而对于经营者求变的要求，网络营销可谓一举多得。开展网络营销，可以节约大量昂贵的店面租金，可以减少库存商品资金的占用，可以使经营规模不受场地限制，可便于采集客户信息等，这些都使得企业经营的成本和费用降低，运作周期变短，从根本上提高企业的综合竞争力。

总之，网络营销的产生有其技术基础、观念基础与现实基础，是多种因素综合作用的结果，并且在未来有着巨大的发展潜力，蕴藏着无限的商机。

二、网络营销的定义

市场营销作为一门学科，在 20 世纪初诞生于美国，它经历了以生产为导向的营销观念、以产品为导向的营销观念、推销观念、以市场为导向的营销观念以及社会营销观念等 5 个阶段。近年来，营销理论又有了较大的发展，这主要表现在随着互联网的普及，市场营销环境有了根本性的改变，从而对市场营销策略和理念产生了巨大的冲击。作为一种全新的信息沟通与产品销售渠道，互联网改变了企业所面对的用户和消费者、虚拟市场的空间以及竞争对手，企业将在一个全新的营销环境下生存。

网络营销在国外有许多翻译，不同单词有着不同的含义：

(1) Cyber Marketing。主要是指网络营销是在虚拟的计算机空间中(Cyber，计算机虚拟空间)进行运作。

(2) Internet Marketing。主要是指在互联网上开展的营销活动。

(3) Network Marketing。指在网络上开展的营销活动，同时，这里的网络不仅仅是指互联网，还可以是其他一些类型网络，如增值网络 VAN。

（4）e-Marketing。“e”表示电子化、信息化、网络化，既简洁又明了，而且与电子商务（e-Business）、电子虚拟市场（e-Market）等相对应。

尽管表述不同，但它们都体现了一个新的理念，那就是采用电子手段来进行营销活动，即网络营销是以互联网为媒体，以新的方式、方法和理念实施营销活动，更有效地促成个人与组织交易活动的实现。

小思考 1-1

对网络营销的认识应注意哪些问题？

答：认识网络营销要注意以下几点：① 网络营销不是网上销售；② 网络营销不仅限于网上；③ 网络营销是建立在传统营销理论基础之上的。

三、网络营销的特点

网络营销作为新的营销方式和营销手段实现企业营销目标，它的基本营销目的和营销工具与传统营销是一致的，只不过其实施和操作过程与传统方式有着很大的区别。事实上，作为新兴媒体，互联网的发展超过了以往其他所有的技术，广播在出现 38 年后才拥有 500 万的受众，电视是 13 年，有线电视花了 10 年，而互联网只用了 5 年。这表明，互联网已经成为继电视、报纸、杂志、广播之后发展最迅速的传播媒体，并且有着巨大的潜力。在互联网上进行信息交流可以做到自由、开放和平等，信息交流费用低廉，信息交流渠道既直接又高效。因此互联网具有传统渠道和媒体所不具备的特点，在网上开展营销活动，必须改变传统的营销手段和方式。

1. 跨时空

以不受时间和空间约束的互联网为依托的网络营销，没有时间、空间、地域、国别的限制，减少了市场壁垒和市场扩展的障碍。企业通过网络可随时传播企业形象、经营产品信息等，直接面对全球大市场开展营销活动；从客户角度来说，通过网络可以实时快捷地查询、浏览到所需的各种产品及服务信息，并将自己的意见及时反馈给企业。比如生产各种中、小型家庭轿车和多用途汽车的公司，充分利用互联网具有不受时间、空间约束的特点来进行信息交换，24 小时为全世界提供营销服务，超越传统的时间和空间，完成大量的交易。

2. 多媒体

互联网有着多媒体的功能，而且清晰度高、容量大。所以有条件上网的人可以“足不出户，购尽所需”，因为网络上什么商品都有。

日本索尼音乐公司把资金投入在全球性的互联网和本公司的结构上，公司巧妙地把 Web 服务与现有的信息资源结合起来，将企业的内部信息传到网上，使最重要、最新的内容能高效率地传给索尼公司，产生坐待“直销入户”的营销效应。

3. 交互式

市场营销中最重要的是企业与客户之间的信息传播与交流。传统营销单向式的信息沟通方式，被网络营销中"一对一"的、具有双向交互式的沟通方式取而代之。消费者可以主动地在网上选择自己感兴趣的信息、产品或服务或向企业提出各种消费意愿。企业也可根据其反馈的需求信息，定制、改进或开发新产品。这种交互式的沟通方式是以消费者为主导的、非强迫性的。

4. 拟人化

互联网上的促销是"一对一"的定制化的营销，它充分考虑到了消费者的心理感受，由消费者作为主导，自愿地进行。这是一种低成本与人性化的促销，避免了人员推销中强势推销的干扰，通过信息交流与沟通，与消费者建立良好的关系。

5. 成长性

互联网正以前所未有的速度成长并且普及，在中国，上网的人已经超过4.57亿，而且从上网人群的特征来看，他们偏年轻化，受教育程度越来越高，购买力强，而且有很强的市场影响力，是一个极具开发潜力的市场。

6. 整合性

互联网上的网络营销是一种全程的营销渠道，可以对商品信息、收款结算、售后服务等活动进行整合。美国的通用汽车公司就充分利用了互联网的这一特点，它们允许顾客在互联网上通过公司的相关系统按自己的兴趣，自己设计和组装，以满足顾客的个性需求。在结算方面，我国的招商银行率先推出企业网上银行，使企业财务人员不到银行就可在网上办理支付结算等业务，同时也为网上交易提供结算手段奠定了基础。

7. 超前性

互联网是一种具有强大营销能力的工具，兼有渠道、促销、互换信息及网上交易等一系列功能，它所具备的"一对一"营销能力，恰好符合直复营销等营销的未来趋势。

小应用 1-1

以直销成名的雅芳(AVON)公司，为了巩固老客户、发展新客户、占领更大的市场，在 1997 年 4 月抢先一步实行网上销售。它们为公司上网做了充分的准备，上网之前它们就向美国的主管部门详细介绍了公司的网络营销策略，目的是为了扩大新客户，并不是甩开老客户，反而是要进一步巩固老客户。

8. 高效性

计算机可储存大量的信息供消费者查询。可传送的信息数量与精确度远远超过其他媒体，并能顺应市场需求，及时更新产品或调整价格，因此网络营销能更及时、更有效地了解客户的需求。

9. 经济性

网络营销具有快捷性，因此，将极大地降低经营成本，提高企业利润。形成网络营销的经济性有诸多原因：如资源的广域性、地域价格的差异性、交易双方的最短连接性、市场开拓费用的锐减性、无形资产在网络中的延伸增值性。这一切对网络营销经济性的关系和影响，都将使我们极大地降低交易成本，给企业带来经济利益。

10. 技术性

网络营销是建立在计算机及现代通信等高新技术支撑的网络环境中，这就要求企业实施网络营销必须要有一定的技术投入和技术支持，经营决策、市场运作更加依赖于科技手段的应用。同时，引进既懂营销又熟悉计算机和网络技术的复合型人才，才能在未来的市场上具备竞争优势。

四、网络营销的内容

网络营销可以使从生产者到消费者的价值交换更便利、更充分、更有效率。它的独特之处在于利用网络手段与技术，面向特殊的网上市场环境。这个特征已经深刻地影响了企业未来的生存方式。可以预测，网络营销将成为现代营销最基本的形式，而且它的内容也尤为丰富。

1. 网上市场调查

主要利用互联网交互式的信息沟通渠道来实施调查活动。它包括网上直接资料的收集，如电子邮件、网上调查问卷、随机 IP 法、视讯会议法等；也包括网上间接资料的收集，如搜索引擎、公告栏、新闻组、电子邮件等。利用网上调查工具，可以提高调查效率和加强调查效果。互联网作为信息交流渠道，由于它的信息发布来源广泛、传播迅速，已成为信息的海洋，因此在利用互联网进行市场调查时，重点是如何利用有效的工具和手段实施调查和收集整理资料。获取信息不再是难事，关键是如何在信息海洋中获取想要的资料信息和分析出有用的信息。

2. 网络消费者行为分析

互联网用户作为一个特殊群体，它有着与传统市场群体截然不同的特性，因此要开展有效的网络营销活动，就必须深入了解网上用户群体的需求特征、购买动机和购买行为模式。互联网作为信息沟通工具，成为许多兴趣、爱好趋同的群体聚集交流的场所，并且形成一个个特征鲜明的网上虚拟社区，因此了解这些虚拟社区的群体特征和偏好是网络消费者行为分析的关键。

3. 网络营销策略分析

不同企业在市场中处于不同地位。在采取网络营销实现企业营销目标时，必须采取与企业相适应的营销策略，因为网络营销虽然是非常有效的营销工具，但企业实施网络营销时是需要进行投入并且是有风险的。同时企业在制订网络营销策略时，还应该考虑到产品周期对网络营销策略制订的影响。

4. 网上产品和服务策略

网络作为信息沟通的有效渠道，它可以成为一些无形产品（如软件和远程服务）的载体，改变了传统产品的营销策略——特别是渠道的选择。作为网上产品和服务营销，必须结合网络特点，重新考虑产品的设计、开发、包装和品牌的传统产品策略。

5. 网上价格营销策略

网络作为信息交流和传播的工具，从诞生开始实行的便是自由、平等和信息免费的策略。因此，在制订网上价格营销策略时，必须考虑到互联网对企业定价的影响和互联网本身独特的免费思想。

6. 网上渠道选择与直销

互联网对企业营销影响最大的是对企业营销渠道的影响。美国 Dell 公司借助互联网的直接特性建立的网上直销模式获得了巨大成功，改变了传统渠道中的多层次选择、管理与控制问题，最大限度地降低了营销渠道的费用。但企业建设自己的网上直销渠道时，必须考虑到重建与之相适应的经营管理模式的问题。

7. 网上促销与网络广告

互联网作为一种双向沟通渠道，最大优势是可以实现沟通双方突破时空限制直接进行交流，而且简单、高效、费用低廉。因此，在网上开展促销活动是最有效的沟通渠道，但网上促销活动开展必须遵循网上信息交流与沟通的规则，特别是遵守一些虚拟社区的礼仪。网络广告作为最重要的促销工具，主要依赖互联网的第四媒体功能，目前网络广告作为新兴的产业得到了迅猛发展。网络广告作为在第四类媒体上发布的广告，具有传统的报纸、杂志、无线广播和电视等媒体无法比拟的优势，即网络广告具有交互性和直接性。

8. 网络营销管理与控制

网络营销作为在互联网上开展的营销活动，它必将面临许多传统营销活动不曾碰到的新问题，如网上销售的产品质量保证问题，消费者的隐私保护问题，以及信息安全与保护问题等。这些都是网络营销必须重视并进行有效控制的问题，否则网络营销效果可能适得其反，甚至会产生很大的负面效应，这是由于网络信息传播速度非常快，并且网民对反感问题反应比较强烈而且迅速所导致的。

小思考 1-2

网络营销与传统营销的管理内容是否不同？

答：网络营销与传统营销的管理内容大体相同，只是手段不同，具体表现形式也不一样。

第二节　比较网络营销与传统营销

菲利普·科特勒将营销定义为“个人和集体通过创造、提供并同他人交换产品价值，以获得其所需物品的一种社会和管理过程”。也就是说，营销是以满足人类各种需要和欲望为目的，通过市场变潜在交换为现实交换活动的总称。而网络营销(e-Marketing)是指借助于互联网、电脑通信技术和数字交互式媒体来实现营销目标的一种营销方式。从这两个定义来看，网络营销与传统的市场营销并没有根本的区别，它们都要实现其营销的目标，即将潜在的交换转化为现实的交换，但由于采用的手段不同，具体表现形式也存在着区别。

一、网络营销与传统营销的区别

（一）营销理念的转变

传统营销中，由于手段与技术的落后，企业不可能全面了解消费者的需求，不可能满足消费者个性化的需求，所以不管企业采取的是无差异化策略还是差异化策略，其目标市场针对的都是大众化的市场，一定范围内符合某种条件的特定消费者。但从理论上来说，任何两个消费者都是完全不一样的，因此每一个消费者都是一个目标市场。网络营销的出现，使大众化市场向个性化市场转化成为可能。通过网络，企业可以收集大量信息来反映消费者的需求，从而使企业的产品更能满足顾客的个性化需求，真正做到"一对一"营销。

例如，服装可满足人们对美的需求，对个人形象、气质的外在表现。可是要挑选到合适的服装并不容易。在传统营销方式下，买服装需要逛多家商场，耗费大量精力。即使选购同种样式的短袖衬衫，顾客对面料的需求也不同。很多顾客对于面料的特性并不了解，买后可能才发现此面料缩水、不透气或光照掉色。而网络营销恰好弥补了这个缺陷，例如淘宝网上的商店，把衣服的质地、尺码以及此衣服的原产地，所表现的风格，适应人群都登在网上，让消费者一目了然，尽情选购，还不用花费很大力气去商场，而且特别适合白领阶层。所以网络营销使营销更加个性化、更加方便。

（二）沟通方式的转变

1. 信息输送的改变

传统的促销手段只能提供单项的信息传输，企业难以及时得到消费者的反馈信息。秦池酒厂耗巨资买"标王"，它只能向消费者传递自己的品牌和经济实力，并不能向消费者宣传秦池酒的特色和品种，也不知秦池酒的目标消费群体和顾客对于酒的口味、包装的满意度，所以很难做出决策改进产品。

而网络营销则改变了信息输送的方式。如当当网，相比于传统的书店，网上书城可以对顾客的购买行为进行分析，针对不同的用户群体，有针对性地进行营销推广。如图1-1所示，消费者在浏览《国史读本》图书时，还会看到"买过本商品的人还买了"模块中相似度很高的《隋唐史》等书。网上书城给消费者提供方便的同时，也增加了营销机会。

2. 信息内容的局限性

很多制造服务器的厂商做广告，只能利用图片、Flash宣传自己的品牌、形象，而不能更多提及自己产品的特色。而通过网络，企业可以把一台服务器的所有参数，如性能指标列在网上，满足企业的不同需求。有的企业买服务器是做MIS，大企业和小企业做

MIS 时,对服务器的需求不同,需要考察各种参数来做决定,品牌只是选择的一部分。

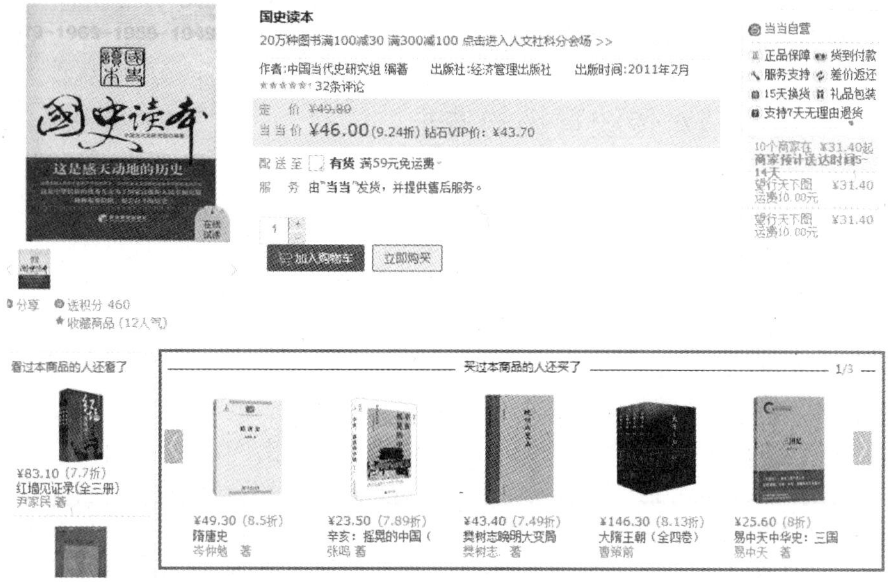

图 1-1 当当网上书城

互联网理论上具有无限的信息储存和传输空间,企业可以在互联网上利用各种不同类型的方式,为用户提供丰富的产品信息以及所有与产品相关的其他信息,即使在一则十分简短的广告语中,企业也可以通过链接的方式很容易地将客户带到他所感兴趣的、宣传企业产品和服务的页面上去。

(三) 营销策略的转变

无论是传统营销还是网络营销,自始至终都体现一个观点,即全程营销。所谓全程营销指的是必须从产品的设计阶段就开始充分考虑消费者的需求与意愿。传统营销无法实现全程营销,消费者不可能从产品的概念提出伊始,就对该产品的研制、开发、试用提出意见或批评,因为消费者与企业之间的沟通费用太高;同时,对于小企业而言,它们也没有足够多的资源用于了解消费者的各种潜在的需求,它们只能从自身能力或市场策划者的策划出发进行产品开发设计。

在网络环境下,这种情况可以改变。网络营销企业可以通过企业网站、博客、论坛和电子邮件等方式,以极低的成本在营销的全过程对消费者进行即时的信息收集,使得消费者有机会对从产品设计到定价以及服务的一系列问题发表意见,真正实现全程营销。

(四) 方便性

网络营销比传统营销更能满足消费者对购物方便的需求,网络消除了原本的空间距离,而且提供 24 小时服务,使得消费者可以随时查询所需商品或企业的信息并在网上购物。如书籍是一种很适宜网络营销的产品。世界上平均每天有成千上万的新书出版,互联网很适宜介绍新书的内容，彩色界面还可以逼真地展示图书的封面。在网络中，读者不需要为一本书跑遍大小书店，只需要上网查询，就可以得到该书的详尽信息。目前，世界上最大的书店是美国亚马逊图书销售公司。

二、网络营销对传统营销的冲击

传统营销依赖层层严密的渠道，并以大量人力与广告投入市场，这在网络时代将成为无法负荷的奢侈品。在未来，人员推销、市场调查、广告促销、经销代理等传统营销手法将与网络相结合，并充分运用网上的各项资源，形成以最低成本投入获得最大市场销售量的新型营销模式。

1. 对营销渠道的冲击

在网络营销中，渠道不再意味着中间商、分销商等概念，也不再意味着特约加盟店、连锁店。在网络的环境下，生产商可以通过互联网与最终用户直接联系，因此，中间商的重要性将有所降低。这种情况会造成以下两种后果：由跨国公司所建立的传统国际分销网络对其他小竞争者或新的进入者造成的进入障碍将明显降低；对于目前直接通过互联网进行产品销售的生产商来说，其售后服务工作是由各分销商承担的，但随着他们代理销售利润的消失，分销商将很有可能不再承担这些工作。所以在不破坏现存营销渠道的情况下，如何提供这些售后服务将是网络环境下企业不得不面对的又一问题。

2. 对定价策略的冲击

如果公司某种产品的价格标准不统一或经常改变，客户将会通过互联网认识到这种价格的差异，并可能因此而对公司产生不满。所以相对于目前的各种传统媒体来说，互联网先进的网络浏览功能会使变化不定且存在差异的价格水平趋于一致。这将对有分销商分布在海外并在各地采取不同价格的公司产生巨大冲击。例如：如果一个公司对某地的顾客提供20%的价格折扣，那么在世界各地的互联网用户都会了解到这项交易，从而可能会影响到那些通过分销商或本来并不需要折扣的业务。另外，通过互联网搜索特定产品的代理商也将认识到这种价格差异，从而加剧了公司采取价格歧视策略的不利影响。

总之，上述这些因素都表明互联网将导致国际间的价格水平标准化或至少缩小国别间的价格差别。这对于执行差别化定价策略的公司来说确实是一个严重的问题。

3. 对广告策略的冲击

企业开展网络营销主要通过互联网发布网络广告进行网上销售，网络广告将消除传统广告的障碍。首先，相对于传统媒体来说，由于网络空间具有无限扩展性，因此在网络上做广告可以较少地受到空间篇幅的限制，可以尽可能地将必要的信息一一罗列。其次，网络广告迅速提高的广告效率也为网上企业创造了便利条件。譬如，有些公司可以根据其注册用户的购买行为很快地改变向访问者发送的广告；有些公司可根据访问者的特性如硬件平台、域名或访问时的搜索主题等方面有选择地显示其广告。

4. 对标准化产品的冲击

作为一种新型媒体，互联网可以在全球范围内进行市场调研。通过互联网，厂商可以迅速获得关于产品概念和广告效果测试的反馈信息，也可以测试顾客的认同水平，从而更加容易地对消费者行为方式和偏好进行跟踪。因此，在互联网大量使用的情况下，对不同的消费者提供不同的商品将不再是天方夜谭。

5. 对顾客关系的冲击

网络营销的企业竞争是一种以顾客为焦点的竞争形态，争取新的顾客、留住老顾客、扩大顾客群、建立亲密的顾客关系、分析顾客需求、创造顾客需求等，都是最关键的营销课题。因此，在网络环境下，公司如何与散布在全球各地的顾客群保持紧密的关系，并能正确掌握顾客的特性，再通过对顾客的教育和对本企业形象的塑造，建立顾客对于虚拟企业与网络营销的信任感，这些都是网络营销成功的关键。基于网络时代的目标市场、顾客形态、产品种类与以前传统的一切会有很大的差异，如何进行跨越地域、文化和时空的差距重新营造企业与顾客的关系，将需要许多创新的营销行为。

互联网可以大大改善企业同顾客的关系。简单地说，这是因为互联网使顾客能够控制他们自己作为产品和服务潜在购买者的价值。网络信息中介商的出现帮助买主从卖主那里获取更多的产品和服务信息，帮助潜在的买主很容易地了解他们可能在哪里找到自己所需要的信息资源，从而做出比较，让用户能够以最小的成本投入获得最大的利益。

三、网络营销存在的不足

与传统营销相比，由于网络营销处于起步与发展阶段，因此也存在着诸多不足。

1. 消费者缺乏信任感

虽然网络消费方便快捷，但仍有许多人对网络消费缺乏信任感，一方面是担心商家的信誉问题；另一方面，担心网上与现实中存在的误差。如服装款式、颜色、大小，虽然在网上能标注，但可能由于视角的不同，显示器产生的色差等原因，会出现图片、文字与实物不太相符的情况。因此，在网络营销中，一方面要不断提高商家的信誉度；另一方面，在尽量详细地介绍产品或服务信息的同时，提供免费退换货服务。

2. 网络营销缺乏购物乐趣

网络消费者面对的往往是冷冰冰、没有感情的机器，它没有商场里优雅舒适的环境氛围，缺乏三五成群逛街的乐趣，也没有精美的商品可供欣赏。有时候，逛街的目的并不是一定非得购物，它可以是一种休闲和娱乐，也可以是一种享受。网上购物还存在着试用的不便，消费者没有实地的感受，也没法从推销者的表情上判断真假，实物总是比图像来得真实和生动。所以，对许多人来说，网上购物缺乏足够的吸引力。

3. 价格问题愈加敏感

网上信息的充分性，使消费者可以很方便地比较价格，只需浏览下商家的站点即可货比三家，而对商家而言，则容易引起价格战，使行业利润率降低，或是导致两败俱伤。对一些价格存在一定灵活性的产品，在网上不便于讨价还价，可能贻误商机。

4. 广告效果不佳

虽然网络广告具有多媒体的效果，但由于网页上可选择的广告位以及计算机屏幕等限制，其色彩不如杂志和电视，声音效果不如电视和广播，创意有很大的局限。

5. 企业促销更加被动

网上的信息只有等待顾客上门索取，不能主动出击，实现的只是点对点的传播，而且它不具有强制收视的效果，主动权掌握在消费者的手中，他们可以选择看与不看，商家无异于在守株待兔。企业处于被动地位，不利于营销策略的开展。

作为一种全新的营销和沟通的方式，网络营销还有待于完善和发展，相信随着网络技术的发展和互联网的普及，这些问题将逐渐被解决。

小思考1-3

网络营销带来哪些转变？

答：营销理念的转变；沟通方式的转变；营销策略的转变；购物更加方便。

第三节　网络营销的理论基础

一、网络直复营销理论

直复营销，即“直接回应的营销”。它是以盈利为目标，通过个性化的沟通媒介向目标市场成员发布信息，以寻求对方直接回应(问询或订购)的社会和管理过程。直复营销的“直”指的是“Direct”，即直接，是指不通过中间分销渠道而直接通过媒体连接企业和消费者，网上销售产品时，顾客可通过网络直接向企业下订单付款；直复营销中的“复”指的是“Response”，即回复，是指企业与顾客之间的交互，顾客对这种营销努力有一个明确的回复，企业可以统计这种明确回复的数据，由此可对以往的营销效果做出评价。从销售的角度来看，网络营销是一种直复营销。

美国直复营销协会(ADMA)将直复营销定义为：“一种为了在任何地点产生可以度量的反应或达成交易而使用一种或几种广告媒体的互相作用的市场营销体系。”基于网络的直复营销将更加吻合直复营销的理念。在互联网上的网络直复营销具体表现在以下几个方面：

1. 直复营销的互动性

互联网是一个自由的、开放的双向式信息沟通网络，作为营销者的生产企业与作为消费者的顾客之间，可以实现直接的“一对一”的信息交流与沟通。

2. 直复营销的跨时空特征

直复营销活动强调的是在任何时间、任何地点，都可以实现营销者与顾客的双向信息的交流。互联网的持续性和全球性的特征，使得顾客可以通过互联网，在任何时间、任何地点直接向作为营销者的生产企业提出服务请求或反映问题；企业也可以利用互联网，低成本地跨越地域空间和突破时间限制与顾客实现双向交流与沟通。

3. 直复营销的一对一服务

直复营销活动最关键的是为每个作为目标的顾客提供直接向营销者反映情况的通道。这样企业可以凭借顾客的反映，找到自己的不足之处，为下一次直复营销活动做好准备。由于互联网的方便性、快捷性，使得顾客可以方便地通过互联网直接向企业提出购买需求或建议，也可以直接通过互联网获取售后服务。企业也可以从顾客的建议、需求和希望得到的服务中，找出企业的不足，改善经营管理，提高服务质量。

4. 直复营销的效果可测定

互联网作为最直接的简单沟通工具，可以很方便地为企业与顾客进行交易时提供沟通支持和交易平台，通过数据库技术和网络控制技术，企业可以很方便地处理每一位顾客的购物订单和需求，而不用考虑顾客的规模大小、购买量的多少。这是因为互联网的沟通费用和信息处理成本非常低廉。因此，通过互联网可以最低成本、最大限度地满足顾客需求，同时还可以了解顾客的需求，细分目标市场，提高营销效率和效用。

网络营销作为一种有效的直复营销策略，源于网络营销的可测试性、可度量性、可评价性和可控制性。因此，利用网络营销这一特性，可以大大改进营销决策的效率和营销执行的效用，麦考林国际邮购有限公司就是一例。

小应用 1-2

麦考林公司邮购向网络营销的转型

麦考林公司成立于1996年1月8日，由美国著名风险基金——Warburg Pincus投资，实际投入资金超过3 000万美元。是中国首批获得政府批准的从事邮购业务的三资企业，年营业额超过6 000万元人民币，是目前中国投资规模最大的邮购公司。涉足邮购及电子商务领域，配备了美国最先进的电脑管理系统。公司业务覆盖全国31个省、自治区和直辖市，以其优秀的产品质量、富有竞争力的价格、优异的客户服务确立了行业的领先地位。因其邮购业务的快速发展，它也成为上海邮政局的最大客户。在其10 000平方米的发货中心内设有邮局定点服务，每天可处理一万张外运包裹单。麦考林与全国各地6万个邮政分局和400个城市的特快专递紧密合作，为从上海到乌鲁木齐、北京到拉萨的数以百万计的消费者及时递送了时尚和质量的保证。麦考林在一些城市还提供24小时送货上门的快递服务。

随着互联网在中国的广泛使用，同样是一种直销模式的网上商店也不断出现，这不仅对麦考林构成了潜在的威胁，更重要的是，互联网给了麦考林一个难得的机遇，可以利用自己的业务优势，完成又一次飞跃。

“麦网”(www.M18.com)是由上海麦考林国际邮购有限公司在1999年12月开始试运行的在线零售网站——“麦考林商厦”(www.mecoxlane.com)和“欧梦达天地”(www.euromada.com.cn)的基础上于2000年4月开通的一家电子商务门户网站。其首页如图

1-2 所示。

图 1-2 “麦网”首页

（资料来源：麦考林官方网站. www. M18. com.）

由邮购向网络营销的转型主要依赖于以下 4 个方面：

第一，邮购服务和网络电子商务都属于直复式营销，商品都是由厂家直接到消费者手里，两者的订单处理过程也相似，都属于直销范畴，B2C 电子商务只是运用了一种现代化的工具，对邮购业务做了一个自然的延伸。在这方面，邮购公司拥有经验丰富的产品组织能力、间接展示产品的经验和适合这种营销方式的人力资源，非常适合开展网上销售。

第二，麦考林国际邮购有限公司具有完善的结算体系和配送体系。在强大的电子商务系统支持下，邮购服务遍及全国 31 个省、市、自治区及直辖市的 250 多万顾客，是唯一拥有全国性服务网络的邮购公司。

第三，优质的客户服务是麦考林的特色所在，麦考林的热线服务、信件答复、客户信息、数据库查询都可以借用网络化工具，自然转变成在线客户服务（Call Center）、E-mail 答复、在线查询等网上个性化客户服务。同时，麦考林还对所售商品提供“10 天满意保证期”即 10 天内无条件退换货的“让消费者完全满意”的承诺。

第四，在品牌、信誉和忠实的客户群方面，麦考林也有着巨大的优势。它拥有一个忠实的重复购买率很高的客户群，麦考林在开展电子商务后，能够大大降低成本，让利于消费者，促成更高的购买率。

随之而来的改变是，麦考林的用户可以以更便宜的价格订购更丰富的产品，而且比以前更方便，收到货物的时间也更及时。

二、网络整合营销理论

（一）整合营销

整合营销是一种对各种营销工具和手段的系统化结合，根据环境进行即时性的动态修正，以使交换双方在交互中实现价值增值的营销理念与方法。整合营销就是为了建立、维护和传播品牌，以及加强客户关系，而对品牌进行计划、实施和监督的一系列营销工作。整合就是把各个独立的营销综合成一个整体，以产生协同效应。这些独立的营销工作包括广告、直接营销、销售促进、人员推销、包装、事件、赞助和客户服务等。整合营销的操作思路主要是：

1. 以整合为中心

着重以消费者为中心并把企业所有资源综合利用，实现企业的高度一体化营销。整合既包括企业营销过程、营销方式以及营销管理等方面的整合，也包括对企业内外的商流、物流及信息流的整合。

2. 讲求系统化管理

整体配置企业所有资源，企业中各层次、各部门和各岗位，以及总公司、子公司，产品供应商，与经销商及相关合作伙伴协调行动，形成竞争优势。

3. 强调协调与统一

企业营销活动的协调性，不仅仅是企业内部各环节、各部门的协调一致，而且也强调企业与外部环境协调一致，共同努力以实现整合营销。

4. 注重规模化与现代化

整合营销十分注重企业的规模化与现代化经营。规模化不仅能使企业获得规模经济效益，为企业有效地实施整合营销提供客观基础。整合营销同样也依赖于现代化的科学技术、现代化的管理手段，现代化可为企业实施整合营销提供效益保障。

（二）网络整合营销

从整合营销的基本理论可以看出，网络营销是一种典型的整合营销。网络整合营销是在一段时间内，营销机构以消费者为核心重组企业和市场行为，网络整合营销综合协调使用以互联网渠道为主的各种传播方式，以统一的目标和形象，传播连续、一致的企业或产品信息，实现与消费者的双向沟通，迅速树立品牌形象，建立产品与消费者的长期密切关系，更有效地达到品牌传播和产品销售的目的。

网络整合营销是基于信息网络（主要是互联网）之上，其主要有 3 个方面的含义：

1. 传播资讯的统一性

即企业用一个声音说话，消费者无论从哪种媒体所获得的信息都是统一的、一致的。

2. 互动性

即公司与消费者之间展开富有意义的交流，能够迅速、准确、个性化地获得信息和反馈信息。

3. 目标营销

即企业的一切营销活动都应围绕企业目标来进行,实现全程营销。

(三) 网络整合营销的核心

网络整合营销就是网络营销工作的系统化、体系化,网络整合营销的目标是为企业创造网络品牌价值,为实现企业整体经营目标而服务。

1. 网络营销是企业整体营销战略的一个组成部分

任何企业都有自己的经营目标,即便这个企业没有一套成型的营销计划,但是它也会有自己的一套实施计划,而网络营销就是为这个目标和实现这个计划而存在的。所以,网络营销不是孤立存在的,是在企业经营目标实现过程中经营体系的一个组成部分。

2. 网络营销的方式多样化

网络营销目前通过实践应用的方法有近 100 种,而这么多的网络营销方法并不是适合任何一个行业、任何一个企业的任何一个阶段的营销方法,需要企业在多样化的营销方法中挖掘最优的组合来综合运用。

3. 变化的需求

企业不同发展阶段的网络营销需求是变化的。企业发展是随着企业的规模和经营方向而变化的,企业的经营目标也是动态的,同时网络营销方法是随着时代的发展、实践的发展而发展的,那么企业在不同的经营时期对网络营销目标和网络营销方法的选择也是变化的。

4. 网络营销环境是动态的

网络营销环境包括内部环境和外部环境,企业网络营销策略随着外部环境或内部环境的变化而需要调整,最简单的例子就是阿里巴巴平台在推出关键字竞价的时候,一些企业随着这个外部的营销环境的变化,及时调整本企业的网络营销策略,一举成名,取得良好的营销效果,实现了企业的经营目标。

5. 网络营销的效果是多种形式的表现

网络营销并不单指网站的推广,也并不单指一个网上销售,所以,网络营销工作所带来的效果是多种形式的表现,比如对客户服务的支持、对线下产品销售的促进、对公司品牌拓展的帮助等等。

小应用 1-3

网络营销成就了美国总统

在 2007 年的世界经济论坛上,比尔·盖茨曾预言五年内互联网将"颠覆"电视的地位。而 Google 公司 CEO 埃里克则在 2006 年就预言:"能够发挥互联网全部潜力的候选人,将会在下一次总统大选中脱颖而出。"果不其然,2008 年 11 月,名不见经传的黑人贝拉克·侯赛因·奥巴马,一路过关斩将,成功利用网络营销这把利刃击败其他对手,成为美国第44任总统。

政治观察家们一致认为，奥巴马得以击败希拉里，网络营销立下了汗马功劳，他也因此被称为“Web2.0时代的营销大师”。奥巴马是如何将原本默默无闻的“个人品牌”做成一个“世界知名品牌”的？

“我等不及2008年大选，宝贝，你是最好的候选人！你采取了边境安全措施，打破你我之间的界限。全民医疗保险，嗯，这使我感到温暖……”这是视频网站Youtube上《奥巴马令我神魂颠倒》的一段歌词。在视频中，身着比基尼的演唱者埃廷格搔首弄姿，在奥巴马照片旁大摆性感热辣造型，毫不掩饰地表达着自己对奥巴马的倾慕之情。据统计，这段视频在Youtube上已被点击超过900万次，并且被无数的网站和传统媒体转载。互联网成了本次美国大选影响民意的重要手段，那些数年前还不存在的传播渠道如博客、Myspace社区、Youtube视频，显示出巨大影响力，就连肯尼迪、尼克松引以为豪的电视辩论都相形见绌。

有人戏言希拉里败在她“很IBM”——虽然可靠耐用，却不招年轻人喜欢。而奥巴马则是“苹果iPad”——造型时尚，互动性强。奥巴马在Myspace空间上有41.5万个朋友。在奥巴马的竞选网站上，网民注册后立即就会收到奥巴马团队热情洋溢的电子邮件。网民不但可以加入社群，还可以在线购买奥巴马标记的产品，甚至下载奥巴马的演讲作为手机铃声。

事实上，2007年3月，Youtube专门为总统候选人设立了视频专题“2008你做主”，网友们既可以发布自己的视频，表示支持或是提问，也可以在已有的视频下留言讨论。2007年7月，Youtube干脆与CNN合作直播民主党候选人辩论，收到了超过2 000个关心政治的民众发来的视频提问，使这种辩论的互动性前所未有地增强。

毋庸置疑，互联网技术为企业与消费者沟通提供了新的形式，电子期刊、博客、RSS等日益被广泛应用，这些渠道非常有效地传递了企业希望传播的信息。然而，大多数企业忽视了与消费者的互动，只停留于“单边对话”，而没有发展为“双边谈判”。

在Web2.0网络时代，人人都成了信息源的传播者、制造者，比传销更公开、更迅猛、更可信的病毒式营销，正在悄悄地“侵蚀”每一个网民。一不留神，人人都成了“病毒携带者”。在网络这个言论自由的空间，每个人都可以找到志同道合的战友，大家乐此不疲地讨论着关心的话题。

三、网络软营销理论

所谓网络软营销是指在网络环境下，企业向顾客传递的信息及采用的促销手段更具有理性化，更易于被顾客接受，进而实现信息共享与营销整合。网络软营销理论，实际上是针对以工业经济时代的大规模生产为主要特征的“强势营销”而提出的新理论，它强调企业在进行市场营销活动时，必须尊重消费者的感受和体验，让消费者乐意地主动接受企业的营销活动。

1. 网络软营销与传统强势营销的区别

传统的营销活动中最能体现强势营销活动特征的是两种常见的促销手段：传统广告

和人员推销。对传统广告,人们常常会用“不断轰炸”这个词来形容,它试图以一种信息灌输的方式在消费者的心目中留下深刻印象,至于消费者是否愿意接受、需不需要这类信息则从不考虑,这就是一种强势。人员推销也是如此,它根本就不考虑被推销对象是否需要,也不征得用户的同意,只是根据推销人员自己的判断,强行展开推销活动。网络中以流氓软件为载体的强弹广告即是例子。

概括地说,软营销与强势营销的根本区别在于:软营销的主动方是消费者,而强势营销的主动方是企业。消费者在心理上要求自己成为主动方,而网络的互动特性使他们变为主动方成为可能。

2. 网络软营销中两个重要概念

网络社区(Network Community)和网络礼仪是网络营销理论中所特有的两个重要基本概念,是实施网络软营销的基本出发点。网络社区是指那些具有相同兴趣、目的,经常相互交流,互利互惠,能给每个成员以安全感和身份意识等特征的互联网上的单位或个人所组成的团体。网络社区也是一个互利互惠的组织。在互联网上,今天你为一个陌生人解答了一个问题,明天他也许能为你回答另外一个问题,即使你没有这种功利性的想法,仅怀一腔热情去帮助别人也会得到回报。由于你经常在网上帮助别人解决问题,会逐渐为其他成员所知而成为网上名人,有些企业也许会因此而雇用你。另外,网络社区成员之间的了解是靠他人发送信息的内容,而不像现实社会中的两人间的交往。在网络上,如果你要想隐藏你自己,就没人会知道你是谁、你在哪里,这就增加了你在网上交流的安全感,因此在网络社区这个公共论坛上,人们会就有关个人隐私或他人公司的一些平时难以直接询问的问题而展开讨论。基于网络社区的特点,不少敏锐的营销人员已在利用这种普遍存在的网络社区的紧密关系,使之成为企业利润来源的一部分。例如,专营运动和健美体育用品的 Reebok 公司,创建了 Reebok 的 Web 站点(www. planetreebok. com)。网络礼仪是互联网自诞生以来所逐步形成与不断完善的一套良好的、不成文的网络行为规范,如不使用电子公告牌 BBS 张贴私人的电子邮件,不进行喧哗的销售活动,不在网上随意传递带有欺骗性质的邮件等。网络礼仪是网上一切行为都必须遵守的准则。

四、网络关系营销理论

网络关系营销是 1990 年以来受到重视的营销理论,它主要包括两个基本点:首先,在宏观上,认识到市场营销会对范围很广的一系列领域产生影响,包括顾客市场、劳动力市场、供应市场、内部市场、相关者市场以及影响者市场(政府、金融市场);在微观上,认识到企业与顾客的关系不断变化,市场营销的核心应从过去简单的一次性交易关系转变到注重保持长期的关系上来。企业是社会经济大系统中的一个子系统,企业的营销目标要受到众多外在因素的影响,企业的营销活动是一个与消费者、竞争者、供应商、分销商、政府机构和社会组织发生相互作用的过程,正确理解这些个人与组织的关系是企业营销的核心,也是企业成功的关键。

关系营销的核心是保持顾客，为顾客提供高度满意的产品和服务，通过加强与顾客的联系，提供有效的顾客服务，保持与顾客的长期关系，并在与顾客保持长期关系的基础上开展营销活动，实现企业的营销目标。实施关系营销并不是以损伤企业利益为代价的，根据研究，争取一个新顾客的营销费用是老顾客费用的5倍，因此加强与顾客关系并建立顾客的忠诚度，是可以为企业带来长远利益的，它提倡的是企业与顾客双赢策略。互联网作为一种有效的双向沟通渠道，企业与顾客之间可以实现低费用成本的沟通和交流，它为企业与顾客建立长期关系提供了有效的保障。这是因为，首先，利用互联网企业可以直接接收顾客的订单，顾客可以直接提出自己的个性化需求。企业根据顾客的个性化需求利用柔性化的生产技术最大限度满足顾客的需求，为顾客在消费产品和服务时创造更多的价值。企业也可以从顾客的需求中了解市场、细分市场和锁定市场，最大限度降低营销费用，提高对市场的反应速度。其次，利用互联网企业可以更好地为顾客提供服务和与顾客保持联系。互联网不受时间和空间限制的特性能最大限度方便顾客与企业进行沟通，顾客可以借助互联网在最短时间内以简便的方式获得企业的服务。同时，通过互联网交易，企业可以实现对整个从产品质量、服务质量到交易服务等过程的全程质量控制。

另一方面，通过互联网，企业还可以实现与企业相关的企业和组织建立关系，实现双赢发展。互联网作为最廉价的沟通渠道，它能以低廉成本帮助企业与企业的供应商、分销商等建立协作伙伴关系。如联想电脑公司，通过建立电子商务系统和管理信息系统实现与分销商的信息共享，降低库存成本和交易费用，同时密切双方的合作关系。

五、数据库营销

数据库营销就是企业通过收集和积累消费者的大量信息，经过处理后预测消费者有多大可能去购买某种产品，以及利用这些信息给产品以精确定位，有针对性地制作营销信息以达到说服消费者去购买产品的目的。通过数据库的建立和分析，帮助企业准确了解用户信息，确定企业目标消费群，同时使企业促销工作具有针对性，从而提高企业营销效率。没有数据库营销，企业的营销工作仅仅停留在理论上，而不是根植于客观实际，因为没有数据库，企业对市场的了解往往是经验的，而不是实际的。企业总是自以为自己了解市场，其实并非如此。

一般来讲，数据库营销需要经历数据采集、数据存储、数据处理、寻找理想消费者、使用数据、完善数据等6个基本过程。

(1) 数据采集。数据库数据一方面通过市场调查消费者的消费记录以及促销活动的记录，另一方面利用公共记录的数据，如人口统计数据、医院婴儿出生记录、患者记录卡、银行担保卡、信用卡记录等都可以选择性地进入数据库。

(2) 数据存储。将收集的数据，以消费者为基本单元，逐一输入电脑，建立起消费者数据库。

(3) 数据处理。运用先进统计技术，利用计算机把不同的数据综合为有条理的数据库，然后在各种软件的强有力支持下，产生产品开发部门、营销部门、公共关系部门所需要的详细数据库。

(4) 寻找理想消费者。根据使用最多类消费者的共同特点，用电脑勾画出某产品的消费者模型，此类消费群具有一些共同的特点比如兴趣、收入，以采用专用某牌子产品的一组消费者作为营销工作目标。

(5) 使用数据。数据库数据可以用于多个方面：鉴定购物优惠券价值，决定该送给哪些顾客；开发什么样的新产品；根据消费者特性，确定如何制作广告比较有效；根据消费记录判定消费者消费档次和品牌忠诚度。如特殊身材的消费者数据库不仅对服装厂有用，而且对于减肥药生产厂、医院、食品厂、家具厂都有用。因此，数据库不仅可以满足信息需求，而且可以进行数据库经营项目的开发。

(6) 完善数据。随着以产品开发为中心的消费者俱乐部、优惠券反馈、抽奖销售活动记录及其他促销活动而收集来的信息不断增加和完善，使数据不断得到更新，从而及时反映消费者的变化趋势，使数据库适应企业经营需要。

小应用 1-4

梅塞德斯——奔驰公司的数据库营销

奔驰公司决定将梅塞德斯新“M”级越野车在美国进行市场投放。面对已经很拥挤的汽车市场，只靠梅塞德斯的品牌，传统的广告效应已经不能保证销售的成功。它必须尝试新的营销模式，试图有所突破。于是，梅塞德斯选择了数据库营销。

梅塞德斯美国公司收集了越野车和奔驰车拥有者的详细信息，将它们输入数据库。接着，他们根据数据库的名单，发送了一系列信件。首先是梅塞德斯美国公司总裁亲笔签署的信。大意是，“我们梅德赛斯公司正在设计一款全新的越野车，我想知道您是否愿意助我们一臂之力。”该信得到了积极的回复。每位回信者均收到了一系列反馈问卷，问卷就设计问题征询意见。

在收到反馈问卷的同时，梅塞德斯公司不断地收到该车的预约订单。客户感觉梅塞德斯在为他们定做越野车。结果，梅塞德斯原定于第一年销售 35 000 辆的目标仅靠预售就完成了。公司原计划投入 7 000 万美元营销费用，通过数据库营销策略的实施，将预算费用减至 4 800 万美元，节省了 2 200 万美元。

第四节　网络营销目标市场定位

网络营销从大规模无差异性向个性化集中营销转化。它更准确、更详尽地细分了目标市场，使企业可以从每一个消费者身上寻找商机，为其提供称心如意的产品或服务。

同时，网上的促销效果是可以统计的，消费者的各种消费意愿也是可收集到的。如访问某企业网站的人数、来源都可以被网站上的软件所记录，从而使企业掌握访问者所要了解的产品信息，以及这些访问者的地理分布，确定有效的营销目标，进而可以主动地、有针对性地开展营销活动，这是其他营销手段所无法比拟的。

电子商务销售人员应该重视网络营销目标市场定位。所谓网络营销的目标市场定位是指根据所选定目标市场上的竞争者、现有产品所处的位置和企业自身的条件，从各方面为网络产品创造一定的特色，塑造并树立一定的市场形象，以求在目标顾客心目中形成一种特殊的偏爱。市场定位的实质在于取得目标市场的竞争优势，确定产品在用户心目中的适当位置并留下值得购物的印象，以便吸引更多的用户。

如何确定企业网络营销策略，对于企业在市场营销战略体系中建立有利于企业及其产品的市场特色、限定竞争对手、满足顾客的偏好、提高企业竞争力具有重要意义。

一、网络营销的市场细分

网络市场上有成千上万的消费者并且迅速增加，他们有着各自的心理需要、生活方式和行为特点，工业品与民用品的购买心态就有很大的差异。就我国敏感行业来说，仅从用户对各种敏感元件及传感器的需求看，差异性就很大。如用户购买传感器芯体，有要国产的，有要进口原装的；有的不惜品质的可用、够用、实用性，一味追求高价格；有的为了追求低价格，而不顾产品的使用性。企业体制与性质的不同，其采购心态也不尽相同，国有和民营就体现出明显的差异性，采购人员的利益趋向、职业道德、职务角色、管理制度约束等因素都是市场销售要仔细分析的要点。再以服装为例，从消费者对服装的需求来看，差异性也很大，有的为了追求时髦，不惜高价购买时尚服装；有的是为了显示自己的身份和社会地位而购买高价高质且雅致的服装；有的是由于收入低或追求朴素，购买大众化的服装。企业面对消费者千差万别的需求，由于人力、物力及财力的限制，不可能生产各种不同的产品来满足所有顾客的不同需求，也不可能生产各种产品来满足消费者的所有需求。

为了提高企业的经济效益，有必要细分市场。网络消费者的需求差异是网络市场细分的内在依据。只要存在两个以上的消费者，便可根据其需求、习惯和购买行为的不同，进行市场细分。况且在市场竞争中，一个企业不可能在营销全过程中都占绝对优势。为了进行有效的竞争，企业必须评价、选择并集中力量用于能发挥自己相对优势的市场，这便是市场细分的外在强制，即它的必要性。

市场细分后，每个市场变得小而具体，细分市场的规模、特点显而易见，消费者的需要清晰明了，企业就可以根据不同的商品制订出不同的市场营销组合策略，来适应消费者不断变化的需求。否则，离开了市场细分，所制订的市场营销组合策略必然是无的放矢的。

在网络营销条件下，由于使用强大的数据库，可以在大的细分条件下出现更细的细分。比如，服装的细分，除传统的男装/女装、商务装/休闲装/运动装等分类标准外，还可以进行更为深入的细分。如图 1-3 所示，以男装的外套为例，还可以有领型、收入水平等细分标准。这些都是对应不同人群里面不同的需求方式。

图 1-3　男装外套的细分标准

小应用 1-5

网络营销的市场细分与传统营销不完全一样，网络消费者追求个性化产品，提出个性化需求，而这种个性化需求的差异就是进行市场细分的内在依据。

二、目标市场定位原则

目标市场定位的基本原则，是掌握原本存在于人们心中的想法，打开客户的联想之门使自己提供的产品在顾客心目中占据有利地位。因此，定位的起点是网民的消费心理。只要把握了网民的消费心理，并借助恰当的手段把这一定位传播给目标网民，就可以收到较好的营销效果。

在虚拟市场中，仅仅做到这一点还是不够的。心理定位毕竟需要兑现，成为产品的实际定位。在掌握消费心理的同时，也要琢磨产品，使品牌的心理定位与相应产品的功能和利益相匹配，定位才能成功。

定位需要公司的市场研究、定位策划、产品开发以及其他有关部门的密切配合。仔细分析定位内涵不难发现，定位是为了在消费者心目中占据有利的地位，这个"有利地位"当然是相对竞争对手而言的。从这个角度讲，定位不仅要把握消费者的心理，而且要研究竞争者的优势和劣势。

因此，所定位的目标市场，应具备以下两个条件：

(1) 目标市场内所有的网民必须具备几个基本相同的条件。比如收入、受教育的程度、职业、消费习惯等，这样才能明确地划分出目标市场的范围。

(2) 目标市场必须具备一定的市场规模。因为，规模小的目标市场购买力相应也小，如果投资过大，就会得不偿失。

由于电子商务营销网络是一种虚拟的营销网络，具有若干不同于传统营销网络的特性，因而对所营销的商品有一些特殊的要求。

电子商务销售人员在销售中，一定要注意研究产品特点和行业特点，向用户或者顾客提供周到的售前、售中和售后服务。适合于网络销售的商品，按其商品形态的不同，可以分为3大类：实体商品、软体商品和在线服务。

对网上直接交易的产品进行分析可以看出一些规律。

(1) 如果产品与计算机有关，在网上销售软件，则有一定的行业渊源优势。

(2) 数字化的资讯与媒体商品，如电子报纸、电子杂志、网络电视、游戏点卡等，非常适合网上销售。

(3) 如果产品比较简单，易于确定质量，如糖、小麦、面粉、黄金、木材、钢铁、石油、天然气等，尽管属于实体商品，也容易成功。

(4) 知识含量高的产品，如书籍、音像制品等在物流安排方面较易实现。

(5) 品牌日用品销售容易在网上取得成功，因为顾客在订购前对物品已经很熟悉。

(6) 具有独有的新特性、新功能的产品在网上交易容易成功。

做好咨询和服务，才会赢得客户。每个销售人员在销售中都要十分重视这两个问题。解决好这两个问题，销售收入自然就会增长。

小思考1-4

什么样的商品最适合网上销售？

答：与计算机有关的产品或数字化产品。

第五节　网络营销的参与对象

网络营销的参与对象是针对可能在网络虚拟市场上产生购买行为的消费者群体提出的，随着网络的普及，这一群体在不断膨胀，这一群体主要包括3类人员。

(1) 产品使用者。实际使用或消费产品的人。实际需求构成了这些客户购买的直接动机。这是网络营销最重要的受众群。

(2) 产品购买的决策者。在许多情况下，特别是在虚拟市场上，产品的使用者和购买决策者是一致的。因为大多数上网人员都有独立的决策能力，也有一定的经济收入。另有一些特殊的情况，比如婴儿用品，使用者无疑是婴儿，但购买的决策者却是婴儿的母亲或其他与之有关的成年人。所以，网络营销应当把购买决策者放在重要的位置上。

(3) 购买产品的影响者。这里指对最终购买决策可以产生一定影响力的人。在低价、易耗日用品的购买决策中，购买产品的影响者的影响力较小，但在高价耐用消费品的购买决策上，购买产品的影响者的影响力较大。这是因为对高价耐用品的购买，购买者往往比较谨慎，希望广泛征求意见后再做决定。

网络消费者是一种与众不同的消费群体，他们不是在有物质形态的商店、商厦中通过对实物商品的比较、鉴别、挑选，最后做出购买决策，网络消费者的购物场所是无形的网络虚拟世界，他们的购物工具是计算机和网络，他们以漫游网络世界的方式，在网络中充分收集各种有关消费品的信息，随后将各种信息对比、分析，最后做出购买决策，一旦购买决策做出以后，只要点击鼠标就可以完成整个购买过程和货款的支付过程。网络营销的对象是网络世界的“网民”，这些“网民”的内在动机是什么，这是网络营销首先要搞清楚的问题。

一、网络消费者的群体特点

消费者行为以及购买行为永远是营销者关注的一个热点问题，对于网络营销者也是如此。网络用户是网络营销的主要个体消费者，也是推动网络营销发展的主要动力。网络消费者群体主要具备以下 4 个方面的特征：

1. 注重自我

由于目前网络用户多以年轻、高学历用户为主，他们拥有不同于他人的思想和喜好，有自己独立的见解和想法，对自己的判断能力也比较自负。所以他们的具体要求越来越独特，而且变化多端，个性化越来越明显。因此，从事网络营销的企业应想办法满足其独特的需求，尊重用户的意见和建议，而不是用大众化的标准来寻找大批的消费者。

2. 头脑冷静，擅长理性分析

由于网络用户是以大城市、高学历的年轻人为主，不会轻易受舆论左右，对各种产品宣传有较强的分析判断能力，因此从事网络营销的企业应该加强信息的组织和管理，加强企业自身文化的建设，以诚信待人。

3. 喜好新鲜事物，有强烈的求知欲

这些网络用户爱好广泛，无论是对新闻、股票市场还是网上娱乐都具有浓厚的兴趣，对未知的领域抱有永不疲倦的好奇心。

4. 好胜，但缺乏耐心

因为这些用户以年轻人为主，因而比较缺乏耐心，当他们搜索信息时，经常比较注重搜索所花费的时间，如果连接、传输的速度比较慢的话，他们一般会马上离开这个站点。

网络用户的这些特点，对于企业加入网络营销的决策和实施过程都是十分重要的。商家要想吸引顾客，保持持续的竞争力，就必须对本地区、本国以及全世界的网络用户情况进行分析，了解他们的特点，制订相应的对策。

二、网络消费者的购买动机

所谓动机，是指推动人进行某项活动的内部原动力，即激励人们行为的原因。人们的消费需要都是由购买动机而引起的。网络消费者的购买动机，是指在网络购买活动中，能使网络消费者产生购买行为的某些内在的动力。我们只有了解消费者的购买动机，才能预测消费者的购买行为，以便采取相应的促销措施。由于网络促销是一种不见面的销售，消费者的购买行为不能直接被观察到，因此对网络消费者购买动机的研究，就显得尤为重要。

网络消费者的购买动机基本上可以分为两大类：需求动机和心理动机。

（一）需求动机

网络消费者的需求动机是指由需求而引起的购买动机。要研究消费者的购买行为，首先必须要研究网络消费者的需求动机。美国著名的心理学家马斯洛把人的需要划分为5个层次，即生理的需要、安全的需要、社会的需要、尊重的需要和自我实现的需要。需求理论对网络需求层次的分析，具有重要的指导作用。而网络技术的发展，使现在的市场变成了网络虚拟市场，但虚拟社会与现实社会毕竟有很大的差别，所以在虚拟社会中人们希望满足以下3个方面的基本需要：

1. 兴趣需要

即人们出于好奇和能获得成功的满足感而对网络活动产生兴趣。

2. 聚集需要

通过网络给相似经历的人提供了一个聚集的机会。

3. 交流需要

网络消费者可聚集在一起交流买卖的信息和经验。

（二）心理动机

心理动机是由于人们的认识、感情、意志等心理过程而引起的购买动机。网络消费者购买行为的心理动机主要体现在理智动机、感情动机和惠顾动机3个方面。

1. 理智动机

理智动机具有客观性、周密性和控制性的特点。这种购买动机是消费者在反复比较各在线商场的商品后才产生的。因此，这种购买动机比较理智、客观且很少受外界气氛的影响。这种购买动机的产生主要用于耐用消费品或价值较高的高档商品的购买。

2. 感情动机

感情动机是由人们的情绪和感情所引起的购买动机。这种动机可分为两种类型：一是由于人们喜欢、满意、快乐、好奇而引起的购买动机，它具有冲动性、不稳定性的特点。另一种是由于人们的道德感、美感、群体感而引起的购买动机，它具有稳定性和深刻性的特点。

3. 惠顾动机

惠顾动机是建立在理智经验和感情之上，对特定的网站、国际广告、商品产生特殊的信任与偏好而重复、习惯性地前往访问并购买的一种动机。由惠顾动机产生的购买行为，一般是网络消费者在做出购买决策时心目中已首先确定了购买目标，并在购买时克服和排除其他同类产品的吸引和干扰，按原计划确定的购买目标实施购买行动。具有惠顾动机的网络消费者，往往是某一站点忠实的浏览者。

三、网络消费的购买过程

网上购物是指用户为完成购物或与之有关的任务而在网上虚拟的购物环境中浏览、搜索相关商品信息，从而为购买决策提供所需要的必要信息，并实现决策购买的过程。电子商务的热潮使网上购物作为一种崭新的个人消费模式，日益受到人们的关注。消费者的购买决策过程，是消费者需要、购买动机、购买活动和买后使用感受的综合与统一。网络消费的购买过程可分为以下 5 个阶段：确认需要—收集信息—比较选择—购买决策—购后评价。

1. 确认需要

网络购买过程的起点是诱发需求，当消费者认为已有的商品不能满足需求时，才会产生购买新产品的欲望。在传统的购物过程中，消费者的需求是在内外因素的刺激下产生的，而对于网络营销来说，诱发需求的动因只能局限于视觉和听觉。因而，网络营销对消费者的吸引是有一定难度的。作为企业或中介商，一定要注意了解与自己产品有关的实际需要和潜在需要，掌握这些需求在不同时间内的程度以及刺激诱发的因素，以便设计相应的促销手段去吸引更多的消费者浏览网页，诱导他们的需求欲望。

2. 收集信息

当需求被唤起后，每一个消费者都希望自己的需求能得到满足，所以，收集信息、了解行情成为消费者购买的第二个环节。

收集信息的渠道主要有两个方面：内部渠道和外部渠道。消费者首先在自己的记忆中搜寻可能与所需商品相关的知识经验，如果没有足够的信息用于决策，他便要到外部环境中去寻找与此相关的信息。当然，不是所有的购买决策活动都要求同样程度的信息和信息搜寻。

3. 比较选择

消费者需求的满足是有条件的，这个条件就是实际支付能力。消费者为了使消费需求与自己的购买能力相匹配，就要对各种渠道汇集而来的信息进行比较、分析、研究，根据产品的功能、可靠性、性能、模式、价格和售后服务，从中选择一种自认为“足够好”或“满意”的产品。

由于网络购物不能直接接触实物，所以，网络营销商要对自己的产品进行充分的文字描述和图片描述，以吸引更多的顾客。但也不能对产品进行虚假的宣传，否则可能会永久地失去顾客。

4. 购买决策

网络消费者在完成对商品的比较选择之后，便进入到购买决策阶段。与传统的购买方式相比，网络购买者在购买决策时主要有以下 3 个方面的特点：首先，网络购买者理智动机所占比重较大，而感情动机的比重较小。其次，网络购物受外界影响小。第三，网上购物的决策行为与传统购买决策相比速度要快。

网络消费者在决策购买某种商品时，一般要具备以下 3 个条件：第一，对厂商有信任感。第二,对支付平台有安全感。第三,对产品有好感。所以,网络营销的厂商要重点抓好以上工作,促使消费者购买行为的实现。

5. 购后评价

消费者购买商品后,往往通过使用对自己的购买选择进行检查和反省,以判断这种购买决策的准确性。购后评价往往能够决定消费者以后的购买动向,“满意的顾客就是我最好的广告。”

为了提高企业的竞争能力,最大限度地占领市场,企业必须虚心听取顾客的反馈意见和建议。方便、快捷、便宜的电子邮件,为网络营销者收集消费者购后评价提供了得天独厚的优势。厂商在网络上收集到这些评价之后,通过计算机的分析、归纳,可以迅速找出工作中的缺陷和不足,及时了解消费者的意见和建议,制订相应对策,改进自己产品的性能和售后服务。

本章小结

· 网络营销是以互联网为媒体,以新的方式和理念实施营销活动,更有效地促成个人与组织交易活动的实现,实现企业的营销目标。网络营销的产生,是科学技术的发展、消费者价值观念的变革和商业竞争等综合因素所促成的。

· 网络营销具有跨时空、多媒体、交互式、拟人化、成长性、整合性、超前性、高效性、经济性、技术性等特点。

· 网络营销的内容包括网上市场调查、消费者行为分析、网络营销策略分析、网上产品和服务策略、网上价格营销策略、网上渠道选择与直销、网上促销与广告、网络营销管理与控制等。

· 网络营销与传统营销的区别体现在:营销理念的转变、沟通方式的转变、营销策略的转变、方便性。

· 网络营销从多方面对传统营销造成影响:对营销渠道的冲击、对定价策略的冲击、对广告策略的冲击、对标准化产品的冲击、对顾客关系的冲击。

· 网络营销是在传统营销的理论基础上产生的,网络营销的理论基础主要包括:网络直复营销、网络整合营销、网络软营销、网络关系营销、网络数据库营销。

· 网络营销的目标市场定位是指根据所选定目标市场上的竞争者、现有产品所处的位置和企业自身的条件,从各方面为网络产品创造一定的特色,塑造并树立一定的市场形象,以求在目标顾客心目中形成一种特殊的偏爱。

· 网络目标市场,应具备以下两个条件:目标市场内所有的网民必须具备几个基本相同的条件;目标市场必须具备一定的市场规模。

· 网络消费者主要包括 3 类人员:产品购买者、产品购买的决策者、购买产品的影响者。

关键概念

网络营销　网络消费者　目标市场定位　网络营销的整合

基本训练

□ 知识题

1.1　判断题

网络营销作为新的营销理念和策略，将完全取代传统营销。（　　）

1.2　选择填空题

（1）网络营销与传统营销的整合，就是利用整合营销策略实现以（　　）为中心的传播统一、双向沟通，实现企业的营销目标。

A. 企业　B. 消费者　C. 产品　D. 服务

（2）关于网络营销，目前比较习惯和采用的翻译方法是（　　）。

A. Cyber Marketing　B. Internet Marketing

C. Network Marketing　D. e-Marketing

（3）网络营销对传统营销的影响不包括（　　）。

A. 对传统标准产品产生冲击　B. 对传统广告产生影响

C. 对营销渠道产生冲击　D. 对产品品牌产生影响

1.3　简答题

（1）网络营销的理论基础包含哪些内容？

（2）简述网络营销的主要内容。

□ 技能题

你认为作为企业如果想要开展网络营销，应从哪些方面着手？

观念应用

□ 分析题

如何推广自己的网站

多数公司在互联网上销售产品时所采取的第一个步骤就是建立网站。他们坐等访问者发现其网站，并希望这些访问者会发现其内容如此吸引人，以至于经常自愿地重访。还有些企业，不是被动地等待消费者的到来，而是主动地使公司走向消费者，让消费者认识自己的网站，再通过提供高质量的服务来留住顾客，销售自己的产品。

问题：上述的营销方式分别是什么？作为企业，应如何看待网络营销？

章后习题参考答案与提示

■ 基本训练

□ 知识题

1.1 判断题

错。

1.2 选择填空题

(1) B；(2) D；(3) D。

1.3 简答题

(1) 网络直复营销、网络关系营销、网络软营销、网络整合营销、数据库营销。

(2) 网上市场调查、网络消费者行为分析、网络营销策略分析、网上产品和服务策略、网上价格营销策略、网上渠道选择与直销、网上促销与网络广告、网络营销管理与控制。

□ 技能题

从网络营销的内容出发着手分析。

■ 观念应用

□ 分析题

【分析提示】

从网络营销的内容管理出发进行分析。

第二章 网络营销策略

学习目标

通过本章的学习，掌握网络营销策略的组合及其在网络营销活动中的作用；能对消费者的行为进行分析，从而有针对性地提出网络营销策略，尤其是网站推广策略的使用与评价；了解网络广告的特点和网络广告策略的使用方法，掌握网络广告的类型与收费方式。

引例
YINLI

VANCL 凡客诚品的网络营销

VANCL 凡客诚品，由原卓越网创始人陈年先生创立，国际顶尖风险投资公司巨资打造而成。VANCL 运营所属的凡客诚品（北京）科技有限公司，主体运作者均系原卓越网骨干班底。以服装电子商务为主营业务，目前为国内最大的品牌服装电子商务企业。公司成立以来，业务迅速发展，在中国服装电子商务领域品牌影响力与日俱增，2010 年，凡客诚品的销售额达到 20 亿元人民币，服装销量达到 3 000 万件。陈年称 2011 年凡客诚品要增长 400%，目标销售额达到 100 亿元人民币。目前，其男装日出货量已跻身中国品牌男装前列，在男装直销品牌的细分市场名列前茅，已确立行业领导地位。

凡客诚品主要采用的网络营销策略主要有以下 8 个方面：

(1) 大规模的网络广告投放。在主要门户和专业网站，都可以看到凡客诚品大量的广告投放和链接，引导消费者到凡客的网上销售平台上去，为打造 VANCL 的品牌、宣传 VANCL 的文化起到了举足轻重的作用。在网络上使用过迅雷、新浪、雅虎、腾讯、凤凰网、搜狐、网易等；在平面媒体中使用过 DM、报纸、读者等。

(2) 搜索引擎优化。图 2-1 所示是凡客诚品的首页及相关代码。对网站内容关键词的设置，消费者可以通过搜索引擎找到网站。从图 2-1 中可以看出凡客诚品的关键词设置较多。

(3) 搜索引擎广告（竞价）。凡客诚品在百度和谷歌上均使用了竞价排名，这在网络推广中是比较常见的渠道。

图 2-1 凡客诚品的首页及相关代码

(4) 电子邮件营销。电子邮件营销,可以给用户发一些促销的信息,让老客户回访网站。

(5) 博客话题营销。凡客诚品以产品为话题,提供免费礼品(如凡客 68 元人民币的衬衫),征集博客用户写用户体验文章,从用户角度对产品进行体验式营销,如图 2-2 所示。

(6) 网络媒体推广。从百度的新闻搜索结果可以看到,凡客善于利用网络媒体的报道来提高品牌影响力,增加消费者对产品和网站的信任度。

(7) 网络广告联盟。凡客诚品在多家网络广告联盟上投放了 CPS 广告,CPS 按销售提成广告费用,这一手段吸引了许多个人站长在网站上投放了凡客的广告。

(8) 网站销售联盟。凡客诚品成立了自己的网站联盟,在自己的网站上进行宣传,让广大站长和店长加入,根据销售额进行费用的提成,这个形式也属于 CPS。

在整合的网络营销组合中,企业网站是支持内容与脉络的骨骼,协作网站是联合作战的可靠同盟,即便不作为攻击对手的力量,也对品牌网络环境的优化起到不可低估的作用,同时给潜在客户以信心。但是,要想真正有效地抓住消费者,引导消费者的购买行为,则需要依靠附着于内容网站这一骨骼框架之上的经络与皮肉(营销服务系统),赋予网络营销盎然的生气。本章将系统地阐述网络营销策略的基本原理。

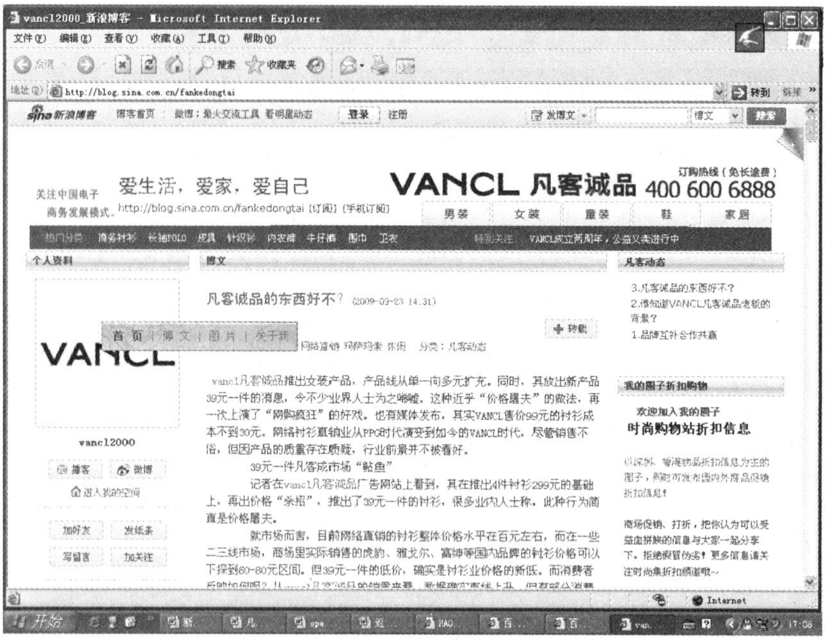

图 2-2　凡客诚品的博客

第一节　网络营销策略组合

互联网的商业应用，改变了传统的买卖关系，带来了企业营销方式的改变，对市场营销提出了新的要求。随着互联网的广泛信息技术与市场营销的相互结合、相互作用，形成了网络营销的产品、价格、促销和渠道的组合。

网络营销策略组合，是指企业对其内部与实现目标有关的各种可控因素的组合和运用。网络营销策略组合，是网络营销理论体系中的一个重要概念，它与网络营销观念、网络市场细分和网络营销目标市场等概念相辅相成，组成一个系统化的整体策略。在网络营销观念的指导下，企业把选定的目标市场作为一个子系统，同时也把自己各种营销策略分解归类，组成一个与之对应的系统。在这个系统中，各种网络营销策略可看做是一个可调的子系统。这就是通常所说的 4 个策略子系统，即产品、价格、渠道和促销。虽然随着电子商务的发展，产生了网络营销等许多新的概念，营销的内容也发生了较大的变化，但影响网络营销的基本因素仍是这 4 个子系统。人们把这 4 个子系统称为“4P 组合”。

一、产品策略

（一）网络营销产品

在网络营销中，产品的整体概念可分为以下5个层次：

1. 核心利益层次

核心利益是指产品能够提供给消费者的基本效用或益处，是消费者真正想要购买的基本效用或益处。如消费者购买电脑是为了学习电脑、利用电脑作为上网工具；购买软件是为了压缩磁盘空间、播放MP3格式的音乐或上网冲浪等。由于网络营销是一种以顾客为中心的营销策略，企业在设计和开发产品核心利益时要从顾客的角度出发，要根据上次营销效果来制订本次产品的设计开发。要注意的是网络营销的全球性，企业在提供核心利益和服务时要针对全球性市场有形产品，如医疗服务可以借助网络实现远程医疗。

2. 有形产品层次

有形产品是指产品在市场上出现时的具体物质形态。对于物质产品来说，首先，产品的品质必须保障；其次，必须注重产品的品牌；第三，注意产品的包装；第四，在样式和特征方面要根据不同地区的亚文化来进行针对性的加工。

3. 期望产品层次

期望产品是指顾客购买前对产品的质量、使用方便程度、特点等方面有所期望的产品。在网络营销中，顾客处于主导地位，消费呈现出个性化的特征，不同的消费者可能对产品的要求不一样，因此产品的设计和开发必须满足顾客这种个性化的消费需求。为满足这种需求，对于物质类产品，要求企业的设计、生产和供应等环节必须实行柔性化的生产和管理。对于无形产品如服务、软件等，要求企业能根据顾客的需要来提供服务。

4. 延伸产品层次

延伸产品是指由产品的生产者或经营者提供的购买者需求，主要是帮助用户更好地使用核心利益的服务。在网络营销中，对于物质产品来说，延伸产品层次要注意提供满意的售后服务、送货、质量保证等。

5. 潜在产品层次

潜在产品是指在延伸产品之外，由企业提供能满足顾客的潜在需求，它主要是产品的一种增值服务。它与延伸产品的主要区别是顾客没有潜在产品仍然可以很好地使用顾客需要的产品的核心利益和服务。在高新技术发展日益迅猛的时代，有许多潜在需求和利益还没有被顾客认识到，这需要企业通过引导和支持以更好地满足顾客的潜在需求。

（二）适合在网上销售的产品

一般而言，目前适合在互联网上销售的产品通常具有以下7个特性：

1. 产品性质

由于网上用户在初期对技术有一定要求，因此用户上网大多与网络等技术相关，因此网上销售的产品最好是与高技术或与电脑、网络有关。一些信息类产品如图书、音乐等也比较适合网上销售。还有一些无形产品如服务也可以借助网络的作用实现远程销售，如远程医疗。

2. 产品质量

网络的虚拟性使得顾客可以突破时间和空间的限制，实现远程购物和在网上直接订购，这使得网络购买者在购买前无法尝试或只能通过网络来尝试产品。

3. 产品样式

通过互联网对全世界国家和地区进行营销的产品要符合该国家或地区的风俗习惯、宗教信仰和教育水平。同时，由于网上消费者的个性化需求，网络营销产品的样式还必须满足购买者的个性化需求。

4. 产品品牌

在网络营销中，生产商与经营商的品牌同样重要，一方面要在网络浩如烟海的信息中获得浏览者的注意，必须拥有明确、醒目的品牌；另一方面，由于网上购买者可以面对很多选择，同时网上的销售无法进行购物体验，因此，购买者对品牌比较关注。

5. 产品包装

作为通过互联网经营的针对全球市场的产品，其包装必须适合网络营销的要求。

6. 目标市场

网上市场是以网络用户为主要目标的市场，在网上销售的产品要适合覆盖广大的地理范围。如果产品的目标市场比较狭窄，可以采用传统营销策略。

7. 产品价格

互联网作为信息传递工具，在发展初期是采用共享和免费策略发展而来的，网上用户比较认同网上产品的低廉特性；另一方面，由于通过互联网进行销售的成本低于其他渠道的产品，在网上销售产品一般采用低价位定价。

（三）网络营销产品分类

网络营销产品的特点其实是由于网络的限制，使得只有部分产品适合在网上销售，随着网络技术发展和其他科学技术的进步，将有越来越多的产品在网上销售。在网络上销售的产品，按照产品性质的不同，可以分为两大类：实体产品和虚体产品。

1. 实体产品

将网上销售的产品分为实体和虚体两大类，主要是根据产品的形态来区分的。实体产品是指具体物理形状的物质产品。在网络上销售实体产品的过程与传统的购物方式有所不同。在这里已没有传统的面对面的买卖方式，网络上的交互式交流成为买卖双方交流的主要形式。消费者或客户通过卖方的主页考察其产品，通过填写表格表达自己对品种、质量、价格、数量的选择；而卖方则将面对面的交货改为邮寄产品或送货上门，这一点与邮购产品颇为相似。因此，网络销售也是直销方式的一种。

2. 虚体产品

虚体产品与实体产品的本质区别是虚体产品一般是无形的，即使表现出一定形态也是通过其载体体现出来的，但产品本身的性质和性能必须通过其他方式才能表现出来。在网络上销售的虚体产品可以分为两大类：软件和服务。软件包括计算机系统软件和应用软件。网上软件销售商常常可以提供一段时间的试用期，允许用户尝试使用并提出意见。好的软件很快能够吸引顾客，使他们爱不释手并为此慷慨解囊。

服务可以分为普通服务和信息咨询服务两大类，普通服务包括远程医疗、法律救助、航空火车订票、入场券预定、饭店旅游服务预约、医院预约挂号、网络交友、电脑游戏等，而信息咨询服务包括法律咨询、医药咨询、股市行情分析、金融咨询、资料库检索、电子新闻、电子报刊等。

对于普通服务来说，顾客不仅注重所能够得到的收益，还关心自身付出的成本。通过网络这种媒体，顾客能够尽快地得到所需要的服务，免除恼人的排队等候的时间成本。同时，消费者利用浏览软件，能够得到更多更快的信息，提高信息传递过程中的效率，增强促销的效果。

对于信息咨询服务来说，网络是一种最好的媒体选择。用户上网的最大诉求就是寻求对自己有用的信息，信息服务正好提供了满足这种需求的机会。通过计算机互联网，消费者可以得到包括法律咨询、医药咨询、金融咨询、股市行情分析在内的咨询服务和包括资料库检索、电子新闻、电子报刊在内的信息服务。

二、价格策略

价格策略是指企业按照市场规律制定价格和变动价格等方式来实现营销目标的方案与策略。其中包括对与定位有关的基本价格、折扣价格、津贴、付款期限、商业信用以及各种定价方法与定价技巧等可控制因素的综合运用，价格策略是具有重要意义的营销策略。

（一）营销价格及其在网络营销中的影响因素

企业营销价格受到多种因素的影响和制约。一般来说，影响企业产品网上定价的因素主要有以下3个方面：

1. 成本因素

成本是营销价格的最低限，对企业营销价格有很大的影响。产品成本是由产品在生产过程和流通过程中耗费的物质资料和支付的薪酬所形成的，一般由固定成本和变动成本两部分构成。

2. 供求关系

供求关系是影响企业产品价格的一个基本因素。一般而言，当商品供小于求时，企业产品的营销价格可能会高一些，反之，则可能低一些；在供求基本一致时，企业营销中的商品售价，多数都为买卖双方能够接受的“均衡价格”。此外，在供求关系中，企业产品营销价格还受到供求弹性的影响。一般来说,需求价格弹性较大的商品,其营销价格相对较低,而需求价格弹性较小的商品,其营销价格相对较高。

3. 竞争因素

竞争因素对价格的影响,主要考虑商品的供求关系及变化趋势等。竞争是影响企业产品定价的重要因素之一,在实际营销过程中,以竞争对手为主的定价方法主要有3种:一是低于竞争对手的价格;二是与竞争对手同价;三是高于竞争对手的价格。

在企业网络营销实践中,除了上述3个主要因素外,网络营销的其他组合因素如产品、分销渠道、促销手段、消费者心理因素、企业本身的规模、财务状况和国家政策等,都会对企业的营销价格产生不同程度的影响。

(二) 网络定价策略

企业为了有效地促进产品在网上销售,就必须针对网上市场制订有效的价格策略。由于网上信息的公开性和消费者易于搜索的特点,网上的价格信息对消费者的购买起着重要的作用。消费者选择网上购物,一方面是由于网上购物比较方便,另一方面是因为从网上可以获取大量的产品信息,从而可以择优选购。网络定价的策略很多,根据网络营销的特点,主要有低位定价策略、个性化定制生产定价策略、使用定价策略、折扣定价策略、拍卖定价策略和声誉定价策略。

1. 低位定价策略

借助互联网进行销售,比传统销售渠道的费用低廉,因此网上销售价格一般来说比流行的市场价格要低。采用低位定价策略就是在公开价格时一定要比同类产品的价格低。采取这种策略一方面是由于通过互联网,企业可以节省大量的成本费用;另一方面,采用这一策略也是为了扩大宣传、提高市场占有率并占领网络市场这一新型的市场。在采用这一策略时,应注意以下3点:首先,在网上不宜销售那些顾客对价格敏感而企业又难以降价的产品;其次,在网上公布价格时要注意区分消费对象,要针对不同的消费对象提供不同的价格信息发布渠道;第三,因为消费者可以在网上很容易地搜索到价格最低的同类产品,所以网上发布价格要注意比较同类站点公布的价格,否则,价格信息的公布会起到反作用。

2. 个性化定制生产定价策略

个性化定制生产定价策略,是指在企业能实行定制生产的基础上,利用网络技术和辅助设计软件,帮助消费者选择配置或者自行设计能满足自己需求的个性化产品,同时承担自己愿意付出的价格成本。这种策略是利用网络互动性的特征,根据消费者的具体要求,来确定商品价格的一种策略。网络的互动性使个性化行销成为可能,也将使个性化定价策略有可能成为网络营销的一个重要策略。

3. 使用定价策略

所谓使用定价策略,就是顾客通过互联网注册后可以直接使用某公司产品,顾客只需要根据使用次数进行付费,而不需要将产品完全购买。这一方面减少了企业为完全出售产品进行大量不必要的生产和包装的浪费,同时还可以吸引过去那些有顾虑的顾客使用产品，扩大市场份额。采用这种定价策略，一般要考虑产品是否适合通过互联网传输，是否可以实现远程调用。目前比较适合的产品有软件、音乐、电影等。

4. 折扣定价策略

为鼓励消费者多购买本企业商品，可采用数量折扣策略；为鼓励消费者按期或提前付款，可采用现金折扣策略；为鼓励中间商淡季进货或消费者淡季购买，可采用季节折扣策略等。

小应用 2-1

团购网是折扣定价策略的典型应用。团购指的是认识的或者不认识的消费者联合起来，来加大与商家的谈判能力，以求得最优价格的一种购物方式。根据薄利多销、量大价优的原理，商家可以给出低于零售价格的团购折扣和单独购买得不到的优质服务。通过消费者自行组团、专业团购网站、商家组织团购等形式，提升用户与商家的议价能力，并极大程度地获得商品让利，引起消费者及业内厂商、甚至是资本市场的关注。团购的商品价格更为优惠，尽管团购还不是主流消费模式，但它所具有的爆炸力已逐渐显露出来。

网络团购最早起源于美国的 Groupon，在国际上通称为 B2T(Business To Team)。现在团购的主要方式是网络团购。目前较成功的团购网有：汤谷团、一起呀、麦圈网、星800、懒团网、拉手网、美团、QQ 团、大众点评团、糯米团、拼一回、购物狂、萧山白领购、指南针团购网等。

2010 年 7 月至 2010 年 9 月这 3 个月期间，网络团购市场累计购买金额的增长率为 109%；2010 年 3 月至 2010 年 9 月这 7 个月期间，累计购买金额的增长率为 241%。据统计，我国 2010 的全年团购销售额在 20 亿元人民币以上。估计 2011 年的总体团购市场规模为 40 亿元人民币至 100 亿元人民币。

5. 拍卖定价策略

网上拍卖是目前发展较快的领域，是一种最市场化、最合理的方式。随着互联网市场的拓展，将有越来越多的产品通过互联网拍卖竞价。由于目前购买群体主要是消费者市场，个体消费者是目前拍卖市场的主体，因此，这种策略并不是目前企业首要选择的定价方法，因为它可能会破坏企业原有的营销渠道和价格策略。比较适合网上拍卖竞价的是企业的一些原有积压产品，也可以是企业的一些新产品，通过拍卖展示起到促销作用。

6. 声誉定价策略

在网络营销的发展初期，消费者对网上购物和订货还有着很多疑虑，例如网上所订商品的质量能否保证、货物能否及时送到等。所以，对于声誉较好的企业来说，在进行网络营销时，价格可定得高一些；反之，价格则定得低一些。总之，企业可以根据自己所生产产品的特性和网上市场的发展状况来选择合适的价格策略。但无论采用什么策略，企业的定价策略都应与其他策略相配合，以保证企业总体营销策略的实施。另外，由于互联网上信息产品的免费性已深入人心，所以，免费价格策略是市场营销中常用的营销策略;虽然这种策略一般是短期的和临时的,但它对于促销和推广产品却有很大的促进作用。许多新型公司凭借这一策略一举成功。目前,企业在网络营销中采用免费策略的目的,一是先让用户免费使用,等习惯后再开始收费;二是想发掘后续商业价值,是从战略发展的需要制订定价策略,主要目的是先占领市场,然后再在市场中获取收益。

三、促销策略

网络促销是指利用现代化的网络技术向虚拟市场传递有关产品或服务的信息,以引导需求,激发消费者购买欲望和购买行为的各种活动。它与传统促销的目的一样,都是让消费者了解产品或服务,引导消费者的注意和兴趣,激发他们的购买欲望,并最终实现其购买行为。但由于网络促销具有其独有的特点,与传统促销在信息传播模式上,在时间和空间观念上以及在顾客参与方式上都有较大的差别。

(一) 网络促销形式

网络促销形式有 4 种,分别是网络广告、站点推广、销售促进和关系营销。其中网络广告和站点促销是主要的网络促销形式。

1. 网络广告

网络广告已经形成了一个很有影响力的产业市场,因此,企业的首选促销形式就是网络广告。网络广告类型很多,根据形式不同可以分为旗帜广告、电子邮件广告、电子杂志广告、新闻组广告、公告栏广告等。网络广告主要是借助网上知名站点(如新浪、搜狐等)、免费电子邮件和一些免费公开的交互站点(如新闻组、公告栏)发布企业的产品信息,对企业和产品进行宣传推广。网络广告作为有效而可控制的促销手段,被许多企业用于在网上进行新产品的推广、扩大企业知名度等。

2. 站点推广

利用网络营销策略扩大站点的知名度,吸引上网者访问网站,起到宣传和推广企业以及企业产品的效果。站点推广主要有两大类方法:一类是通过改进网站内容和服务,吸引用户访问,起到推广的效果;另一类是通过网络广告宣传推广站点。前一类方法费用较低,而且容易稳定顾客访问流量,但推广速度比较慢;后一类方法,可以在短时间内扩大站点知名度,但与前一类相比费用较高。电脑游戏与硬件的生产商美国世嘉公司利用网站进行各种不同的促销宣传,如向公众推出新的游戏角色并为上网者提供下载游戏的机会。因此世嘉主页的访问率平均每天达 250 000 人次。

3. 销售促进

销售促进就是企业利用可以直接销售的网络营销站点,采用一些销售促进方法宣传和推广产品。具体方法主要有以下 6 种:

(1) 网上折价促销。折价亦称打折、折扣,是目前网上最常用的一种促销方式。一般来说,网上商品的价格要比传统方式销售价格低,以吸引人们购买。由于网上销售商品不能给人全面、直观的印象,也不可试用、触摸等原因,再加上配送成本和付款方式的复杂性,造成网上购物和订货的积极性下降。而幅度比较大的折扣可以促使消费者进行网上购物的尝试并做出购买决定。目前大部分网上销售商品都有不同程度的价格折扣,如卓越网、当当网上书店等。

(2) 网上变相折价促销。变相折价促销是指在不提高或稍微增加价格的前提下,提高产品的数量及服务的品质,较大幅度地增加产品或服务的附加值,让消费者感到物有所值。由于网上直接进行价格折扣容易造成品质降低的怀疑,利用增加商品附加值的促销方法会更容易获得消费者的信任。

(3) 网上赠品促销。赠品促销目前在网上的应用不算太多,一般情况下,在新产品推出试用、产品更新、对抗竞争品牌、开辟新市场情况下利用赠品促销可以达到比较好的促销效果。赠品促销可以提升品牌和网站的知名度,鼓励人们经常访问网站以获得更多的优惠信息,能根据消费者索取赠品的热情程度而总结分析营销效果和产品本身的反映情况等。大部分网上销售商品都会在特定的时期附赠品。

(4) 网上抽奖促销。抽奖促销是网上应用较广泛的促销形式之一,是大部分网站乐意采用的促销方式。抽奖促销是以一个人或数人获得超出参加活动成本的奖品为手段进行商品或服务的促销,网上抽奖促销可在短时间内迅速聚焦人气,提高网站的访问量。图 2-3 所示即是拉手网的团购抽奖促销。

图 2-3　拉手网的团购抽奖促销页面

(5) 积分促销。积分促销在网络上的应用比起传统营销方式要简单和易操作。网上积分活动很容易通过编程和数据库等来实现,并且结果可信度很高,操作起来相对较为简便。积分促销一般设置价值较高的奖品,消费者通过多次购买或多次参加某项活动来增加积分以获得奖品。积分促销可以增加上网者访问网站和参加某项活动的次数;可以增加上网者对网站的忠诚度;可以提高商业活动的知名度等。

(6) 网上联合促销。由不同商家联合进行的促销活动称为联合促销,联合促销的产品或服务可以起到一定的优势互补、互相提升自身价值等效应。如果应用得当,联合促销可起到相当好的促销效果，如网络公司可以和传统商家联合，以提供在网络上无法实现的服务。

4. 关系营销

关系营销是通过借助互联网的交互功能吸引用户与企业保持密切关系，培养顾客忠诚度，提高企业收益率。比如一个鲜花礼品递送公司，会在适当的时候通过电子邮件提醒顾客，应该为他母亲的生日送一束鲜花了。

（二）网络促销的实施过程

对于任何企业来说，如何实施网络促销都是一个新问题，每一个营销人员都必须摆正自己的位置，深入了解产品信息在网络上传播的特点，分析网络信息的接收对象，设定合理的网络促销目标，通过科学的实施程序，打开网络促销的新局面。

网络促销的具体实施过程包括：

1. 确定网络促销对象

网络促销对象是针对可能在网络虚拟市场上产生购买行为的消费者群体提出来的。它主要包括：产品的使用者、产品购买的决策者和产品购买的影响者。

2. 设计网络促销内容

消费者在做出购买行为之前一般经历认知、感知和行动这 3 个阶段。企业需要了解消费者所处的阶段，并制订出适合这一阶段的促销活动内容。

3. 选择网络促销的组合方式

网络促销策略主要有“推策略”和“拉策略”两种。所谓“推策略”，其主要是将企业的产品或服务推向市场，获得广大消费者的认可。而“拉策略”，其主要是将顾客牢牢地吸引过来。企业应根据自己产品的特性，将两种策略有机地组合起来，达到最佳促销效果。

4. 制订网络促销预算方案

根据企业的网络促销内容和目标，对整体的投资做好促销的预算方案。

5. 网络促销的执行与效果评价

在执行了网络促销活动之后，应对已经执行的促销内容进行效果评价，以便对促销的内容、形式做出调整和改进。评价主要数据来源于两方面：一是通过访问量的数据统计来做促销活动好坏的评价；二是通过市场占有率、销售量、利润等数据的分析，来判断促销决策的正确与否。

小思考 2-1

网络促销的效果评价数据从哪来？

答：一是通过访问量的数据统计来做促销活动好坏的评价；二是通过市场占有率、销售量、利润等数据的分析，来判断促销决策的正确与否。

四、分销策略

由于网上销售对象不同，因此网上分销渠道是有很大区别的。一般来说网上销售主要有两种方式，一种是 B2B，即企业对企业的模式，这种模式每次交易量很大、交易次数较少，并且购买方比较集中，因此网上分销渠道建设的关键是建设好订货系统，方便购买企业进行选择；由于企业一般信用较好，通过网上结算实现付款比较简单；另一方面，由于量大次数少，因此配送时可以进行专门运送，既可以保证速度也可以保证质量，减少中间环节造成损伤。第二种方式是 B2C，即企业对消费者模式，这种模式的每次交易量小、交易次数多，而且购买者非常分散，因此网上分销渠道建设的关键是结算系统和配送系统，这也是网上购物必须面对的门槛。

在选择网络销售渠道时还要注意产品的特性，有些产品易于数字化，可以直接通过互联网传输；而对大多数有形产品，还必须依靠传统配送渠道来实现货物的空间移动，对于部分产品依赖的渠道，可以通过对互联网进行改造以最大限度提高渠道的效率，减少渠道运营中的人为失误和时间耽误造成的损失。

1. 网络直接销售

网络直接销售，简称网络直销，指生产厂家通过网络直接分销渠道直接销售产品，中间没有任何形式的网络中介商。网络直接销售的流程如图 2-4 所示。目前常见的做法有两种：一是企业在互联网上建立自己独立的站点，申请域名，制作主页和销售网页，由网络管理员专门处理有关产品的销售事务，图 2-5 所示为戴尔的直销页面；二是企业委托信息服务商(ISP)在其网点上发布信息，企业利用有效信息与客户联系，直接销售产品，虽然有 ISP 参加，但主要的销售活动还是在买卖双方之间完成的。

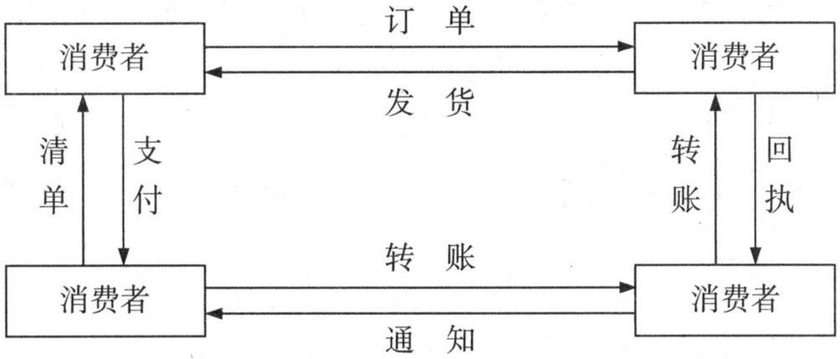

图 2-4　网络直销流程图

网络直销的优点是多方面的。首先，网络直销促成产需双方直接见面。企业可以直接从市场上收集到真实的第一手资料，合理安排生产。第二，网络直销对买卖双方都有直接的经济利益。由于网络营销大大降低了企业的营销成本，企业能够以较低的价格销售自己的产品，消费者也能够买到低于现货市场价格的产品。第三，营销人员可以利用网络工具，如电子邮件、电子公告栏等，随时根据用户的愿望和需要，开展各种形式的促销活动，迅速扩大产品的占有率。第四，企业能够通过网络及时了解到用户对产品的意见和建议，并针对这些意见和建议提供技术服务，解决疑难问题，提高产品质量，改善经营管理。

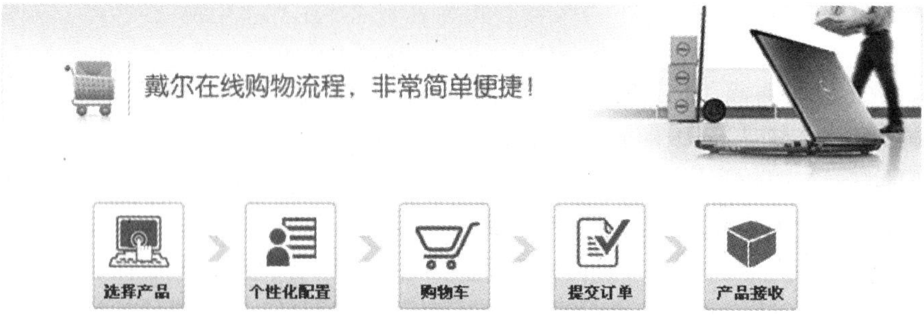

图 2-5　戴尔的在线购物

2. 网络间接销售

为了克服网络直销的缺点，网络商品中交易中介机构应运而生。这类机构成为连接买卖双方的枢纽，使得网络间接销售成为可能。虽然网络商品交易中介在发展中仍然有许多问题，但它在未来虚拟网络市场的作用却是其他机构所不能代替的。

导致网络商品交易中介机构的存在成为必然有以下两个原因。

(1) 网络商品交易中介机构的存在简化了市场交易过程。随着更多的信息被放在网上，并且信息越来越分散，更多的商业机构都在网上寻找操作业务的机会，网络商品交易中介机构的出现及其增长将是很快的。利用网络交易中介商的目的就在于能够更加有效地推动商品广泛地进入目标市场。图 2-6 和图 2-7 比较，可以说明利用网络商品交易中介机构完成商品从生产领域向消费领域转移，是实现社会经济效益和企业经济效益的一个主要手段。前者是($M\times N$)次交易，而后者是($M+N$)次交易。当 M、N 越大时，效益越明显。

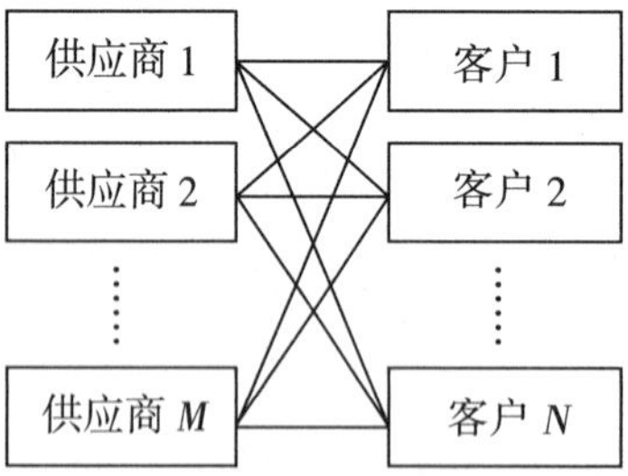

图 2-6　无网络中介的交易关系

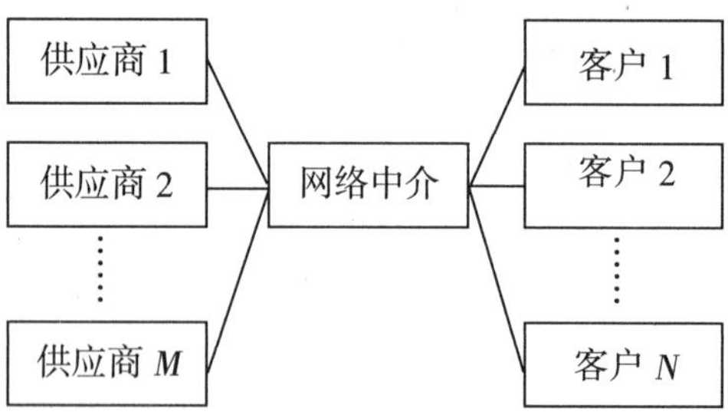

图 2-7　有网络中介的交易关系

(2) 网络商品交易中介机构的撮合功能有利于降低业务花费和全球操作。网络商品中介机构为买卖双方提供了相当于集成的功能，因此，为买卖双方都创造了价值。而且，中介机构在特定的市场领域里与许多机构都关系亲密，它们能运用这种关系将某些卖主的产品进行捆绑式销售，以满足客户的需要。

3. 双道法

在西方众多企业的网络营销活动中，双道法是最常用的方法之一。所谓双道法，是指企业同时使用网络直接分销渠道和网络间接分销渠道，以达到销售量最大化的目的。在买方市场的现实情况下，通过两种渠道推销产品比单一渠道更容易实现“市场渗透”。

在现代化大生产和市场经济的条件下，企业在网络营销活动中，在建立网站的同时，大部分企业都积极利用网络间接渠道销售自己的产品，通过中介商信息、广告的撮合服务，扩大企业的影响，开拓企业产品的销售领域，降低销售成本。因此，对于从事网络营销活动的企业来说，必须熟悉和研究国内外电子商务交易中介商的类型、业务性质、功能、特点及其他有关情况，以便能够正确地选择中介商，顺利地完成商品从生产到消费的整个转移过程。

第二节　站点推广

一、概述

网络营销站点作为企业在网上市场进行营销活动的阵地，站点能否吸引大量流量是企业开展网络营销成败的关键，也是网络营销的基础。站点推广就是通过对企业网络营销站点的宣传吸引用户访问，同时树立企业网上品牌形象，为企业营销目标的实现打下坚实的基础。站点推广是一个系统性的工作，与企业营销目标是相一致的。

网站推广与传统的产品推广一样，需要进行系统安排和计划，需注意以下几个问题：

(1) 注意效益/成本原则，即增加一千个访问者带来的效益与成本费用的比较，当然效益包括短期利益和长期利益，需要进行综合考虑。

(2) 稳妥慎重原则，宁慢勿快，在网站还没有建设好而且不够稳定时，千万不要急于推广网站，第一印象是非常重要的，网民给你的机会只有一次，因为网上资源太丰富了，这就是通常所说的网上特有的“注意力经济”。

(3) 综合安排实施原则，因为网上推广手段很多，不同方式可以吸引不同的网民，因此必须综合采用多种渠道以吸引更多网民到网站上来。

二、网站推广策略

1. 网上和网下推广相结合

按照用户所获取网站信息的来源，可分为网上途径和网下途径，因此网站推广手段相应地也有网上推广和网下推广两种基本类型。网上获取信息的途径就是本节主要介绍的网站推广渠道，但这些并不是用户获取有关信息的唯一渠道，事实上，网络营销并不拒绝网下的营销方法，二者并不矛盾，可以互相配合发挥各自的优势，从而获得更好的网站推广效果。在网络营销方法中，一般很少去考虑网下的营销手段，不过在网站推广方面，利用网下的手段有时是很有必要的，因为一些网站在刚发布时利用网上推广手段并不一定能很快达到推广的目的，因此往往需要网上网下相结合进行推广。

我们通常会看到一些大型企业网站以路牌广告和电视广告等方式进行宣传，这是很好的宣传途径，但对于大多数中小企业网站来说，由于缺乏资金实力，一般是难以模仿的，因此这样往往造成一种错觉，好像只有大型企业网站才能利用传统渠道宣传。实际上，传统方法很多，并不一定要大量资金才行，关键是策略的层面将网站推广与市场营销结合起来，在不知不觉中发挥网站的作用。

2. 主动与被动推广相结合

按照用户获取网站信息的主动性和被动性，可将获取信息的渠道分为主动渠道和被动渠道，网站推广手段也有主动和被动之分。用户主动获取信息就意味着网站以被动的方式来推广。例如，我们用电子邮件的方式向潜在用户推广新的网站是主动推广，而用户则是被动地接受信息；当用户通过搜索引擎发现并进入一个网站时，是用户主动获取信息，而网站则被动推广。但这里讲的被动并不是消极地等待用户了解(本质上不同于几年前一些企业建好网站之后从不对外宣传，因而用户根本无法了解其网址的被动状况)。实际上是为用户了解网站信息提供尽可能方便的条件，因而从用户的角度来看，用户是主动的，而网站方面是被动地等待用户的了解。同样，用户通常也并不总是真的只能被动接受信息，仍以用户电子邮件推广为例，E-mail 营销是首先经过用户许可的，也就是用户自定义接不接受的，但什么时间发送给用户是企业决定的。电子商务时代通常被认为是用户制订营销规则的时代，因此，用户掌握了更多的主动权，而信息的多少，以及对用户是否有价值，主动权仍然掌握在信息提供方企业的手里。

3. 利用不同的推广方式

根据用户了解网站信息所利用的具体手段，可以罗列出许多方式，如搜索引擎、分类目录、分类排行榜、网站链接、电子邮件、即时信息、网络实名、通用网址、论坛、黄页、电子商务平台、网络广告、电子书、免费软件、网址大全书籍、报刊网站推荐等，每一种方式均可作为一种网站推广的手段。由于这种分类方式难以穷举所有网站的推广方法，因此通常将这些方法穿插在其他网站推广类别中。

4. 在不同阶段采用不同的推广方法

根据网站所处的阶段，可以分为网站发布前的推广策略、网站发布初期的推广策略、网站发展期和稳定期的推广策略等，每个阶段所采用的网站推广方法存在一定的差别，同样的网站推广手段在不同时期的应用也有所不同。从网站运营者的角度来考虑，根据网站的不同发展阶段来设计网站推广策略更有意义。

小应用 2-2

网站推广之十不要：不要把首页做成 Flash；不要把导航做成图片链接；不要用大量的图片组成首页；不要去做所谓的“通用”网址，那只能用来骗不懂网络的人；不要去相信网络公司对你销售业绩的承诺；不要被某些网站的廉价垃圾服务所骗；不要去做第一页以后的广告；不要期望用垃圾邮件来推广你的网站；不要过于追求免费，疯狂地做友情链接；不要为难那些电子商务师，他们心有余而力不足。

（资料来源：网站推广时几点禁忌. 中国站长站.）

三、站点推广方法

1. 利用搜索引擎

根据调查显示，网民寻找新网站主要是通过搜索引擎来实现的，因此在著名的搜索引擎进行注册是非常必要的，而且在搜索引擎进行注册一般都是免费的。在多个引擎进行注册时，首先要确定引擎进行注册，一般说来能同时在 8 个重要的搜索引擎进行注册就足够了，注册过多引擎一方面时间代价比较大，另一方面大多数引擎使用者少，主要集中在少数上面。在多个引擎注册时，有两种方式，一种方式是利用专业软件代理注册；另一种方式是利用专业服务公司代理注册。

2. 建立链接

与不同站点建立链接，可以缩短网页间距离，提高站点的被访问概率。一般建立链接有下面几种方式：

（1）在行业站点上申请链接。如果站点属于某些不同的商务组织，而这些组织建有会员站点，应及时向这些会员站点申请一个链接。

（2）申请交互链接。寻找具有互补性的站点，并向它们提出进行交互链接的要求（尤其是要链接到站点的免费服务，如果提供这样的服务的话）。为通向其他站点的链接设立一个单独的页面，这样就不会使刚刚从前门请进来的顾客，转眼间就从后门溜到别人的站点上去了。

（3）在商务链接站点申请链接。特别是当站点提供免费服务的时候，可以向网络上的许多小型商务链接站点申请链接。只要站点能提供免费的东西，就可以吸引许多站点为你建立链接。寻找链接伙伴时，通过搜索寻找可能为站点提供链接的地方，然后向该站点的所有者或主管发送电子邮件，告诉他们可以链接的站点名称、URL 以及 200 字左右的简短描述。

3. 发送电子邮件

电子邮件的发送费用非常低，许多网站都利用电子邮件来宣传站点。利用电子邮件来宣传站点时，首要任务是收集电子邮件地址。为防止发送一些令人反感的电子邮件，收集电子邮件地址时要非常注意。一般可以利用站点的反馈功能记录愿意接受电子邮件的用户电子邮件地址。另外一种方式，通过租用一些愿意接受电子邮件信息的通信列表，这些通信列表一般是由一些提供免费服务的公司收集的。

4. 发布新闻

及时掌握具有新闻性的事件（例如新业务的开通），并定期把这样的新闻发送到行业站点和印刷品媒介上。将站点在公告栏和新闻组上加以推广。互联网使得具有相同专业兴趣的人们组成成千上万的具备很强针对性的公告栏和新闻组。比较好的做法是加入这些讨论，让邮件末尾的“签名档”发挥推广的作用。

5. 提供免费服务

提供免费服务，在时间和精力上的代价都是昂贵的，但其在增加站点流量上的功效可以得到回报。应当注意，所提供的免费服务应是与所销售的产品密切相关的，这样，所吸引来的访问者同时也就可以成为良好的业务对象。也可以在网上开展有奖竞赛，因为人们总是喜欢免费的东西。如果在站点上开展有奖竞赛或者是摸奖活动，将可以产生很大的访问流量。

6. 发布网络广告

利用网络广告推销站点是一种比较有效的方式。比较廉价的做法是加入广告交换组织，广告交换组织通过不同站点的加盟后，在不同站点交换显示广告，起到相互促进的作用。另外一种方式是在适当的站点上购买广告栏发布网络广告。

7. 使用传统的促销媒介

使用传统的促销媒介来吸引访问站点也是一种常用方法，如一些著名的网络公司纷纷在传统媒介发布广告。这些媒介包括直接信函、分类展示广告等等。对小型工业企业来说，这种方法更为有效。应当确保各种卡片、文化用品、小册子和文艺作品上包含公司的 URL。

小应用 2-3

搜索引擎优化(Search Engine Optimization，简称 SEO)是一种利用搜索引擎的搜索规则来提高目的网站在有关搜索引擎内的排名的方式。研究发现，不少搜索引擎的用户往往只会留意搜索结果最前面的几个条目，所以，不少网站都希望通过各种形式来影响搜索引擎的排序。当中尤以各种依靠广告维生的网站为甚。所谓“针对搜索引擎做最佳化的处理”，是指为了要让网站更容易被搜索引擎接受。即通过 SEO 这样一套基于搜索引擎的营销思路，为网站提供生态式的自我营销解决方案，让网站在行业内占据领先地位，从而获得品牌收益。

小思考 2-2

什么是网站 PR 值?

答：PR 值全称为 PageRank(网页级别)，取自 Google 的创始人 LarryPage。它是 Google 排名运算法则(排名公式)的一部分，是 Google 用来标志网页的等级/重要性的一种方法。PR 值的大小是 Google 用来衡量一个网站好坏的一项重要标准。在糅合了诸如 Title 标志和 Keywords 标志等所有其他因素之后，Google 通过 PageRank 来调整结果，使那些更具“等级/重要性”的网页在搜索结果中令网站排名获得提升，从而提高搜索结果的相关性和质量。

级别分为 1～10 级，10 级为满分。PR 值越高说明该网页越受欢迎(越重要)。例如：

一个PR值为1的网站表明这个网站不太具有流行度，而PR值为7～10则表明这个网站非常受欢迎(或者说极其重要)。一般PR值达到4，就算是一个不错的网站了。Google把自己的网站的PR值定到10，这说明Google这个网站是非常受欢迎的，也可以说这个网站非常重要。

第三节　网络广告

一、网络广告的概念和特点

(一) 网络广告的概念

网络广告一般是指在互联网上发布、传播的广告信息。它是互联网作为市场营销媒体最先被开发和利用的营销技术。网络营销中的一整套营销战略、策略以及营销方法，正是从最初的网络广告出发，扩散到其他营销技术，并进一步渗透到整个营销理念层次，从而最终构建成一个较为完整的网络营销管理体系的。自从1994年10月14日，Wired杂志网络版首次发布网上广告后，互联网作为市场营销媒体就以其不可替代的独特性，成为继传统广告媒体之后的一个新型传播媒体形式。

实践证明，网络广告是宣传网址和发布网络广告最有效的方法之一。与报纸、广播、杂志、电视等传统媒体上的商业性宣传相比，网络广告宣传不仅更加廉价、快捷而且覆盖面更广、针对性更强。可以预见的是，随着电子商务的广泛推行、电子支付货币的广泛使用、网络交易安全性的提高以及上网人数的增加，网络广告将有更加广泛的发展空间。

但是，在互联网上传播信息有其特定的行为规则，因此不能将在传统广告媒体上所用的方法简单地照搬到网络上来，必须遵循网络礼仪，采用符合网络特征的广告技术来发布网络广告。

小应用2-4

艾瑞网发布的《2015年中国网络广告行业年度监测报告》显示，2015年中国网络广告市场规模达到2 093.7亿元，同比增长36.0%，与去年保持相当的增长速度。在持续几年保持高速发展之后，未来两年市场规模仍将保持较高水平，但增速将略缓，至2018年整体规模有望超过4 000亿元。从广告类型来看，搜索广告仍旧是份额占比最大的广告类型，占比为32.6%；从企业营收来看，百度广告营收达663.8亿元，位居第一。

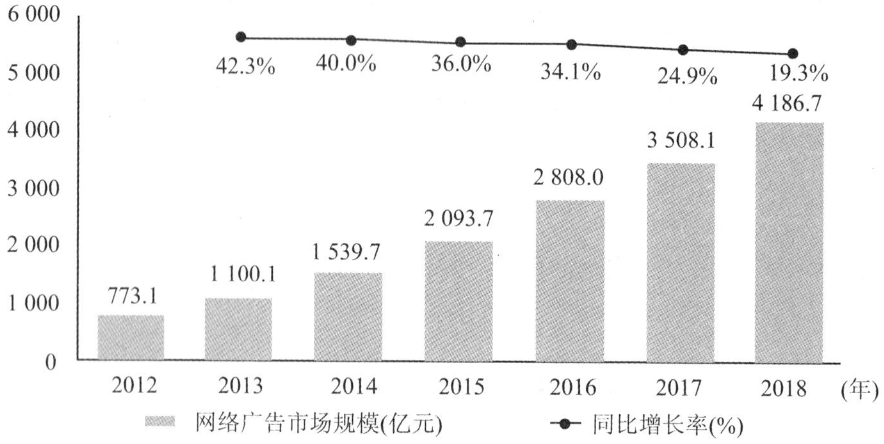

图 2-8　2012～2018 年中国网络广告市场规模及预测

（二）网络广告的特点

网络广告的兴起和发展，根本上是由于这种广告有着自己独特的特点。网络广告可以通过互联网进入更广阔的宣传范围，也可以更精确地锁定目标群体。得益于软件技术的发展，网络广告其实兼具了不同种类传统媒体广告的优点。这些特点都使网络广告有更好的宣传效果，并拥有更广阔的发展前景。具体来说，网络广告有以下特点：

1. 网络广告成本低

企业做广告的目的是为了促销产品，而促销产品的最终目标是为了获取商业利益。商业广告的价格不断增长，已对很多企业构成负担，而网络广告的价格较其他形式广告价格要便宜得多。可以说，网络广告的出现为企业提供了一种新的宣传促销手段。

2. 跨越地域和时空，宣传范围广泛

广告商在使用传统媒体做广告时，往往会受版面、时间等条件的影响和限制，因此广告商会想方设法浓缩版面，想用最精练的语言、最简约的画面对客户产生震动性的影响，从而起到劝诱消费的作用，但事实上却往往收效甚微。而网络广告则不然，网络广告不受时间、版面的限制与约束，它能够以图文并茂的方式，加上良好的音响效果，使企业的基本状况、产品外观、价格、性能、技术指标等对客户有用的信息在网上反映出来。主页可以大幅度扩展，重要内容可以采用多重超链接进行细致描述。

网络广告容量之大，是其他媒体所不可比拟的。网络广告可以随时提供各种信息，全天候为用户服务。而且，广告信息可以随时更换，速度快，瞬间传播到全球，没有国界限制。

3. 网络广告便于检索，反馈直接

由于各种形式的广告信息充斥耳目，因此方便查找就变得极为重要。互联网提供了极方便的信息检索工具，比如用户通过使用网上的搜索引擎，可以方便、快捷地检索到所需网站及其广告产品，使得客户能很容易地从网站获得许多数据。由于在互联网中投放的广告首先以图形品牌的形式显示，所以即便用户不点击你的广告，也已经看到了你所宣传的品牌。

由于在线广告能够提供庞大的用户跟踪信息库，商家可以从中找到很多有用的反馈信息，网络广告能够直接反馈。不论是销售产品还是推广企业形象，都可以发现哪些广告备受关注，而哪些广告根本就没人注意，这些信息都有益于捕捉商机。当然，这些信息对于在线广告和传统媒体广告都有参考价值，并帮助企业清楚计算自己的广告投入效果。目前的技术，完全能够使得在线广告客户得知广告的效果。

4. 表现形式灵活

网络广告是构建在信息技术和多媒体技术之上的，采用图、文、声、像等多种形式，将产品的形状、用途、使用方法、价格、购买方法等信息展示在用户面前。此外，交互式界面可以大大方便用户对网络广告的阅读，用户可以有选择地进行阅读与企业和产品有关的资料。同时可以借助电子邮件等技术，与企业进行进一步的沟通。

5. 目标准确，更改方便

网络广告往往能够针对相关的群体更准确地投放。很多用户在网络上提供的个人资料都有可能变成广告商推出不同广告的依据。运用相应的技术，网站可以追踪用户在网上的行踪，记录用户曾经点击了哪些广告，需要深入了解哪些信息。这为广告商提供了制作广告的背景资料。将来的广告目标市场还将更加具体。一些广告网站已经在准备为广告目标市场提供非常细致的市场统计数据和消费心理统计，而这些是任何传统的广告媒体很难做到的。

同时，网络广告的内容可以随时更改，且花费很小，不会造成任何浪费。而传统广告的内容更改一般需要不少的费用，且更改的时间周期比较长。

（三）网络广告的缺点

尽管网络具有许多传统媒体无法比拟的优势，但并不表明它是一个完美的媒体，在目前的情况下，它存在许多的不足，这也是某些广告主和代理商不选择网络广告的原因。

1. 网络广告的覆盖率仍然偏低

统计资料表明，即使在北京、上海，网络广告的覆盖率也只是城市人口的 8%，其覆盖率的增长将在相当长的一段时间内受制于计算机与网络的发展与普及。

2. 网络广告的效果评估困难

在我国至今未有一家公认的第三方机构可以提供量化的评估标准和方法。当一个媒体不具备可评估条件的时候，我们从媒介作业的角度就完全有理由去质疑它的可选用性。目前对网络广告效果的评估主要是基于网站提供的数据，而这些数据的准确性、公正性一直受到某些广告主和代理商的质疑。

3. 网页上可供选择的广告位置有限

目前网络广告的形式主要还是旗帜广告(Banner)、按钮广告(Icon 或 Button)、漂移广告、弹出广告等，而每个网页上可以提供的广告位置是很有限的。

4. 创意的局限性

现在网络广告最常见的尺寸是 468×60(或 80)像素，相当于 15 厘米×2 厘米左右，要在这样小的广告空间里形成吸引目标消费者的广告创意，其难度可想而知。弹出广告的尺寸比较大，但用户对弹出广告比较反感，故使用起来受到一定的限制。

二、网络广告的策略

网络广告策略是实现网络广告目的的方法和手段。制订网络广告策略是一项创造性的劳动，策略的成败决定着网络广告宣传的成败。

（一）网络广告定位策略

网络广告定位策略发展至今已进一步得到细分，从某种意义上被划分为抢先策略、比附策略、空隙策略、品牌形象策略、企业形象定位、文化定位。

1. 抢先策略

心理学研究证明，首先进入大脑的信息，常常占有不易被排挤的位置。抢先策略就是利用人们认知心理先入为主的特点，使网络广告所宣传的产品、服务或企业形象，率先占领消费者的心理位置，这被认为是最重要的定位策略，也是网络广告界最重视的策略。

这一策略最适宜于新产品上市，特别是那些标新立异、能够引导消费的产品。采用高频率、强刺激率先抢占消费者心理位置策略，往往能一举成名，使产品成为同类中的第一品牌、领导者品牌。当然，一举成名并不等于永久占领，还需持续不断的网络广告以沟通与消费者的情感，来巩固这种地位。老产品进入一个新市场，进入一个还没有竞争强手的市场也可以采取这种抢先定位建立领导者地位的策略。

2. 比附策略

这是一种攀龙附凤的定位方法。第一品牌、领导者地位已被别人占领，跟进者要想与之抗争十分困难，于是聪明的网络广告主或网络广告人往往委曲求全以比照攀附领导者的方法为自己的产品争得一席之地。

3. 空隙策略

这也是跟进者重要的定位方法。它是一种钻空子的方法，即寻找消费者心中的空隙，网络广告宣传的重点就是填补这种空隙。有一个空子就可能确立一种定位，没有空子也可以创造空子。常用的空隙定位方法有特点空隙、价位空隙、性别空隙、年龄空隙、时段空隙和消费习惯空隙等。

4. 品牌形象策略

根据产品的个性和消费者的审美心理塑造一个产品形象，并将这个形象植入消费者心中，这个形象一旦被消费者所喜爱，就会在消费者心中形成牢固的品牌地位，消费者与其说是为了满足某种物质需要而购买这种品牌的产品而不买其他，倒不如说是因为喜欢这种品牌所表现的一种形象所满足的一种精神追求而购买的。

品牌形象策略可以和抢先策略、比附策略、空隙策略等结合运用。品牌形象策略多运用于高档消费品定价。

5. 企业形象定位

公共关系网络广告，直接与间接推销的都是组织自身形象，对于企业来说，就是企业自身的形象。企业的特点、企业的价值观、企业的文化、企业对公众对社会的责任等，常常是企业公关网络广告宣传的主题，也是此类网络广告的定位。而企业的特点、价值观、文化以及对公众对社会的责任等，正是企业形象的重要表征。

6. 文化定位

网络广告作为进行网络营销的手段之一，是以文化为基础的。从文化层次发展的非均衡性特点出发，网络广告与传统广告相比，最大的特点就是它所宣传的信息要涉及不同的国家、不同的民族和不同的文化。网络广告作为广告行业的"新贵"，在网上所发布的内容在进行制作时，不能循规蹈矩、千篇一律，而应特别突出广告的文化风格。尽管对于商业广告活动来说，其目标不外乎是推销商品、追逐利润，但在不同区域的市场上，实现这一目标的方法和手段却不尽相同。网络广告没有放之四海而皆准的灵丹妙药，但有特色的文化、宣传目标明确的广告则是最能被用户所接受、最能达到推销商品的目的的。

网络文化的文化定位离不开本土这一基本特点，因此必须先客观分析自身所处文化背景的优点、不足，同时还要充分了解广告受众所处的文化背景，以其最容易接受的方式进行广告创意，以增强针对性，避免无的放矢。只有这样，才有可能避免因"水土不服"而引起的消化不良。事实上，在网络广告的活动中，与异域文化的交融占了相当的比例。在互联网时代的今天，信息共享是基本原则，制作精美、创意非凡的广告不用花太大的力气推广就会吸引全球的用户参与传播，更会吸引更多的用户登录网站欣赏。所以，网络广告制作者所制作的每一幅广告画面，必须使用能被所有相关文化认同的信息符号；设计的每一项广告促销方案，其主题思想、表现手法以及传递方式等必须行之有效且富有创意，必须首先能在文化上被目标市场所接受，这样才会取得良好的效果。

由于文化发展的非均衡性，要进行准确的网络广告文化定位，必须对目标市场的消费者行为进行广泛的跨文化分析。这就要求广告制作者必须具备有关文化的基本知识。按照文化学的观点，有关文化知识主要有两类：一是关于文化的事实知识，二是关于文化的释意知识。事实知识相对较容易，如文字符号等掌握起来比较简单。而释意知识则不同，主要包括对目标市场的道德规范、思维特性、价值取向、民情风俗、宗教信仰、文化教育以及社会经济发展状况等的确切把握。只有掌握了这两方面的文化知识，才能对各种相关的文化环境进行客观的分析和把握，才能对由此而形成的各种消费需求的特点做出准确的判断。

（二）网络广告市场策略

目标市场认定的依据有两个：一个是网络广告产品自身的功效，即网络广告产品能满足消费者某一种或某几种需要的功效；二是市场需求情报，即市场上哪个地区或哪个阶层的人需要这种产品。以下是几种常见划分目标市场的方法：

1. 按经济地位划分

就是按消费者经济收入的不同，划分出不同的目标市场。比如美国戴尔家用电脑问世伊始，认定的目标市场是具有一定文化素养的中等经济收入的家庭。根据这一目标市场而确定的网络广告活动策略以展示会为主，并配合以专业性媒体网络广告宣传，结果很快打开了局面。

2. 按地理环境划分

不同的地理环境，会使居住在不同地区的人形成不同的生活需要。同一地理环境，则会使生活在同一地区的人形成某些共同的生活需要。比如生活在多雨地区的人，都需要雨具，而居住在高寒地区的人，则需要防寒用品。因此，雨衣、雨伞、雨鞋等生产厂家，可把多雨地区居民作为主要的目标市场；而羽绒、裘皮服装和皮靴等生产厂家则应以高寒地区居民为目标市场。

3. 按人群素质划分

不同社会阶层的人，所受的教育、所从事的工作不同，他们的经济状况、需求水准、兴趣爱好、审美倾向乃至生活习惯都不尽相同。比如消遣性读物的目标市场主要是文化层次较低的职工群体，而美术性刊物的读者则主要是高文化素养的学者阶层。

4. 按购买量划分

在广泛的市场调查基础上，把网络广告产品的所有消费者，按照其购买频率、消费速度等，划分为重消费者、次消费者、轻消费者。重消费者是购买产品最多的人，也是网络广告宣传的主要目标市场。

此外，还有按照性别、年龄、职业等划分的方法。

（三）网络广告心理策略

网络广告心理策略，是指瞄准消费者购买过程中不同阶段的心理特征，进行网络广告诉求，引导消费者从认知产品直至实现购买的策略。

国际上公认的网络广告心理策略是 AIDAS，即：

A(Attention)，引起消费者注意。

I(Interest)，使消费者发生兴趣。

D(Desire)，使消费者产生购买欲望。

A(Action)，使购买欲望变成购买行动。

S(Satisfaction)，使消费者购买后感到满意。

人们的购买心理大致可分为 6 个过程、3 个阶段，即知觉过程、了解过程、兴趣过程、偏爱过程、确信过程及购买过程。其中知觉和了解过程是消费者对产品的认知阶段；兴趣及偏爱过程是消费者对产品的感情升值阶段；最后的确信和购买过程是消费者对产品由感情升值到占有的欲求阶段。

（四）网络广告时间策略

网络广告的时间策略，包括网络广告发布的时机、时序、时限等策略。

时机策略就是抓住有利的时机，发起网络广告攻势的策略。有时候抓住一个有利的时机，能使网络广告产品一夜成名。为了实现 Web 广告实时传播，让更多的目标受众来点击或浏览你的 Web 页面，保证点击的较高有效性，这需要考虑网络广告的时段安排技巧。

网络广告时序策略就是网络广告发布与商品进入市场孰先孰后的策略，有提前策略、即时策略、置后策略 3 种。

时限策略是指在一次网络广告战役中，确定网络广告宣传时间长短以及如何使用既定网络广告时限的策略。时限策略与网络广告频次有极为密切的关系。

（五）网络广告导向策略

网络广告导向策略，是指网络广告作品诱导公众接受网络广告信息的方式。它是网络广告定位、目标公众心理研究和网络广告设计的有机结合，也可以说是定位策略、心理策略的综合体现。常见的导向策略有利益导向、情感导向、观念导向、生活导向、权威导向、名人导向、激将导向和警喻导向等。

所谓利益导向，就是抓住消费者注重自身利益的心理特点，注重宣传网络广告产品能给他带来的好处。比如宣传产品的特殊功效，能满足消费者的特殊需要等。利益导向和网络广告定位密切相关，不同的定位，针对消费者不同的需要进行劝导。

三、网络广告的类型与收费方式

（一）网络广告的类型

1. 网幅广告

网幅广告(Banner)是以 GIF、JPG 等格式建立的图像文件，定位在网页中，大多数用来表现广告内容，同时还可使用 Java 等语言使其产生交互性，并用Shockwave等插件工具增强表现力。

网幅广告是最早的网络广告形式。IAB 在 1997 年的大规模网络广告综合调查中广泛向广告主、广告代理商和用户征求了关于网幅广告的尺寸意见。目前，绝大多数站点应用的网幅广告尺寸如图 2-9 所示，它们一般反映了客户和用户双方的需求和技术特征。

网幅广告通常的尺寸(Pixels)类型有：468×60(全尺寸 Banner)、392×72(全尺寸带导航条 Banner)、234×60(半尺寸 Banner)、125×125、120×90、120×60、88×31、120×240。

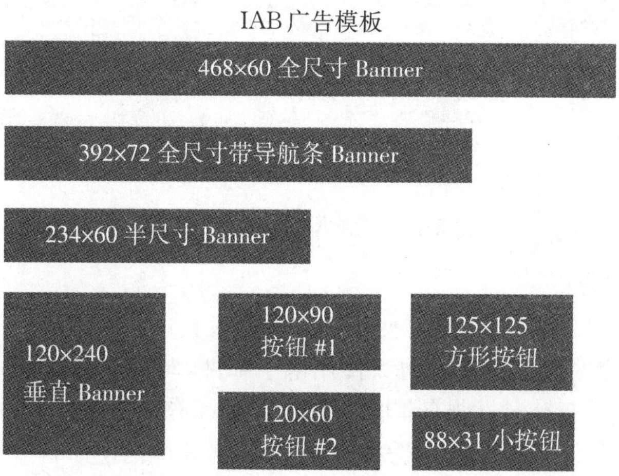

图 2-9　各种尺寸的网幅广告

小应用 2-5

网幅广告还可以分为静态、动态和交互式 3 类。

静态的网幅广告就是在网页上显示一幅固定的图片，它的优点就是制作简单，并且被所有的网站所接受。

动态网幅广告拥有会运动的元素，或移动或闪烁。它们通常采用 GIF 的格式，它的原理就是把一连串图像连贯起来形成动画。它们的点击率普遍要比静态的高。

交互式广告的形式多种多样，比如游戏、插播式、回答问题、下拉菜单、填写表格等。

2. 文本链接广告

文本链接广告是一种对浏览者干扰最少，但却最有效果的网络广告形式。整个网络广告界都在寻找新的宽带广告形式，而有时候，最小带宽、最简单的广告形式效果却最好。

图 2-10 所示为新浪网首页，其中用笔勾出来的地方就是文本链接广告。我们可以看到，文本链接广告位的安排非常灵活，可以出现在页面的任何位置，可以竖排也可以横排，每一行就是一个广告，点击每一行都可以进入相应的广告页面。

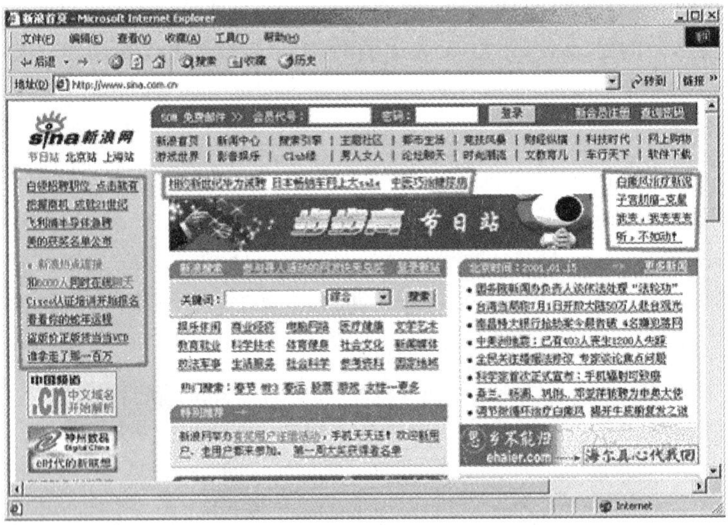

图 2-10　新浪网的文本链接广告

3. 电子邮件广告

调查表明，电子邮件是用户最常使用的互联网工具。只有不到 30％的用户每天上网浏览信息，但却有超过 70％的用户每天使用电子邮件，对企业管理人员尤其如此。

电子邮件广告具有针对性强（除非你肆意滥发）、费用低廉的特点，且广告内容不受限制。它可以针对具体某一个人发送特定的广告，为其他网上广告方式所不及。

电子邮件广告一般采用文本格式或 Html 格式。通常采用的是文本格式，就是把一段广告性的文字放置在新闻邮件或经许可的 E-mail 中间，也可以设置一个 URL，链接到广告主公司主页或提供产品、服务的特定页面。Html 格式的电子邮件广告可以插入图片，和网页上的网幅广告没有什么区别，但是因为许多电子邮件的系统是不兼容的，Html 格式的电子邮件广告并不是每个人都能完整看到的，因此把邮件广告做得越简单越好，文本格式的电子邮件广告兼容性最好。图 2-11 所示为中国台湾地区的阿贵网站的新闻邮件，为Html格式。

图 2-11 中国台湾地区阿贵网站的新闻邮件

4. 赞助式广告

赞助式广告的形式多种多样，在传统的网幅广告之外，给予广告主更多的选择。赞助式广告的定义至今仍未有明确划分，DoubleClick 我国台湾地区行销总监伍臻祥则提出，凡是所有非旗帜形式的网络广告，都可算作是赞助式广告。这种概念下的赞助式广告其实可分为广告置放点的媒体企划创意及广告内容与频道信息的结合形式。

图 2-12 所示为新浪“竞技风暴”首页，“NIKE”赞助了该频道，名字也相应改成“NIKE 新浪竞技风暴”，并配上不同栏目。

图 2-12 新浪“竞技风暴”首页

5. 与内容的结合

广告与内容的结合可以说是赞助式广告的一种，从表面上看起来它们更像网页上的内容而并非广告。在传统的印刷媒体上，这类广告都会有明显的标示，指出这是广告，而在网页上通常没有清楚的界限。

这种广告以网页内容的形式出现，所以它们的点击率往往会比普通的广告高。然而，广告主在做这种广告的时候需要非常小心，如果让浏览者有受骗上当的感觉，就会对品牌造成负面的影响。与内容结合式广告最有争议之处即在于商业利益与媒体内容混淆不清。国外常见的浏览整合广告方式，将广告主的网站链接或者图像整合在网站首页的功能表中，虽然降低受众对广告的抗拒，却可能引发他们对网站产生排斥与不信任。值得注意的是，广告主可能为了广告的诉求而提供偏颇的信息，受众通常也难以分辨其中的真假，这对网络媒体的资讯内容也可能造成冲突。

6. 插播式广告

插播式广告的英文名称叫“Interstitial”，不同的机构对此的定义可能有一定的差别。在中国互联网络信息中心(www. cnnic. cn)关于网站流量术语的解释中，将“ Interstitial”定义为“空隙页面”：空隙页面是一个在访问者和网站间内容正常递送之中插入的页面。空隙页面被递送给访问者，但实际上并没有被访问者明确请求过。好耶广告网(www. allyes. com)在“网络广告术语库”中对“Interstitial”的解释为“弹出式广告”：访客在请求登录网页时被强制插入一个广告页面或弹出广告窗口。全球网路经济资讯网(http://www. itbase. com. tw)对“Interstitial”定义为“插入式广告”：在等待网页下载的空当出现，以另开一个浏览视窗的形式的网络广告。不过，在我国台湾地区的一些专业文章中，也常用“插播式广告”这一概念。有时也常将“Interstitial/ Pop-up”统称为“插播式广告”。虽然一些网站或机构对“弹出式广告”和“插播式广告”的理解有一定的差别，但基本上也可以将两者理解为同一类型，或者说，“弹出式广告”是“插播式广告”中的一个类别。

它们有点类似电视广告，都是打断正常节目的播放，强迫观看。插播式广告有各种尺寸，有全屏的也有小窗口的，而且互动的程度也不同，从静态的到动态的全部都有。浏览者可以通过关闭窗口不看广告(电视广告是无法做到的)，但是它们的出现没有任何征兆。

广告主很喜欢这种广告形式，因为它们肯定会被浏览者看到。只要网络带宽足够，广告主完全可以使用全屏动画的插播式广告。这样屏幕上就没有什么能与广告主的信息“竞争”了。

插播式广告的缺点是可能引起浏览者的反感。互联网是一个免费的信息交换媒介，所以在最初的时候网络上是没有广告的。有一小部分人认为互联网的商业化和网络广告都是无法容忍的。我们倒不是担心这部分人(除非他们是你的目标受众)，我们担心的是大多数的普通用户，他们有自己的浏览习惯，他们选择自己要看的网站，点击他们想点的东西。当网站或广告主强迫他们浏览广告时，往往会使他们反感。为避免这种情况的发生，许多网站都使用了弹出窗口式广告，而且只有 1/8 屏幕的大小，这样可以不影响正常的浏览。

7. Rich Media Banner

Rich Media Banner 又称 Extensive Creative Banner，一般指使用浏览器插件或其他脚本语言、Java 语言等编写的具有复杂视觉效果和交互功能的Banner，这些效果的使用是否有效一方面取决于站点的服务器端设置是否合理，另一方面取决于访问者的浏览器是否能顺利查看。

一般来说，Rich Media Banner 要占据比一般 GIF Banner 更多的空间和网络传输字节，但由于能表现更多、更精彩的广告内容，往往被一些广告主采用。国际性的大型站点也越来越多地接受这种形式的 Banner。

小应用 2-6

不同的广告商提供的广告类型可能不相同。如搜狐将广告类型分为按钮广告、文字链广告、通栏广告、矩形广告、焦点图、悬停按钮、流媒体十左侧悬停按钮、巨幅广告、摩天楼广告、多媒体视窗、对联广告、全屏广告、背投广告、市场调查等 14 类广告，而且根据广告所在的不同页面进行收费。具体收费标准可参考 http://ad.sohu.com/adprice/。

（二）网络广告的收费方式

1. CPM(Cost Per Mille 或者 Cost Per Thousand;Cost Per Impressions)每千人成本

网络广告收费最科学的办法是按照有多少人看到你的广告来收费。按访问人次收费已经成为网络广告的惯例。CPM(每千人成本)指的是广告投放过程中，听到或者看到某广告的每一人平均分担到多少广告成本。传统媒介多采用这种计价方式。CPM 取决于“印象”尺度，通常理解为一个人的眼睛在一段固定的时间内注视一个广告的次数。比如说一个广告横幅的 CPM 价是 1 元人民币的话，意味着每 1 000 人次看到这个 Banner 的话就收 1 元人民币，依此类推，10 000 人次访问就是 10 元人民币。

至于每 CPM 的收费究竟是多少，要根据主页的热门程度(即浏览人数)划分价格等级，采取固定费率。国际惯例是每 CPM 收费从 5 美元至 200 美元不等。

2. CPC(Cost Per Click;Cost Per Thousand Click-Through)每点击成本

以每点击一次计费。这样的方法加上点击率限制可以加强作弊的难度，而且是宣传网站站点的最优方式。但是，此类方法也让不少经营广告的网站觉得不公平，比如，虽然浏览者没有点击，但是用户已经看到了广告，对于这些看到广告却没有点击的流量来说，就不能收费。有很多网站不愿意做这样的广告，据说，是因为传统媒体从来都没有这样做过。

3. CPA(Cost Per Action)每行动成本

CPA 计价方式是指按广告投放实际效果，即按回应的有效问卷或订单来计费，而不限广告投放量。CPA 的计价方式对于网站而言有一定的风险，但若广告投放成功，其收益也比 CPM 的计价方式要大得多。广告主为规避广告费用风险，只有当网络用户点击旗帜广告，链接广告主页后，才按点击次数付给广告站点费用。

4. CPR(Cost Per Response)每回应成本

以浏览者的每一个回应计费。这种广告计费充分体现了网络广告“及时反应、直接互动、准确记录”的特点，但是，这个显然是属于辅助销售的广告模式，对于那些实际只要亮出名字就已经有一半满足的品牌广告要求，大概所有的网站都会给予拒绝，因为得到广告费的机会比 CPC 还要渺茫。

5. CPP(Cost Per Purchase)每购买成本

广告主为规避广告费用风险，只有在网络用户点击旗帜广告并进行在线交易后，才按销售笔数付给广告站点费用。

无论是CPA还是CPP，广告主都要求发生目标消费者的“点击”，甚至进一步形成购买，才予以付费。CPM则只要求发生“目击”(或称“展露”“印象”)，就产生广告付费。

6. 包月方式

很多国内的网站是按照“一个月多少钱”这种固定收费模式来收费的，这对客户和网站都不公平，无法保障广告客户的利益。虽然国际上一般通用的网络广告收费模式是CPM和CPC，但在我国，一个时期以来的网络广告收费模式始终含糊不清，网络广告商们各自为政，有的使用CPM和CPC计费，有的干脆采用包月的形式，不管效果好坏，不管访问量有多少，一律一个价。尽管现在很多大的站点多已采用CPM和CPC计费，但很多中小站点依然使用包月制。

7. PFP(Pay-For-Performance)按业绩付费

著名市场研究机构福莱斯特(Forrester)研究公司最近公布的一项研究报告称，在今后4年之内，万维网将从目前的广告收费模式——即根据每千次闪现(Impression)收费——CPM(这亦是大多数非在线媒体所采用的模式)变为按业绩收费的模式。

虽然基于业绩的广告模式受到广泛欢迎，但并不意味着CPM模式已经过时。相反，如果厂家坚持这样做，那么受到损失的只会是它自己。一位资深分析家就指出，假如商家在谈判中不能灵活处理，而坚持采取业绩模式，它将失去很多合作的机会，因为目前许多网站并不接受这种模式。

8. 其他计价方式

某些广告主在进行特殊营销专案时，会提出以下方法个别议价：CPL(Cost Per Leads)：以收集潜在客户名单多少来收费；CPS(Cost Per Sales)：以实际销售产品数量来换算广告刊登金额。

总之，网络广告本身固然有自己的特点，但是玩弄一些花哨名词解决不了实际问题。一个网站要具备广告价值，都是有一定发展历史的，那么，在目标市场决策以后挑选不同的内容网站，进而考察其历史流量，这样，就可以估算广告在一定期限内的价格。在这个基础上，或者根据不同性质广告，可以把CPC、CPR、CPA这些东西当做加权，如此而已。相比而言，CPM和包月方式对网站有利，而CPC、CPA、CPR、CPP或PFP则对广告主有利。目前，比较流行的计价方式是CPM和CPC，最为流行的则是CPM。

四、网络广告的设计与发布

网络广告制作的一般流程如下：

1. 图片和文字的录入

通过对企业或产品资料的整理，录入广告的文字部分，并配上合适的图片。

2. 图形绘制和图像处理

通过利用Photoshop等图像处理软件，对图片进行大小、色彩等方面的修改与处理，使之适应广告的发布。Photoshop 具有处理功能强、兼容性好、支持多种图像格式等特点，同时还附带有 ImageReady，可以弥补网页设计的不足。

3. 网页动画的制作

网络广告表现形式的发展速度令人吃惊，而且潜力无限，两三年前网上还充斥着静态的网幅广告，如今的网幅广告却以动态的居多了。网页动画技术的改进，使网络广告变得异常生动。

制作动画网页的 GIF 动画，最简单的办法是用 Photoshop 生成一个包含全部动画元素的文件，对于每一个独立的帧，先隐含不必要的对象，再分别导出成单个的 GIF 文件，最后用 GIF Animator 这类网页动画软件将各帧组合成动画文件，也可以安装 Photoshop 的动画插件，直接在 Photoshop 文件上生成动画。当然，如果用 Adobe ImageReady 和 Macromedia Fireworks、Flash 这样专门为网页图像设计的软件，就可以直接制作动画 GIF。

目前越来越受到重视的 Rich Media Banner 的制作要复杂得多。类似于 Enliven Banner 和 Java Banner 都需要一些专门的工具。

随着多媒体技术在互联网领域的发展，在 Web 上出现了很多新的多媒体技术。比如，视频非线性编辑软件 Adobe Premiere 通过自身的发展以及一些第三方厂商的努力，在 Web 开发上也成为一个首选的素材制作工具。"动画流"技术，也称为下载即插技术，这是为了让上网的用户不用等到多媒体文件完全下载完就开始播放的一种技术，可使用户免受等待的煎熬。经常用到的有 Realvideo、Streamworks 等。现在最流行的是 Realvideo、RealNetworks 为Adobe Premiere 开发了一个叫做 Real Publisher Premiere Plugin 的插件，可用Premiere来制作 Realvideo。Adobe 也为自己开发了制作 GIF89a 动画的 Plugin，使用户可直接生成 GIF89a 动画。

4. 影像及声音的输入和编辑

数字影像输入的最好办法是用数字摄像机，然后直接存入电脑的硬盘备用。声音需通过声卡输入。当然，一些传统的影音资料都可以通过专门的硬件设备进行格式转换输入电脑。

随着互联网传输速度的不断提高，计算机运行速度不断加快，真正能体现网络多媒体优势的数字影像将被广泛采用。但目前网络广告中此类应用并不广泛，主要局限于传输速率。虽然几乎所有的数字影音格式都能在 Web 上广泛使用(如 mov、avi、qt 等)，但用户是没有耐心等很长时间下载浏览"数字电影广告"的。影像能够正常播放的速度取决于网络传输速率、访问者自己的计算机硬件处理能力和视频显示卡/系统的速度。一般采用一种或更多的文件压缩方法(如 MP3、MP4、RM 等高倍压缩格式)。

为了增加影像在可接受的速度下运行的机会，设计时一般采用小画面模式。例如，采用 320×240 像素点显示，或者干脆采用 160×120 像素点显示；最后制作一般采用一种或更多的文件压缩方法。但是即便这样，在网上播放影像文件至少也需稳定的高传输速率。

5. 完成各广告要素及不同文件、页面间的链接

最后的步骤就是完成各广告要素及不同文件和页面间的链接，为 WWW 提供 Html

文档。Html 允许文档创建者在文档中嵌套指向其他任何文件的链接指令。当点击鼠标激活这些嵌套的链接时，就可以直接跳转到该链接所指的文件。无论该文件存储在本地还是远程计算机里，都可以利用 Http(Hyper Text Transfer Protocol，超文本传输协议)跨空间在网上的不同 Web 页面间自由切换。

大多数通用文本编辑器及文字处理软件都能编辑 Html 文档，只要该编辑或字处理软件能把文档以纯文本方式储存即可。一些专门的网页制作软件和多媒体制作软件也具备强大的链接编辑功能，现在常用的有 FrontPage、Dreamweaver、Fireworks 等。

本章小结

· 网络营销策略组合，是指企业对其内部与实现目标有关的各种可控因素的组合和运用。网络营销策略组合，各种网络营销策略可看做一个可调的子系统。这就是通常所说的 4 个策略子系统，即产品(Product)、价格(Price)、渠道(Place)和促销(Promotion)。

· 在网络营销中，产品的整体概念可分为 5 个层次：核心利益层次、有形产品层次、期望产品层次、延伸产品层次、潜在产品层次。网络定价策略，主要有低位定价策略、个性化定制生产定价策略、使用定价策略、折扣定价策略、拍卖定价策略和声誉定价策略。网络分销渠道有直接和间接两种方式。

网络营销站点作为企业在网上市场进行营销活动的阵地，站点能否吸引大量流量是企业开展网络营销成败的关键，也是网络营销的基础。网站应采用网上与网下相结合、主动与被动相结合、多种方式、不同阶段不同方法进行推广。

· 网络营销广告一般是指在互联网上发布、传播的广告信息。网络广告是宣传网址和发布网络广告最有效的方法之一。它具有成本低、跨越地域和时空、宣传范围广泛、便于检索、反馈直接、表现形式灵活、目标准确、更改方便等优点。

· 网络广告的策略有定位策略、市场策略、心理策略、时间策略、导向策略等。

· 网络广告定位策略发展至今已进一步得到细分，从某种意义上被划分为抢先策略、比附策略、空隙策略、品牌形象策略、企业形象定位、文化定位。

· 随着计算机技术与网络技术的不断发展与完善，网络广告的类型很多，收费方式也灵活多样。在进行网络营销策略的选择时，应根据企业的实际需要进行合理的选择与应用。

关键概念

网络营销策略组合　产品策略　网络营销价格　网络促销　网络直销　双道法　网络广告　CPM　CPC　CPA　CPR　CPP

基本训练

□ 知识题

2.1　判断题

(1) 插播式广告一般都是静态的。　(　　)

(2) 经验性产品指的是消费者可以在购买时就能确定或评价其质量的产品。(　　)

(3) 个性化服务是网络产生后营销方式的一种创新。　(　　)

(4) 企业无论大小,都必须按照互联网上商务的规则参与竞争,否则必将被淘汰。　(　　)

(5) 网络商品交易中介机构并不能简化市场交易过程。　(　　)

(6) 网站推广计划是推广的行动指南,但它不能检验推广效果是否达到预期目标。　(　　)

(7) 网络广告是宣传网址和发布网络广告最有效的方法之一。　(　　)

2.2　选择填空题

(1) 下列不属于影响企业产品网上定价因素的是(　　)。

A. 成本因素　B. 供求关系　C. 网络速度　D. 竞争因素

(2) 团购网是(　　)的典型应用。

A. 拍卖定价策略　B. 折扣定价策略

C. 声誉定价策略　D. 个性化定制生产定价策略

(3) 网络促销形式有(　　)。

A. 网络广告　B. 销售促进　C. 人员推广　D. 关系营销

(4) 以下关于网络广告的说法正确的是(　　)。

A. 网络广告的覆盖率较高　B. 网络广告的效果评估困难

C. 创意的无限性　D. 表现形式灵活

(5) (　　)指的是广告投放过程中,听到或者看到某广告的每一人平均分摊到多少广告成本。

A. CPC　B. CPM　C. CPR　D. CPP

2.3　简答题

(1) 网站推广策略有哪些?

(2) 网络广告的一般制作流程是什么?

□ 技能题

2.1　数码产品是否适合网上销售,为什么?

2.2　假如你是某图书销售企业的经理,你如何开展网络营销?如何采取网络营销策略组合?

观念应用

□ 分析题

网络风波的转“危”为“安”

正值索纳塔NF御翔上市前期，北京高速公路上，一辆正在路测的御翔发生车祸。针对这起事故，厂家并没有简单地封锁消息，网络上很快便有了回声，但是明显具有公关软文的性质，文章以负面的标题出现，但内容却从客观环境的分析（雨天、高速公路、超过150公里时速）开始，到车体状况（前后吸能区工作良好、成员没有任何伤亡、A柱、C柱完好），以及一系列的图片展示最终得到一个主题：NF安全性还是很高的！使得这起本应成为严重危机事件的事故，反而成为了最有价值的安全性宣传。类似的案例马自达6、宝马等以技术见长的产品也屡有应用。

问题：从这次事件中，你得到了什么启示？

□ 案例题

今麦郎的网上广告宣传

随着时代的发展，网络的作用已经不再局限于网民简单地浏览信息，即时通话、收发电子邮件等使网络成为人们生活中必不可少的重要组成。对于企业来讲，网络不但能为企业人员提供更多行业情报信息，同时企业也可以运用网络进行销售和品牌宣传。

2005年8月，方便面行业中的高端品牌——今麦郎投入重金，高调试水网络广告宣传。“以传统媒体的广告宣传模式为主体，以新型媒体为重要补充。”这正是今麦郎对于广告媒体选择的理念。电视、报纸、杂志被人们认为是传统媒体，这类媒体的特点在于覆盖率高、威信度高，目前已经普遍被企业所接受。但是随着越来越多的企业开始注重广告宣传，形形色色的广告在不同媒体间进行轰炸，这使得传统媒体的广告宣传效果大打折扣。

问题：试分析今麦郎网上广告成功的原因。

章后习题参考答案与提示

■ 基本训练

□ 知识题

2.1　判断题

(1) 错；(2) 错；(3) 对；(4) 对；(5) 错；(6) 错；(7) 对。

2.2　选择填空题

(1) C；(2) B；(3) ABD；(4) BD；(5) B。

2.3　简答题

(1) 网上和网下推广相结合，主动与被动推广相结合，利用不同的推广方式，在不同的阶段采用不同的推广方法。

(2) 图片和文字的录入，图形绘制和图像处理，网页动画的制作，影像及声音的输入和编辑，完成各广告要素及不同文件、页面间的链接。

□ 技能题

2.1　适合。因为数码产品标准化强，而且上网者中的多数网民都对数码产品感兴趣。

2.2　首先分析网上用户的基本特征，然后采取相应的营销策略组合。包括网络产品、网络定价、网络渠道及网络促销。

■ 观念应用

□ 分析题

【分析提示】

有效地解决危机事件需要高超的公关能力与技巧，最重要的就是快速反应，并以积极的态度去面对。但是，我们说，再高超的公关手段也难以挽回既成事实的影响，要切实保障企业品牌的良好声誉，一是做好网络危机预警工作，二是做好网络环境维护工作。

□ 案例题

【分析提示】

从传统广告的缺点与网络广告的优点的角度去分析。

第三章 网上市场调研

学习目标

通过本章的学习，能够理解网上市场调研的重要性，明确网上市场调研的两种基本形式；掌握网上问卷调查的具体策略；学会运用数据工具对网上调研的数据资料进行整理；初步掌握撰写网上市场调研报告的程序和方法。

引例 YINLI

中国网民态度调查报告

2010年3月，数字100市场研究有限公司汇集百万网民意见与观点的《中国网民态度报告》正式出版发行。这是国内首次出版以在线调查数据为基础的调研报告。这本书中的大量数据也是一个证明，如果用传统调查，要产生这么大批量的即时数据简直难以想象。北京数字100市场研究有限公司成立于2004年2月，是一家将现代调查工具、专业模型产品与市场调查工具和客户行业特点三者有机结合的专业市场调查机构。该公司的主要客户集中于金融、IT通信、汽车消费品、运动娱乐等行业领域，专注于新产品上市、满意度、品牌、口味包装、广告测试、神秘客户监测等的市场研究。该公司拥有全国范围内的网络合作调查机构，美国的软件研发中心，网民免费自助调查互动网站，企业在线调查平台，高质量的在线调查样本库是其特色资源，美国凯摩一百信息技术公司研发的在线调查软件平台和基于在线样本库的数据收集服务是其核心竞争力。

数字100市场研究有限公司用在线调查的手段，推动了媒体新闻数字化导向的进步，把媒体的话语权更多地交给网民，让网民通过数字发出自己的声音。同时，企业也可以从全方位的各行各业的数字中，提炼出社会形态的变迁，思想意识的变迁，时尚的变化，从而有效指导企业把握时代脉搏，把握网民脉搏，更新自己的观念，更新营销理念，更好地提供产品和服务。

（资料来源：数字100市场研究有限公司官网.）

现在许多网站都使用调查表来收集浏览者信息以进行调研活动，这些网络调查常用于产品调查、消费者行为调查、客户意见、品牌形象调查等方面，是获得第一手调研资料的有效工具。在互联网应用广泛的欧美等发达国家，关于市场调查和民意调查的网络调研已经相当广泛，许多公司相继开发了针对网络调研的专用网上调查软件。在国内，越来越多的网站经营者、公司使用网络调研这一新兴方式收集客户信息，评估营销战略和经营业绩。

本章将全面介绍网络市场调研的方法、具体形式和操作程序。

第一节　网上市场调研概述

市场调研是企业营销前期工作中重要的环节之一，通过调查可以获得竞争对手的资料，摸清目标市场和营销环境，为经营者细分市场、识别受众需求、确定营销目标等提供相对准确的决策依据。互联网所具有的许多特性，为企业开展市场调研提供了一条便利途径。

网络市场调研是指在互联网上，运用各种网络工具以科学的方法，系统地、有目的地收集、整理、分析和研究所有与市场有关的信息，特别是有关消费者的需求、购买动机和购买行为等方面的市场信息，从而提出解决问题的建议，以作为营销决策的基础。

小应用 3-1

如表 3-1 所示。

表 3-1　传统市场调研与网络市场调研的比较

比较项目	网上市场调查	传统市场调查
时空限制	无	有
调查费用	较低	昂贵
运作速度	很快（可以即刻看到统计结果）	慢（2～6 个月才可得到结论）
统计准确性	准确	不太准确（易出现误差）
及时调整性	及时	不及时
针对性	强	一般
调查结果的可信性	相对真实可信	一般
适用性	长期大量样本调查或迅速得出结论的调查	面对面深度访谈
调查范围	样本数量庞大（全国甚至全世界）	受成本限制，调查地区和样本数量均有限

一、网上市场调研的特点

1. 及时性和共享性

由于网络的传输速度非常快，网络信息能够快速地传送到任何网络用户，而且网上投票信息经过统计分析软件初步处理后，可以看到阶段性结果，而传统的市场调研得出结论需经过很长的一段时间，如人口抽样调查统计分析需 3 个月，有些调查甚至需要更长时间。中国互联网络信息中心(CNNIC)在对我国互联网发展状况进行调查时，从设计问卷到实施网上调查和发布统计结果，总共只有 1 个月时间，这就保证了企业调研信息的及时性。同时，网上调研是开放的，任何网民都可以参加投票和查看结果，这又保证了网络调研的共享性。

由于企业网络站点的访问者一般对企业产品都有一定的兴趣，对企业市场调研的内容都是做了认真的思考之后才进行回复的，而不像在传统的调研方式下为了抽号中奖而被动地回答，所以网络市场调研的结果是比较客观和真实的，能够反映消费者的真实要求和市场发展的趋势。

2. 便捷性和经济性

在网络上进行市场调研，无论是调查者或是被调查者，只需拥有一台能上网的计算机就可以进行网络沟通交流。调研者在企业站点上发出电子调查问卷，提供相关的信息，或者及时修改、充实相关信息，被调研者只需在电脑前按照自己的意愿轻点鼠标或填写问卷，之后调研者利用计算机对访问者反馈回来的信息进行整理和分析即可，这种调研方式将是十分便捷的。

同时，网络调研非常经济，它可以避免传统调查中大量的人力、物力、财力和时间的耗费。省却了印刷调研问卷、派访问员进行访问、电话访问、留置问卷等工作；调研也不会受到天气、交通、工作时间等的影响；调查过程中最繁重、最关键的信息收集和录入工作也将分布到众多网上用户的终端上完成；信息检验和信息处理工作均由计算机自动完成。所以网络调研能够以最经济、便捷的手段完成。

3. 交互性和充分性

网络的最大优势是交互性。这种交互性也充分体现在网络市场调研中。网络市场调研某种程度上具有人员面访的优点，在网上调查时，被访问者可以及时就问卷相关的问题提出自己的看法和建议，可减少因问卷设计不合理而导致的调查结论出现偏差等问题。消费者一般只能针对现有产品提出建议甚至是不满，而对尚处于概念阶段的产品则难以涉足，而在网络调研中消费者则有机会对从产品设计到定价和服务等一系列问题发表意见。这种双向互动的信息沟通方式提高了消费者的参与性和积极性，更重要的是能使企业的营销决策有的放矢，从根本上提高消费者满意度。同时，网络调研又具有留置问卷或邮寄问卷的优点，被访问者有充分的时间进行思考，可以自由地在网上发表自己的看法。把这些优点集合于一身，形成了网络调研的交互性和充分性的特点。

4. 可靠性和客观性

相比传统的市场调研，网络调研的结果比较可靠和客观，主要是基于以下原因：首先企业站点的访问者一般都对企业产品有一定的兴趣，被调查者是在完全自愿的原则下参与调查，调查的针对性强。而传统的市场调研中的拦截询问法，实质上是带有一定“强制性”的。其次，被调查者主动填写调研问卷，证明填写者一般对调查内容有一定的兴趣，回答问题就会相对认真，所以问卷填写可靠性高。此外，网络市场调研可以避免传统市场调研中人为因素干扰所导致的调查结论的偏差，因为被访问者是在完全独立思考的环境中接受调查的，能最大限度地保证调研结果的客观性。

5. 无时空和地域的限制性

传统的市场调研往往会受到区域与时间的限制，而网络市场调研可以 24 小时全天候进行，同时也不会受到区域的限制。

6. 调研信息的可检验性和可控制性

利用互联网进行网上调研收集信息，可以有效地对采集信息的质量实施系统的检验和控制。首先网上市场调查问卷可以附加全面规范的指标解释，有利于消除被访者因对指标理解不清或调查员解释口径不一而造成的调查偏差。其次，问卷的复核检验由计算机依据设定的检验条件和控制措施自动实施，可以有效地保证对调查问卷 100%的复核检验，保证检验与控制的客观公正性。最后，通过对被调查者的身份验证技术可以有效地防止信息采集过程中的舞弊行为。

二、网上市场调研的方法

传统市场调研通常有两种方式，一种是直接调研，即收集第一手原始资料的调研方式，如运用问卷调查、专家访谈、电话调查等方式；另一种是间接调研，即收集二手资料，如报纸、杂志、电台、调查报告等现成资料。与传统市场类似，利用互联网进行市场调研也有两种方式，一种是利用互联网直接进行问卷调查等方式收集第一手资料，称为网上直接调研；另一种是利用互联网的媒体功能，从互联网上收集二手资料，称为网上间接调研。由于越来越多的传统报纸、杂志、电台等媒体以及政府机构、企业等也纷纷上网，使得网上信息量急剧增加，发现和挖掘有价值的信息，已成为网上间接调研的关键。

（一）网上直接调研

网上直接调研指的是调研人员直接在互联网上收集原始资料的方法。

根据采用的调研方法的不同，网上直接调研可以分为网上问卷调研法、网上观察法、网上实验法和专题讨论法，常用的是网上问卷调研法。

1. 网上问卷调研法

网上问卷调研法是将问卷在网上发布，被调查对象通过互联网完成问卷调查。网上问卷调查一般有以下两种途径：

一种是将问卷放置在 WWW 站点上，等待访问者访问时填写问卷，这种方式的好处是填写者一般是自愿性的，但缺点是无法核对问卷填写者真实情况。为达到一定问卷数量，站点还必须进行适当宣传，以吸引大量访问者，如 CNNIC 在调查期间与国内一些著名的 ISP(网络服务提供商)/ICP(网络媒体提供商)如新浪、搜狐、网易等设置调查问卷的链接,如图 3-1 所示。

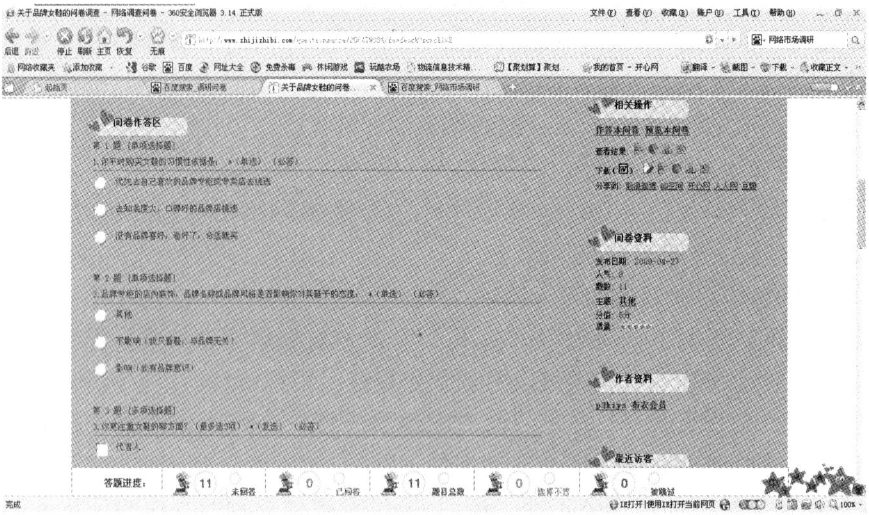

图 3-1 关于品牌女鞋的网上市场调研

另一种是通过 E-mail 方式将问卷发送给被调查者,被调查者完成后将结果通过 E-mail 返回。这种方式的好处是可以有选择性地控制被调查者,缺点是容易遭到被访问者的反感,有侵犯个人隐私之嫌。

小应用 3-2

一项问卷调查放置在门户网站或有代表性的新闻网站,与放置在一般网站上相比,填答人数的落差是巨大的。在网站上,一项网上问卷调查放置在哪一个版面和位置,亦直接影响网民的关注度及后续的参与行为。涉及社会热点新闻和事件的调查,若放置在首页和新闻频道首页及相关专题的突出位置,自然会引发网民的高填答率。而专题类的调查,亦可放置在相关频道中,主要是吸引这一领域中的网民参与。放置时间越长,填答的数量自然也会越多。但对新闻事件进行的调查,毕竟受其过程长短的影响。

2. 网上观察法

网上观察法是一种实地研究方法,不过在网络中,实地特指一些具体的网络空间。一般是指调研人员通过电子邮件向互联网上的个人主页、新闻组或邮件列表发出相关查询进行网上观察的一种调研方法。

3. 网上实验法

网上实验法则是选择多个可比的主体组,分别赋予不同的实验方案,控制外部变量,并检查所观察到的差异是否具有统计上的显著性。这种方法与传统的市场调查所采用的原理是一致的,只是手段和内容有所差别。

4. 专题讨论法

专题讨论法可通过 Usenet 新闻组、电子公告牌（BBS）或邮件列表讨论组进行，从而获得资料和信息的一种调研方法。专题讨论法遵循一定的步骤，首先确定要调查的目标市场；其次识别目标市场中要加以调查的讨论组；再次确定可以讨论或准备讨论的话题；最后登录相应的讨论组，通过过滤系统发现有用的信息，或创建新的话题，让大家讨论，从而获得有用的信息。具体地说，目标市场的确定可根据 Usenet 新闻组、BBS 讨论组或邮件列表讨论组的分层话题选择，也可向讨论组的参与者查询其他相关名录。还应注意查阅讨论组上的 FAQs（常见问题），以便确定能否根据名录来进行市场调查。

根据网上调查采用的技术可以分为站点法、电子邮件法、随机 IP 法和视讯会议法等。

（1）站点法。站点法是将调查问卷的 Html 文件附加在一个或几个网络站点的 Web 上，由浏览这些站点的网上用户在此 Web 上回答调查问题的方法。这是目前出现的网上调查的基本方法，也将成为近期网上调查的主要方法。

（2）电子邮件法。电子邮件法是通过给被调查者发送电子邮件的形式将调查问卷发给一些特定的网上用户，由用户填写后以电子邮件的形式再反馈给调查者的调查方法。电子邮件法与传统邮件法相似，优点是邮件传送的时效性大大地提高了。

（3）随机 IP 法。随机 IP 法是以产生一批随机 IP 地址作为抽样样本的调查方法。随机 IP 法属于主动调查法，其理论基础是随机抽样。利用该方法可以进行纯随机抽样，也可以依据一定的标志排队进行分层抽样和分段抽样。

（4）视讯会议法。视讯会议法是基于 Web 的计算机辅助访问（Computer Assisted Web Interviewing，简称 CAWI），将分散在不同地域的被调查者通过互联网视讯会议功能虚拟地组织起来，在主持人的引导下讨论调查问题的调查方法。

除此之外，网上调查还有 OICQ 网络聊天或专业聊天室选择网民进行调查；采取 IPC 网络实时交谈；用 Cookies 跟踪消费者；分析网页访问统计报告等方式。

（二）网上间接调研

网上间接调研主要是利用互联网收集与企业营销相关的市场、竞争者、消费者以及宏观环境等信息。企业用得最多的还是网上间接调研方法，因为互联网上大量的信息经过加工和分析能广泛满足企业管理决策需要，而网上直接调研一般只适合于针对特定问题进行专项调查。这些在互联网中已经存在的信息称为二手资料，二手资料的特点有便于存储、检索难度大、时效性强、容易获得、成本低和辅助现有的原始资料等。

1. 利用搜索引擎收集资料

由于搜索引擎都采用大容量的数据库来记录网站的信息和网页信息，因此利用搜索引擎来查找所要找的信息非常方便和简单。如果需要查找某一类主题的资料，但又不明确具体是哪一方面的资料时可以采用主题分类检索。先确定要查找信息属于分类目录中哪一个主题或哪几个主题；然后对该主题采取逐层浏览打开目录的方法，层层深入，直到找到所需信息。

如果明确查找对象，可以采用关键词检索方法。先分析检索对象确定几个能反映对象主题的核心词作为关键词，采用一定的逻辑关系组配关键词，同时适当地采取一些检索技术。常用的关键词检索网站有百度(http://www.baidu.com)(如图 3-2 所示)、谷歌(http://www.google.com.cn)等。

图 3-2　百度网站的主页

2. 访问专业网站收集资料

专业网站不同于综合网站，它主要提供指定领域的信息，这对需要查找资料的用户来说提供了极大的方便，提高了信息查找的效率。例如：查找音乐类信息，有“爱听音乐”、“视听在线”、“MP3 音乐网”、“QQ163 音乐网”等网站；查找财经类信息，有“东方财富网”(如图 3-3 所示)、“证券之星”、“搜狐财经”和“中金在线”等网站。

图 3-3　东方财富网的主页

另外，还有提供专业讨论区域的电子公告栏(BBS)和新闻组等软件工具。其中利用 BBS 收集资料主要是到主题相关的 BBS 网站了解情况，如美国微软需要了解消费者对

Windows7 的使用反应,一般会采用注册会员的方式,在各种与有关 Windows7 的 BBS 网站上登陆访问,了解市场信息,如图 3-4 所示;而利用新闻组收集也可以选择合适的主题类型,了解与查找对象相关的各种信息。

图 3-4 Windows7 之家论坛

3. 利用相关的网上数据库查找资料

互联网上有许多专业的网上数据库,主要包括客户数据库、产品数据库、信息数据库。一方面,调研者可以充分利用网络上已有数据库。例如:"中国资讯行-中国法律法规库"、"中国上市公司文献库"(如图 3-5 所示)、"中国商业报告库"、"香港上市公司资料库"、"中国经济新闻库"、"名词解释库"、"中国企业产品库"、"中国人物库"、"中国医疗健康库"、"中国中央及地方政府机构库"和"高校学位论文数据库(CALIS)"。这些数据库中有些是免费开放的,可以供所有网络用户使用;有些是付费使用的,需要用户注册支付下载费用,才能允许登录访问数据库;还有些是只对内部人员开放使用的,仅部门或协会内部工作人员获得登录账号,才能登录数据库获得所需信息。另一方面,企业可以建立自身的数据库,供本企业及供应商、客户查找资料。

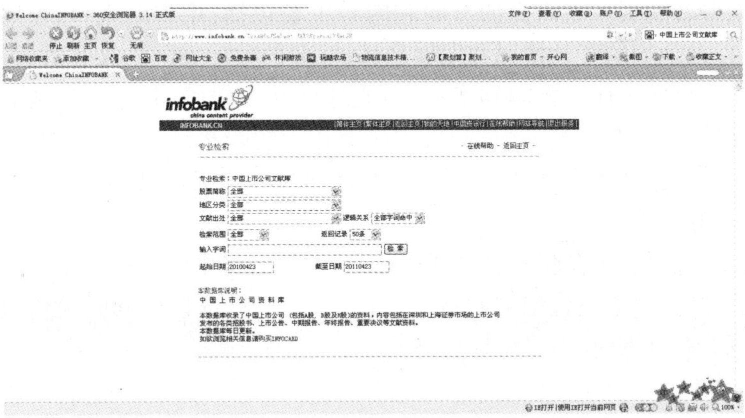

图 3-5 中国上市公司文献库网站主页

小应用 3-3

许多企业设立了 BBS 以供访问者对企业产品进行讨论，或者参与某些专题的新闻组进行讨论，以便深入调查获取更多相关资料。如 1995 年的 Intel 奔腾芯片的缺陷就是在有关 Intel 的新闻组中传出的，但 Intel 在获得有关信息后不是积极应对，而是采取掩盖的办法，结果适得其反，事后花费巨额资金收回已销售芯片才挽回公众对公司的信心。及时跟踪和参与新闻组和公告栏，有助于企业获取一些问卷调查无法发现的问题，因为问卷调查是从企业角度出发考虑问题的，而新闻组和公告栏是用户自发的感受和体会，他们传达的信息也是最接近市场和最客观的，缺点是信息不够规范，需专业人员进行整理和挖掘。

三、网上市场调研的内容

（一）市场需求研究

研究和分析市场需求情况，主要目的在于掌握市场需求量、市场规模、市场占有率，以及如何运用有效的经营策略和手段，其具体内容包括：现有市场对某种产品的需求量和销售量；市场的潜在需求量；不同的市场对某种产品的需求情况；本企业的产品在整个市场的占有率；市场的进入策略和时间策略；国内外市场的变化动态及未来的发展趋势。

例如，某知名化妆品品牌在进行网上市场调研中，询问消费者：最近 3 个月购买本品牌产品的频率；最近 3 个月购买本品牌的金额；最近 3 个月使用本品牌的频率；如果不使用本品牌，消费者使用哪个品牌的同类产品；在使用本品牌的同时，消费者还经常使用哪个（或哪些）品牌的同类产品。

（二）用户及消费者购买行为的研究

用户及消费者购买行为研究的方向和内容主要包括：用户的人口、家庭、地区、经济等基本情况，以及他们的变动情况和发展趋势；社会的政治、经济、文化教育等发展情况，对用户的需要将会发生什么影响和变化；不同地区和不同民族的用户，他们的生活习惯和生活方式有何不同，有哪些不同需要；了解消费者的购买动机，包括理智动机、感情动机和偏爱动机。调查某新产品进入市场，哪些用户最先购买，其原因和反映情况；对潜在的用户的调查和发现等。

例如，美宝莲网站中，在睫毛膏系列产品的营销中，将中国女性消费者的睫毛分为长翘型、中长型、规直型、不规直型和隐藏型等，用户在进行选择的同时也将数据统计信息传递给企业，如图 3-6 所示。

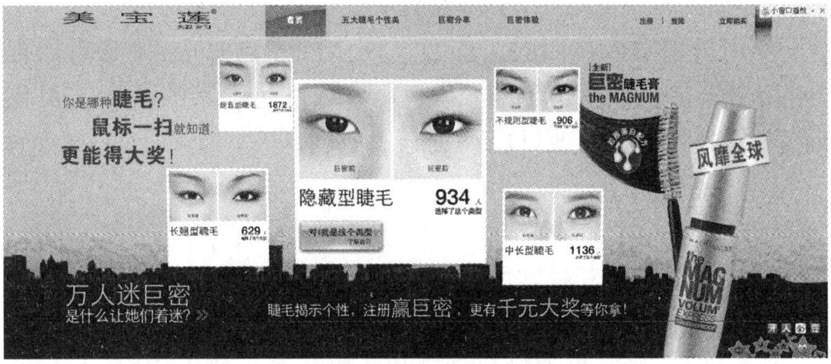

图 3-6 美宝莲网站的用户情况调查

（三）营销因素研究

1. 产品的研究

研究企业现有产品处在产品生命周期的哪个阶段，应采取的产品策略；研究产品的设计和包装；产品应采用的原料和制造技巧以及产品的保养和售后服务等。

2. 价格研究

价格对产品的销售量和企业盈利的大小都有着重要的影响。价格研究的内容包括：有哪些因素会影响产品价格；企业产品的价格策略是否合理；产品的价格是否为广大消费者所接受；价格弹性系数如何等。

3. 分销渠道的研究

其内容包括：企业现有的销售力量是否适应需要，如何进一步培训和增强销售力量；现有的销售渠道是否合理，如何正确地选择和扩大销售渠道，减少中间环节，以利于扩大销售，提高经济效益等。

4. 广告策略的研究

其内容包括：如何运用广告宣传作为推销商品的重要手段，以及正确地选择各种广告媒介；如何制订广告预算，怎样才能以较少的广告费用取得较好的广告效果；了解广告的接收率及效果，以进行评估；确定今后的广告策略等。

5. 促销策略的研究

其内容包括：如何正确地运用促销手段，以达到刺激消费、创造需求、吸引用户竞相购买的目的；对企业促销的目标市场进行选择研究；企业促销策略是否合理，效果如何，是否被广大用户接受等。

例如，某饮料企业在向地区代理商进行网上市场调研时，提出下列问题：本产品的价格在同类产品中所处的价格水平；本产品今年的新包装对销售是否有促进作用；本产品今年的新代言人广告推出后销售是否有上升，上升多少。

（四）宏观环境研究

宏观环境包括人口、经济、自然地理、科学技术、政治法律和社会文化等因素。一切营销组织都处于这些宏观环境之中,不可避免要受其影响与制约。

例如,2005年海外留学人员回国工作意愿网上问卷调查中,调查者所提的问题中涉及:留学人员对留学人员政策是否满意;留学人员对目前国家的留学人员创业优惠政策是否满意;留学人员对回国后的项目启动资金的态度。

(五)竞争对手研究

市场经济社会,是一个竞争激烈的社会,企业要在竞争中取胜,必须“知己知彼”,每个企业都应充分地掌握并分析同行业竞争者的各种情况,认真地分析我方优点和缺点,做到知己知彼,学会扬长避短、发挥优势的竞争诀窍。其主要内容有:① 市场上的主要竞争对手及其市场占有率情况;② 竞争对手在经营、产品技术等方面的特点;③ 竞争对手的产品、新产品水平及其发展情况;④ 竞争者的分销渠道、产品价格策略、广告策略、销售推广策略等情况;⑤ 竞争者的服务水平等。

四、网上市场调研的步骤

网上市场调研应遵循一定的程序。一般而言,应经过下述几个主要步骤:

(一)确立调研目标

虽然网络市场调研的每一步都是重要的,但是调研问题的界定和调研目标的确定却是最重要的一步。只有清楚地定义了网络市场调研的问题,确立了调研目标,才可以正确地设计和实施调研。

(二)设计调研方案

当调研问题和目标明确后,便是设计调研方案。具体内容包括确定资料来源、调查方法、调查手段、抽样方案和接触方式等。

1. 资料来源

确定收集的是一手资料(原始资料)还是二手资料。一手资料是调研人员通过实地调查,直接向调研对象收集的资料。在互联网上,可以直接向被调研者发放问卷,或在网上跟踪顾客,或召开网上小组座谈会,以及利用BBS等收集一手资料。二手资料是经过他人收集、记录、整理所积累的各种数据和资料的总称。在互联网上可以利用搜索引擎来收集二手资料。

2. 调查方法

网络营销的调查方法主要有问卷调查法、专题讨论法、网上实验法、网上观察法、网上文献法。

3. 调查手段

网络市场调研主要用的调查手段是在线问卷,其特点是制作简单、分发迅速、回收方便;交互式电脑辅助电话访谈系统(CATI)是中心控制电话访谈的“电脑化”形式,目前在美国十分流行，它是利用一种软件程序在电脑辅助电话访谈系统上设计问卷结构并在网上传输，服务器直接与数据库连接，对收集到的被访者答案直接进行储存；网络调研软件系统，是专门为网络调研设计的问卷链接及传输软件，它包括整体问卷设计、网络服务器、数据库和数据传输程序。

4. 抽样方案

抽样方案的主要内容包括：确定抽样单位、确定样本规模大小以及抽样程序。抽样单位是指在抽样过程中的某 阶段可供选择的个体，或者包含这个个体的单位。样本规模的大小，即样本量，会涉及调研结果的可靠性。抽样程序是指按照抽样方案进行抽样的过程，抽样程序中要用到抽样技术，抽样技术有概率抽样和非概率抽样两种。概率抽样主要有简单随机抽样、系统抽样、分层抽样和整群抽样；非概率抽样有便利抽样、判断抽样、配额抽样和滚雪球抽样。

（三）收集信息

当确定了调研方案后，就进入收集信息阶段。与传统的调研方法相比，网络调研收集和录入信息更方便、快捷。收集信息时直接在网上递交或下载即可。在问卷回答中访问者经常会有意无意地漏掉一些信息，这可通过在页面中嵌入脚本或 CGI 程序进行实时监控。如果访问者遗漏了问卷上的一些内容，其程序会提示并拒绝递交调查表，或者验证后重发给访问者要求补填。最终，访问者会收到一份完整的问卷。在线问卷的缺点是无法保证问卷上所填信息的真实性。

（四）整理和分析信息

收集得来的信息本身并没有太大意义，只有进行整理和分析后信息才变得有用。整理和分析信息这一步非常关键，就需要使用一些数据分析技术，如交叉列表分析技术、概括技术、综合指标分析和动态分析等。目前国际上较为通用的分析软件有 SPSS、SAS、BMDP、Minitab 和电子表格软件（Excel）。

（五）撰写调研报告

撰写调研报告是整个调研活动的最后一个重要的阶段。报告不能是数据和资料的简单堆砌，调研人员不能把大量的数字和复杂的统计技术扔到管理人员面前，否则就失去了调研的价值。正确的做法是把与市场营销决策有关的主要调查结果报告出来，并遵循所有有关组织结构、格式和文笔流畅的写作原则。

小应用 3-4

人口统计是市场调研中很重要的一个部分。营销人员主要对访问本公司的站点的人数进行统计，从而分析出顾客的分布范围和潜在消费市场的出现地点，互联网出现了一项人口统计技术，它就是目标对象识别法。这种技术能在被应用的站点上跟踪调查访问者，从而有助于营销人员准确地把握访问者的人口统计情况。

如果营销人员希望在别的国家开拓市场，需要了解国外人口的有关统计信息，可以访问互联网上的两个站点：http://www.hotbot.com 和 http://altavista.digital.com。在搜索人口信息时，只需键入 Census、Demographics、Population 等表示人口的英文单词和你想查询的国家的英文名称就可以了。

小思考 3-1

网上市场调研的目的包括哪些？

答：① 客户、员工满意度的调查，对这一指标进行有效的调查、评估和管理，对企业的日常操作行为与长期策略的制订具有极其重要的指导意义；② 新产品的测试，主要是对新产品进行宣传和调查，分析产品的优缺点与市场份额；③ 网站价值评价，评估的目的一是对网站进行优化，提高网站的满意度；二是进行网络广告的宣传。

第二节　网上问卷调研策略

目前网上市场调研最普遍的做法是网上问卷调研，因为它比较客观、直接。问卷调研，主要是调研者根据一定的调研目的精心设计的一份调查表格，是各行业用于收集资料的一种最为普遍的方式。问卷调研主要有 E-mail 问卷和在线调查两种形式。

一、网上问卷调研的设计程序

网上市场问卷调研中，问卷设计是其中的关键，问卷设计的好坏，将直接决定能否获得准确可靠的市场信息。调研问卷设计是由一系列相关的工作过程所构成的。为使问卷具有科学性、规范性和可行性，一般可以参照以下工作程序进行：

1. 明确网上市场调研目的、任务来源和限制条件

在接受网上问卷设计任务的时候首先要明确本次网上市场调研的目的，例如是为新产品定价提供依据，还是为了解目前市场状况或者是分析调研对象的偏好情况；其次要了解任务的来源，是本单位的任务还是客户委托的项目，了解他们的要求；再次要明确完成任务的时间、样本数量要求、资金、人员组成、合作伙伴等限制条件；最后要将上述资料用文件文本的方式记录下来。

如每年两次的中国互联网发展状况调研，目的是获得我国互联网上计算机数、用户人数、用户分布、信息流量分布、域名注册等方面情况的统计信息，为国家和企业动态掌握互联网在我国的发展情况提供决策依据。报告发布时间是每年的 1 月、7 月中旬，主要由中国互联网络信息中心(CNNIC)联合互联网单位实施这项调研统计工作,采取网上调研和网下抽样调研相结合的方式。

2. 确定数据收集方法

确定本次调研采用的方式是使用E-mail方式还是在线调研方式,网站访问者随机方式或网上数据搜索方式等。如每年两次的中国互联网发展状况网上联机调研重在了解网民对网络的使用情况、行为习惯以及对热点问题的看法和倾向。具体方法是将问卷放置在CNNIC的网站上,同时在全国各省的信息港与较大ICP/ISP上设置问卷链接,由互联网用户主动参与填写问卷的方式来获取信息。为了完成第27次调研,CNNIC在2010年11月19日至2010年12月31日进行了网上联机调研。调研得到了国内众多知名网站、媒体的大力支持,国内许多知名网站均在主页为此联机调研问卷设置了链接。此次网上联机调研共收到有效答卷89 639份。

3. 初步确定问卷的构成及编码方式

根据目的和要求初步确定调研问卷的问题数目范围(一般20题以内)、回答方式(单选、多选、开放式回答)、问题叙述、问题排序等。问卷结构合理清晰、语言流畅、描述清楚、避免二义性,同时问题回答的储存编码方式也要初步确定,便于后面的数据处理。

4. 修改完善定稿

调研问卷初步完成后请主管领导审查修改,同时进行测试,请一些客户先行回答,再由数据处理部门提出意见,然后听取领导、调研对象、数据处理部门的修改意见,之后根据建议进行修改,最后定稿,大型调研活动的问卷可能要修改若干次。调研问卷的一般格式包括调研说明、问题陈述、问题回答、致谢等部分。

5. 审批

将调研问卷上报领导审批,同时提交一份调研问卷设计说明报告,简要介绍调研问卷的设计思想、组织结构、设计过程与修改情况等。在得到领导书面批准后,结束问卷设计工作,转入调研实施阶段。如果没有得到批准则根据领导批示进行修改直到得到批准,特殊情况下也可能终止或者延期。批准后可以将问卷以在线调研方式或者E-mail方式进行网络调研,也可以结合传统方式进行综合调研。

小应用3-5

调研问卷的测试技巧有好几种,例如焦点小组测试法和一对一询问测试法。焦点小组测试法是找8~10位具有相同特征的人为一组,一起讨论特点的主题。主持问卷调查的人也可以要求焦点小组想一些新的问卷或是评估每个问题的效果。一对一询问测试法是设计者和测试对象一对一交谈,询问测试对象选择此答案的理由,这种方法可以帮助问卷设计者了解测试对象的思考过程和判断标准。

二、网上问卷之一——E-mail问卷

调研问卷就是一份简单的E-mail,并按照已知的E-mail地址发出。被访者回答完毕

将问卷回复给调研机构,有专门的程序进行问卷准备、收集 E-mail 地址和收集数据。因此,E-mail 问卷属于主动调查法。

(一) E-mail 问卷的特点

(1) E-mail 问卷制作方便,分发迅速。

(2) E-mail 问卷由于出现在被访者的私人信箱中,因此能够得到注意。

(3) E-mail 问卷只限于传输文本,图形虽然也能在 E-mail 中进行链接,但与问卷文本是分开的。

(二) E-mail 问卷的设计要点

1. 尽量使用 ASCII 码纯文本格式文章

邮件尽量使用纯文本格式,使用标题和副标题,不要滥用多种字体,尽量使电子邮件简单明了,易于浏览和阅读。

2. 首先传递最重要的信息

主要信息和重点信息应安排在第一屏可以看到的范围内。

3. 把文件标题作为邮件主题

主题是收件人首先可以看到的,如果主题富有吸引力,而且新颖,可以激发兴趣,才能促使他们打开你的电子邮件。同时,由于网络病毒频繁发生,现在很多网民对无标题或未知发件人的邮件拒绝接收。

4. 邮件越短越好

在使用传统营销手段时,有的推销文章越长越有说服力,电子邮件则不同。这是因为电子邮件信息的处理方法不同于印刷资料,尤其是当你有一大堆邮件需要整理时,为尽量节约收件人的上网时间,便于下载和浏览,文件大小一般不超过 10 KB。

小思考 3-2

E-mail 问卷如果群发给多个收件人,应该用怎样的发件方式较好?

答:暗发的方式较好。因为直接群发,调查对象会收到一大堆电子邮件地址,会让他产生"到底给哪些人发了信"的想法,影响对问卷的确认度。

三、网上问卷之二——在线调查

在线调查是指将事先制作好的调研表直接上传到某个网站(自己公司的网站、门户网站或其他专业网站等),等待调查对象的回答或选择并反馈,以获得结果的调查方式。在线调查是一个了解顾客需求的很好渠道,由于属于被动调查法,所以必须设计正确的调研表,才能得到正确的反馈信息。

（一）在线调查表的制作步骤

1. 事前准备

主要任务是确认调查目的、分析原有的资料和信息、设定假说和确定汇总、分析的方法。

2. 调查问卷的设计

首先决定调查项目和提问项目；其次制作设定问题的项目，包括提问形式和回答形式的推敲、措辞用字的检查和决定回答的项目；再次推敲提问顺序；最后进行预备测试（模拟试验）。

小应用 3-6

问卷设计中的提问形式，归结起来主要有 4 种：自由问答题、单项选择题、多项选择题和排序式问答题，其中后 3 种均可以称为封闭式问题。

3. 事后检查

事后检查指根据预备测试进行修正、印刷、校对，完成调查问卷的工作。

（二）在线调查的原则

1. 认真设计在线调查表

在线调查表应该主题明确、简洁明了，问题便于被调查者正确理解和回答，且便于调查结果的处理，这是所有问卷设计的基本原则。

2. 吸引尽可能多的人参与调查

参与者的数量对调查结果的可信度至关重要，问卷设计内容中应体现出“你的意见对我们很重要”，让被调查者感觉到填写调查表就好像帮助自己或所关心的人，这样往往有助于提高问卷的回收率。当然，调查也离不开有力的宣传推广，网上调查与适当的激励措施相结合会有明显的作用，必要时还应该和访问量大的网站合作以增加参与者数量。

3. 尽量减少无效问卷

提醒被调查者对遗漏的项目或者明显超出正常范围的内容进行完善。

4. 公布保护个人信息声明

所有人对个人信息都有不同程度的自我保护意识，让用户了解调研目的并确信个人信息不会被公开或者用于其他任何场合。

5. 避免滥用市场调查功能

市场调研信息也可向用户透露出企业的某些动向，使得市场调查具有一定的营销功能，但应该将市场调查与营销严格区别开来，如果以市场调查为名义，收集用户个人信息开展所谓的数据库营销或者个性化营销，不仅会严重损害企业在消费者（至少是被调查者）中的声誉，同时也将损害合法的市场调查。

6. 尽量降低样本分布不均衡的影响

样本分布不均衡表现在用户的年龄、职业、受教育程度、用户地理分布以及不同网站的特定用户群体等方面。因此,在进行市场调研时要对网站用户结构有一定的了解,尤其在样本数量不是很大的情况下。

7. 奖项设置合理

作为补偿或者刺激参与者的积极性,问卷调查机构一般都会提供一定的奖励措施。这样一来,同一个用户多次填写调查表的现象常有发生,即使在技术上给予一定的限制条件也很难杜绝。合理设置奖项有助于减少不真实的问卷。

8. 多种网上调研手段相结合

在网站上设置在线调查问卷是最基本的调研方式,但并不仅限于这种方式,常用的网上调研手段除了在线调查表之外,还有电子邮件调查、对访问者的随机抽样调查、固定样本调查等等。根据调查目的和预算采取多种网上调查手段相结合的方法,以最小的投入取得尽可能多的有价值的信息。

(三) 在线调查表的设计要点

(1) 网络市场调查中邮发给调查对象的调查表,由问候语、问题项目单、回答栏、编码栏 4 个部分构成。问候语应向调查对象讲明调查的宗旨、目的和使用方法等内容,并请求当事人予以协助。

(2) 问题设计应力求简明扼要,可有可无的问题或者没有太多实际价值的资料不需要出现在调查表中。一般所提问题不应超过 10 项。

(3) 所提问题不应有偏见或误导,避免使用晦涩、纯商业以及幽默等容易引起人们误解或有歧义的语言,同时,不要把两个及两个以上的问题放在一个问题中,例如,"你认为这个网站是否易于浏览且有吸引力?"这样的问题将使回答者在不完全肯定时无法选择。

(4) 不要诱导人们回答。不要采用让人们按照提问者一开始就定下的思路(方向)回答的方法。比如,当听到"这种酱油很润口吧"的提问时,回答者往往会带着润口的先入观而去尝尝,并回答说"是"。在此场合,不如问"这种酱油是润口还是很辛辣"。

(5) 问题应是能在记忆范围内回答的。当看到"你一年前购买的蛋黄酱(用蛋黄、橄榄油和柠檬汁等制成)是哪一家生产商的产品"的提问时,恐怕大多数人都不会记得。所以,必须尽力避免一般被认为超出回答者记忆范围的提问。

(6) 提问的意思和范围必须明确。当看到"最近你从这家电器商店购买了什么家电产品?"的提问时,使回答者感到不明确的是"最近"是指什么时间段。在此场合,应明确时间段,如"3 个月之内"等。

以过滤性的提问方法来展开问题。不要一开始就把问题搞得很细,而是层层细分、展开,进行提问,这样较好。比如,在有两个以上答案时,提问者总是向选择第一个答案的人一步步追问,层层细分。过滤性提问可以有限定地向有兴趣的人提问,同时也可以排除对此不关心的人,并可以分析各项提问之间的相关联系。

(7) 避免引起人们反感或很偏的问题。必须避免提问引起人们反感的问题,也不要提很偏的问题，只有回答者能够予以冷静的判断和回答的问题，才能得到有效的调查结果。

(8) 调查表中的所有问题都应设计得能够得到精确答案。首先要明确通过调查要达到什么目的，所有问题都要围绕主题。

四、网上问卷的样本类型

网络市场调研的样本类型包括以下 3 类：

1. 随机样本

随机样本是按照随机原则组织抽样，任意从互联网网址中抽取的样本。

2. 过滤性样本

过滤性样本是指通过对期望样本特征的配额，来限制一些自我挑选的不具代表性的样本。通常是以分支或跳问形式安排问卷，以确定被选者所属类别，然后根据被访者的不同类型设计适当的问卷。还有一种方式是，一些调研者创建了样本收藏室，将填写过分类问卷的被访者进行分类重置。最初问卷的信息用来将被访者进行归类分析，被访者按照专门的要求进行分类，而只有那些符合统计要求的被访者，才能填写适合该类特殊群体的问卷。

3. 选择样本

选择样本用于互联网中需要对样本进行更多限制的目标群体。被访者均通过电话、邮寄、E-mail 或个人方式进行补充完善，当认定符合标准后，才向他们发送 E-mail 问卷或直接到与问卷链接的站点。在站点中，通常使用密码账号来确认已经被认定的样本，因为样本组是已知的，因此可以对问卷的完成情况进行监视或督促未完成问卷以提高回答率。另外，选择样本对于已建立抽样数据库的情形最为适用。例如，以顾客数据库作为抽样框选择参与顾客满意度调查的样本。

五、网上问卷调研的注意事项

1. 调研内容的安全性问题

为了让网上市场调研的信息更接近调研者的需求，调研问卷的题目内容往往会涉及被调研者的个人隐私问题，保护被调研者的私人信息不被泄露，是网上调研的首要问题之一。首先，要采取严密的网络监控和合理的网络安全技术，防止木马病毒、钓鱼邮件等现象的发生。第二，要严厉打击网络私人信息的违法贩卖，让私人网络信息真正成为网络调研的直接依据，而非部分人的牟利工具。

2. 互联网无限制样本问题

由于现在的某些网络调研(例如网络投票形式的调研)背后带有商业利益，就会造成部分人为了种种目的雇人“刷票”，即雇人在很短的时间内反复投票。例如在 2003 年金鹰节“最佳电视节目主持人”评选，时任湖南卫视主持的李湘被爆出“雇人投票”的丑闻。

当时有消息称，长沙有10名少年受雇于人，在网吧专门给入围“电视节目主持人奖”的主持人投票，并被要求“必须投李湘一票”，每人完成500张的网上投票便可得到20元的工资。如果最终李湘的得票超过第二名1万票，每人还可得到200元奖金。结果，6天内，这些少年总共投了2万张左右的票。最终，被确认为假票的45万张票被删去。目前，类似的网络调研已经采取了IP地址锁定的方法，即每个IP地址规定固定的限额，以防止重复问卷的发生。

小应用3-7

“财经投票站”是中国网络电视台(http://www.cntv.cn)网站上关于普通网民对市场经济的各部门的预测调查，如图3-7所示。网民可以在近期热门的调查问卷中选择自己的答案，并可以随时查看调查结果，如图3-8所示。该结果也为中央电视台经济频道的相关节目制作提供数据基础。

图3-7 “财经投票站”的投票页面

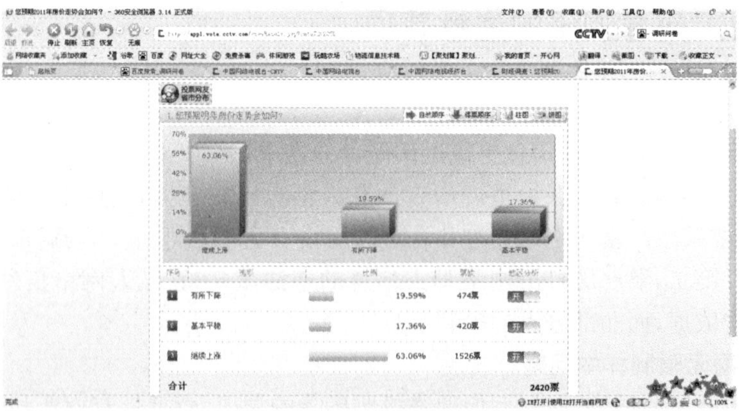

图3-8 “财经投票站”的结果查看页面

第三节 网上市场调研报告

一、调研数据分析

（一）数据分析工具

数据本身并不会直接告诉企业如何确定市场营销策略和采取何种产品促销措施，但它是预测未来市场发展趋势、保留原有市场、开拓新市场的重要客观依据，企业只有认真分析研究消化报告数据结论，并结合市场环境和企业实际情况，实施有效营销战略，才能取得预期效果。要保证数据分析的正确性，必须正确选择数据分析的工具。

1. 回归分析

社会经济现象之间的相关关系往往难以用确定性的函数关系来描述，它们大多是随机性的，要通过统计观察才能找出其中规律。回归分析法是利用统计学原理描述随机变量间相关关系的一种重要方法。所谓回归分析法是指在掌握大量观察数据的基础上，利用数理统计方法建立因变量与自变量之间的回归关系函数表达式。回归分析法预测是利用回归分析方法，根据一个或一组自变量的变动情况预测与其有相关关系的某随机变量的未来值。进行回归分析需要建立描述变量间相关关系的回归方程。根据自变量的个数，可以是一元回归，也可以是多元回归。根据所研究问题的性质，可以是线性回归，也可以是非线性回归。

2. 判别分析

判别分析就是在已知研究对象分为若干类型（组别）并已经取得各种类型的一批已知样品的观测数据基础上，根据某些准则，建立起尽可能把属于不同类型的数据区分开来的判别函数，然后用它们来判别未知类型的样品应该属于哪一类。经济研究者则根据经济、政治、科技、军事、人口、资源等多种指标来判断国家的竞争力。在市场调查研究中，市场调研人员可以根据调查数据，判断产品是畅销、一般还是滞销。

3. 聚类分析

聚类分析又称群分析和类分析，它是依据某种准则对个体（样品或变量）进行分类的一种多元统计分析方法。通俗地讲，聚类分析就是多元统计分析中研究所谓“物以类聚”现象的一种方法，其职能是对一批样本或指标按照它们在性质上的亲疏程度进行分类。比如在我国内地的一项市场调研中，需要对我国 32 个省（直辖市、自治区）的经济发展状况进行分析。一般不是逐个省（直辖市、自治区）去分析，较好的做法是选取能反映经济发展状况的有代表性的指标，如国民生产总值（GNP）、工农业总产值、第三产业比重、固定资产投资额、人均国民收入、城市和农村平均每人月收入及通货膨胀率等指标，根据这些指标对 32 个省（直辖市、自治区）进行分类。然后依据分类结果，对经济发展情况进行综合评价，这就易于得出科学的结论。

常用的聚类方法有样品聚类法、系统聚类法、模糊聚类法等。

4. 相关分析

相关分析法是测定经济现象之间相关关系的规律性，并据以进行预测和控制的分析方法。社会经济形象之间存在着大量的相互联系、相互依赖、相互制约的数量关系。有些变量之间的关系是严格的，成为函数关系。有些变量之间存在着不确定、不严格的依存关系，对于变量的某个数值，可以有另一变量的若干数值与之相对应，这若干个数值围绕着它们的平均数呈现出有规律的波动，我们称之为相关关系。例如，批量生产的某产品产量与相对应的单位产品成本，某些商品价格的升降与消费者需求的变化。

5. 时间序列

所谓时间序列是随机过程的等时间间隔的离散数值记录。通常在工商企业和政府机构的数据库中，大量的数值记录是时间序列。它们各自反映了客观世界某一特定对象的运动状态和发展过程。以横坐标为时间，以纵坐标为序列的状态数值，绘出时间序列的图形，可直观地看到某一过程的历史演变情况。

许多企业是根据过去实际销售业绩来预测未来销售发展趋势的。如某种产品历年销售量（Y）的时间数列，可以按趋势（Trend）、周期（Cycle）、季节（Season）和意外事件（Erraticevents）等主要因素进行分析。时间序列分析法可以根据这些要素（T、C、S、E）分析原始销售数列，再结合这些要素预测未来的销售。例如，某公司今年 10 月售出 2 000 台新产品，现在要预测明年 10 月份的销售量。根据近 5 年数据分析可以看到发展趋势是每年销售量递增 5%，因此，明年 10 月份的销售量估计为 2 100(2 000×1.05)台。但由于经济环境的波动，预计明年的销售量只能达到正常情况下的 95%，即 1 900(2 000×95%)台。

时间序列分析主要用于：

(1) 系统描述。根据对系统进行观测得到的时间序列数据，用曲线拟合方法对系统进行客观的描述。

(2) 系统分析。当观测值取自两个以上变量时，可用一个时间序列中的变化去说明另一个时间序列中的变化，从而深入了解给定时间序列产生的机理。

(3) 预测未来。一般用 ARMA 模型拟合时间序列，预测该时间序列未来值。

(4) 决策和控制。根据时间序列模型可调整输入变量使系统发展过程保持在目标值上，即预测到过程要偏离目标时便进行必要的控制。

（二）图表分析工具

图表能简洁、形象、系统地说明各种有关的数字资料，是一种较好的数据分析表现形式。通过图表的视觉效果，可以直接查看数据的差异和发展趋势，并能对有关数据进行对比，反映变量的变化趋势及其相互关系。图表是网络市场调研与分析专业人员和其他行业非专业人员沟通的一种重要方式。

1. 圆饼图

圆饼图是以圆的整体面积代表被研究现象的总体，按各构成部分占总体比重的大小，把圆分割成若干个扇形来表示部分与总体的比例关系，如图 3-9 所示。圆饼图的优点是可以简单直观地看出各构成部分所占比例的大小，缺点是时效性差。

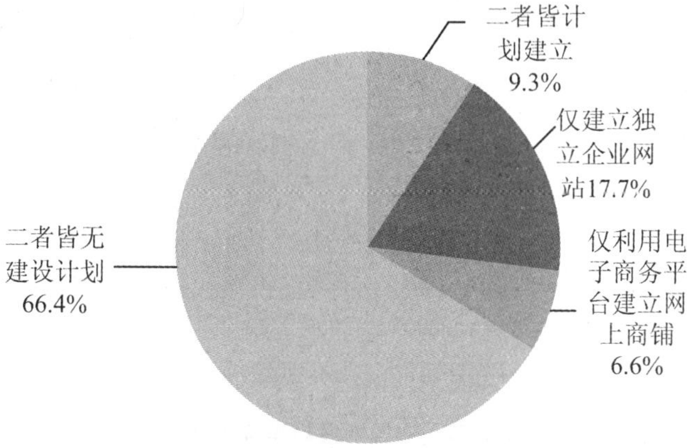

图 3-9 无网站(店)中小企业未来建站倾向

2. 曲线图

曲线图是利用线段的升降来说明现象的变动情况，主要用于表示现象在时间上的变化趋势、现象的分配情况和两个现象之间的依存关系。曲线图可分为简单曲线图和复合曲线图。简单曲线图用于描述一段时间内单个变量的历史状况及发展趋势，复合曲线图描述两个或两个以上变量一段时间内单个变量的历史状况及发展趋势，如图 3-10 所示。

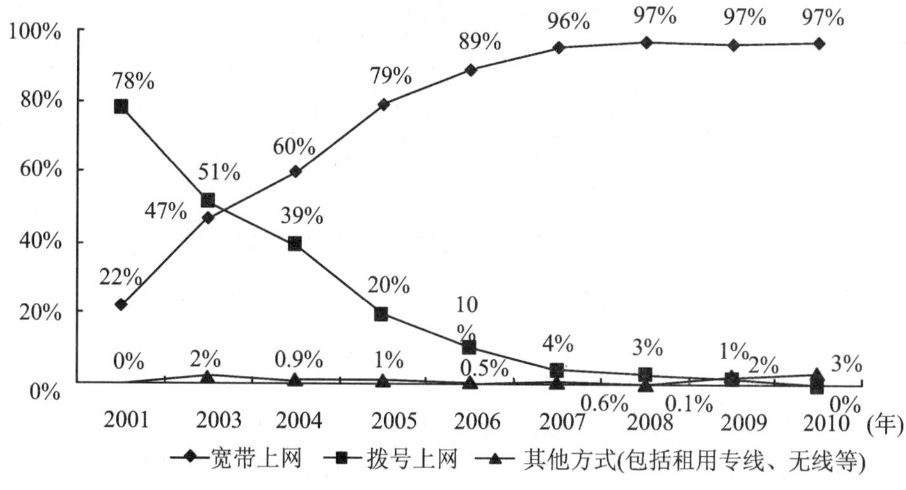

图 3-10 某地区历年(2001～2010 年)电脑联网方式的调查

3. 柱形图

柱形图是利用相同宽度条形的长短或高低来表现数据的大小与变动。柱形图可以清楚地表现各种不同数值资料相互对比的结果。柱形图可分为简单柱形图(如图 3-11 所示)和复合柱形图(如图 3-12 所示)。简单柱形图适用于说明一段时间内一个变量，复合柱形图适用于说明两个或两个以上变量及其对比关系。

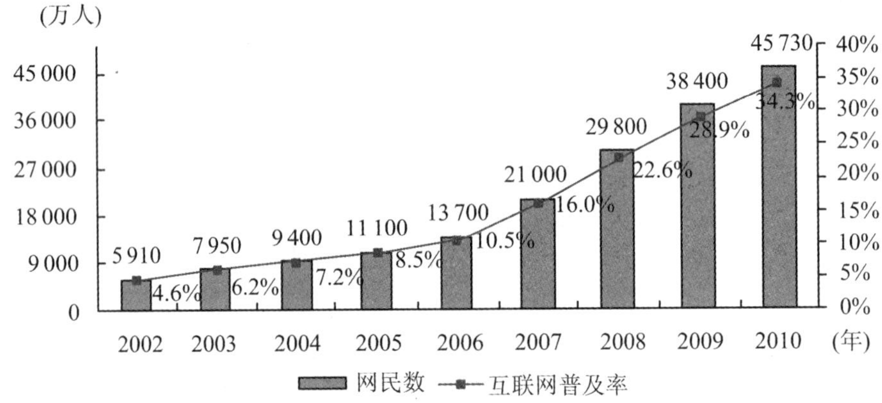

图 3-11　中国网民规模与普及率

4. 其他图形

此外，还有一些其他常用的图形，如散点图、面积图、高低图、控制图、雷达图、箱图等，这里不做详细介绍。

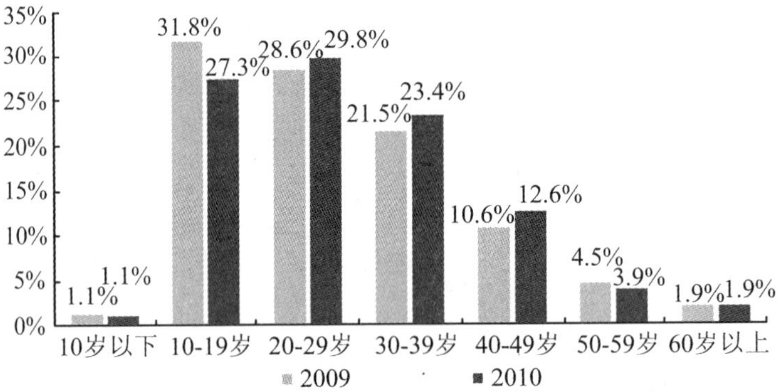

图 3-12　2009 年 12 月至 2010 年 12 月网民年龄结构

二、网上市场调研报告的结构

1. 封面

包括调研报告题目、委托单位、承担单位、项目负责人、时间等主要信息。

2. 内容摘要与关键字

300～500 字的简要介绍，包括背景、目的、意义、主要方法、主要结果和结论、建议等。关键字为 5～7 个可以表达主要内容的字词，一般还应该翻译成英文，便于检索和交流。

3. 目录

一般包括三级目录，便于读者浏览。

4. 调研报告正文

一般包括调研背景、调研内容、相关说明、调研方法、数据分析和主要结论与建议。也可以挑选或合并其中部分内容。

5. 参考资料与附件

与调研报告相关的资料。

二、撰写调研报告的步骤

1. 准备工作

(1) 整理与本次调查有关的资料。包括过去已有的调研资料、相关部门的调查结果、统计部门的有关资料(包括统计年鉴)、本次调查的辅助性材料和背景材料等。

(2) 整理统计分析数据。要认真研究数据的统计分析结果。可以先将全部结果整理成各种便于阅读比较的表格和图形。在整理这些数据的过程中,对调查报告中应重点论述的问题逐步形成思路。

(3) 对理论假设做出接受或拒绝的结论。

(4) 对难以解释的数据,要结合其他方面的知识进行研究,必要时可针对有关问题找专家咨询或进一步召开小范围的调查座谈会。

(5) 确定报告类型及阅读对象。调查报告有多种类型,如综合报告、专题报告、研究性报告、说明性报告等。阅读的对象可能是企业、公司领导、专家学者,也可能是一般用户。也就是说,要根据具体的目的和要求来决定报告的风格、内容和长度。

2. 报告的构思

(1) 通过收集到的资料,获得的实际数据资料及各方面的背景材料,初步认识客观事物。然后深入研究客观事物的性质、作用、表层原因和本质原因,得出所要分析的市场问题的一般规律性。

(2) 在认识客观事物的基础上,确立主题思想。主题的提炼要努力做到准确、集中、深刻、新颖。准确,是指主题能根据调查的目的,如实反映客观事物的本质及其规律性;集中,是指主题突出中心;深刻,是指主题能深入揭示事物的本质;新颖,是指主题有新意。

(3) 确立基本观点,列出主要论点、论据。确定主题后,对收集到的大量资料,经过分析研究,逐渐消化、吸收,形成概念,再通过判断、推理,把感性认识提高到理性认识。然后列出论点、论据,得出结论。

(4) 安排报告的层次结构。在完成上述几步后,应构思基本框架。在此基础上,考虑报告正文的大致结构与内容,安排报告的层次段落。报告一般分为 3 个层次,即基本情况介绍、综合分析、结论与建议。

3. 选取数据资料

市场调查报告的撰写必须根据调查所得的数据资料进行分析,即介绍情况要有数据做依据,反映问题要用数据做定量分析,提建议、措施同样要用数据来论证其可行性与效益。恰当选材可以使分析报告主题突出、观点明确、论据有力。因此有无丰富的、准确的数据资料做基础是撰写调查报告成败的关键。在构思确立主题、论点、论据后，就要围绕主题，研究和选取数据资料。

在进行市场调查、收集资料的过程中，调研人员思想上还没有形成任何固定的观点，因此，收集到的大量调查数据资料不可能都是切中主题、能准确反映事物本质特征的典型材料。因此，必须对所收集的数据资料进行去粗取精、去伪存真、由此及彼、由表及里地分析研究、加工判断，才能挑选出符合选题需要，最能够反映事物本质特征、形成观点、作为论据的资料。在写作时，要努力做到用资料说明观点，用观点论证主题、详略得当、主次分明、使观点与数据资料协调统一，以便更好地突出主题。

4. 撰写初稿

根据撰写提纲的要求，由一人单独或数人分工负责撰写，各部分的写作格式、文字数量、图表和数据要协调，统一控制。初稿完成后，就要对其进行修改，先看各部分内容和主题的连贯性，有无修改和增减，顺序安排是否得当；然后整理完整，提交审阅。

5. 定稿

写出初稿，征得各方意见并进行修改后，就可以定稿。在定稿阶段，一定要坚持对事客观、服从真理、不屈服于权力和金钱的态度，使最终报告较完善、较准确地反映市场活动的客观规律。

四、撰写调研报告的注意事项

（1）调研报告应该用清楚的、符合语法结构的语言表达。

（2）调研报告中的图表应该有标题，对计量单位应清楚地加以说明，并且，如果采用了已公布的资料，应该注明资料来源。

（3）正确运用图表，对于过长的表格，可以在调研报告中给出它的简表，详细的数据列在附录中。

（4）调研报告应该在一个有逻辑的框架中陈述调研结果。若涉及宣传方面的问题，调研报告的内容和形式都应满足特定要求。

（5）调查报告的印刷式样和装订应符合规范。

五、网上市场调研报告范例

2015年，中国移动互联网用户规模达到7.9亿人，人口红利消失。移动互联网市场规模高速增长，达23 134.3亿元，增长来源于创新。移动互联网用户男女比例趋于平均，继续向经济欠发达地区渗透。移动互联网市场中，教育、汽车、医疗、金融、旅游、生活服务等细分领域将迎来飞跃式发展。不同细分市场用户特征及用户行为差异明显，精准定位用户、精细化运营将成为移动互联网业务发展的核心竞争力。在此情况下，易观智库通过广泛调研制定该报告：

中国移动互联网用户行为统计报告

一、研究范畴

1. 数据来源

易观千帆只对独立App中的用户数据进行监测统计，不包括App之外的调用等行为产生的用户数据。截至2016年第一季度，易观千帆基于对7.5亿累计装机覆盖1.5亿移动端月活跃用户的行为监测结果，采用自主研发的enfoTech技术，帮助您有效了解数字消费者在智能手机上的行为轨迹。

2. 分析方法

定量分析：回归分析模型；因子分析模型；聚类分析模型；相关性分析模型；

定性分析：产业图谱模型；实力矩阵模型。

3. 研究对象

行业：互联网与移动互联网行业，以及其细分领域；

用户：移动互联网用户特征、行为、偏好。

二、移动互联网用户规模

1. 移动互联网市场人口红利消失

2015年，中国移动互联网用户数预计达到7.9亿人，与2014年相比增长8.4%，增速走低，进入平稳增长阶段。

保持增长的主要动力在于低级别地区的移动网络覆盖，以及智能可穿戴设备、智能家居、车联网等终端的发展。

人口红利已消失，未来移动互联网用户规模的增长将趋于平稳。

2. 移动互联网市场规模高速增长源于创新

2015年，中国移动互联网市场规模将达23 134.3亿元，增幅达到72.2%。

2015年，移动互联网整体继续保持高增长，虽然人口红利消失，但是基于商业模式的不断创新，单用户价值大幅提升。

未来3～5年，移动互联网规模将继续保持高增长态势。

3. 移动购物带动整体市场规模进一步提升

移动通信设施建设步伐加快，基础流量贬值成趋势；移动娱乐应用增势趋商业模式成熟，市场规模增长趋平稳；移动营销开始爆发，将向高速发展期过渡；移动购物渗透率将进一步增长；移动生活服务市场成为下一个竞争热点，资本推动市场空间进一步扩大。

三、移动互联网用户属性

1. 性别比例和年龄分布

2015年，女性移动互联网用户占比45.4%，男性用户占比54.6%。24岁以下用户占比32.3%，25～30岁用户占比38.4%，31～35岁用户占比11.3%，36～40岁用户占比6.1%，41岁以上用户占比11.9%。如图3-13所示。

2. 地域分布

2015年移动互联网用户中，北京、上海、广东、深圳用户占比10.8%，其他省会城市用户占比37.6%，地级市用户占比15.6%，乡镇农村用户占比24.2%，海外及其他用户占比 5.8%。如图 3-14 所示。

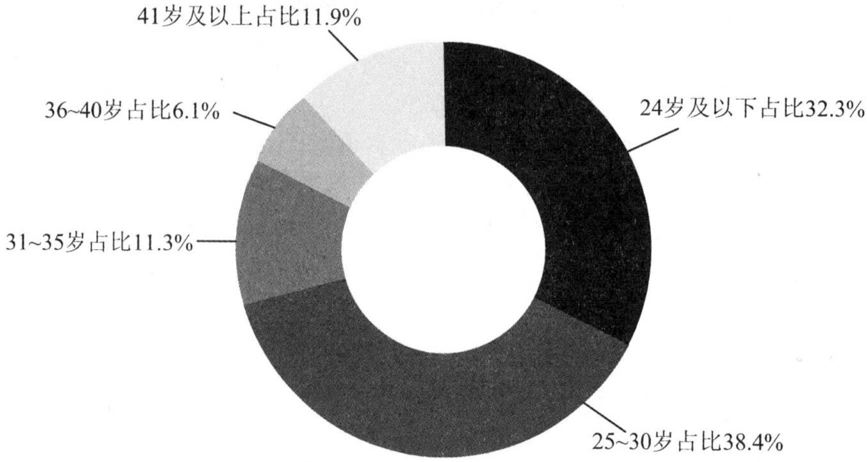

图 3-13　2015 年移动互联网用户年龄分布

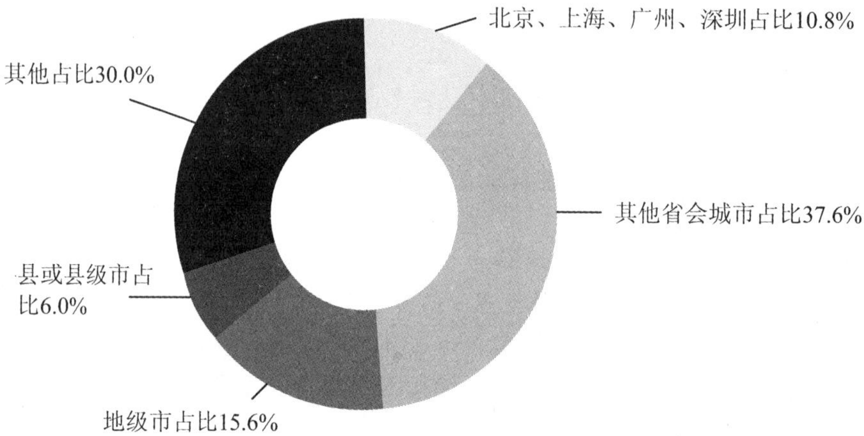

图 3-14　2015 年移动互联网用户地域分布

3. 学历分布和收入层级

2015 年移动互联网用户中，小学及以下学历用户占比 1.2%，初中学历用户占比 32.2%，高中/中专/职校/技校学历用户占比 31.8%，大专学历用户占比 12.1%，本科学历用户占比 20.7%，硕士及以上学历用户占比 1.9%。如图 3-15 所示。

2015 年移动互联网用户中，学生占比 19.0%，自由职业/个体户/私营企业主占比 32.7%，白领/一般职员占比 11.8%，公务员/事业单位用户占比 7.5%，工业/服务业人员占比 19.7%，无业/退休/失业/下岗用户占比 2.4%，其他用户占比 6.9%。

2015 年移动互联网用户中，1 000 元以下收入用户占比 29.1%，1 000～1 999 元收入用户占比 5.4%，2 000～2 999 元收入用户占比 22.3%，3 000～3 999 元收入用户占比15.4%，4 000～4 999 元收入用户占比 8.5%，5 000～7 999 元收入用户占比 10.2%，8 000～11 999元收入用户占比 3.5%，12 000 元及以上收入用户占比 5.6%。如图 3-16 所示。

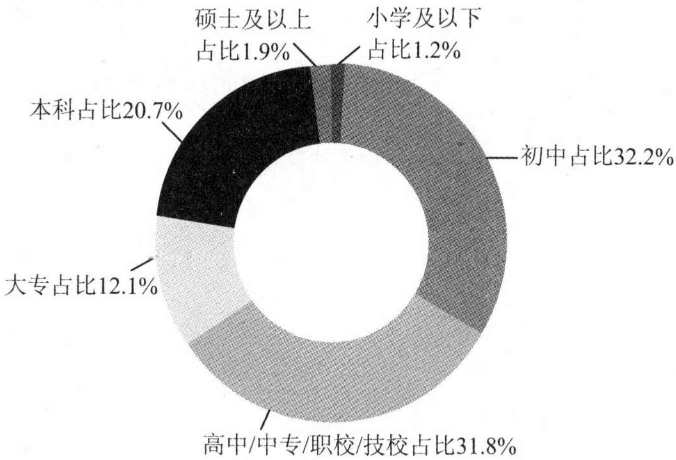

图 3-15　2015 年移动互联网用户学历分布

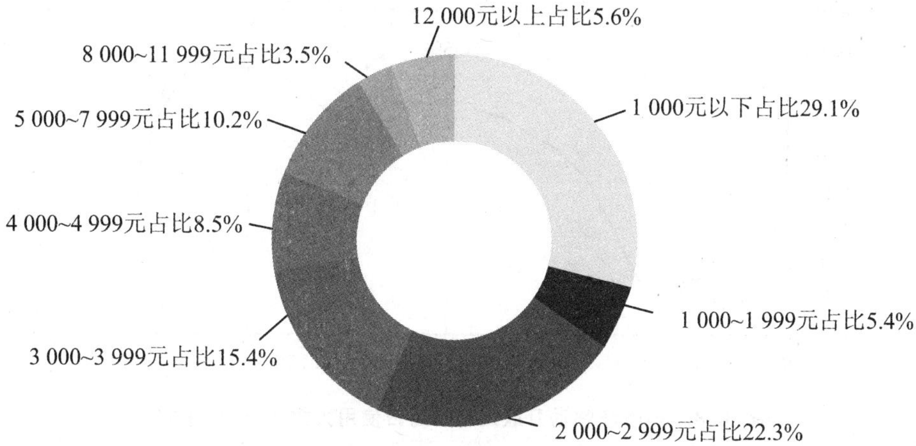

图 3-16　2015 年移动互联网用户收入分布

四、移动互联网用户行为分析

1. 移动互联网用户使用时间碎片化特征明显

2015 年移动互联网用户中，每日使用时长 1 小时以下用户占比 14.3%，1～2 小时用户占比 40.3%，2～4 小时用户占比 21.6%，4～8 小时用户占比 16.3%，8 小时以上用户占比 7.5%。如图 3-17 所示。

2. 移动互联网用户使用高峰在 12 点与 19 点

移动互联网用户每日使用用户数量在 12 点及 19 点达到相对的峰值，其用户覆盖率分别达到 14.5%与 15.8%。21 点之后用户数量会出现明显的下滑。凌晨 3 点，是移动互联网用户使用的最低谷，用户覆盖率仅为 1.2%。5 点之后用户数量会迅速提升。如图 3-18 所示。

3. 移动互联网用户打开 App 高峰在 12 点与 20 点

移动互联网用户每日打开 App 的次数在 12 点及 20 点达到相对的峰值，其打开 App

次数占全天的比例分别为6.1%与7.3%。21点之后打开App的次数会出现明显的下滑。

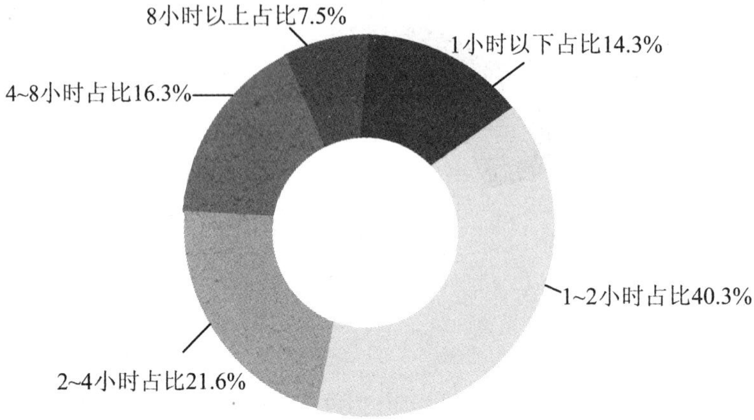

图3-17　2015年移动互联网用户每日使用时长分布

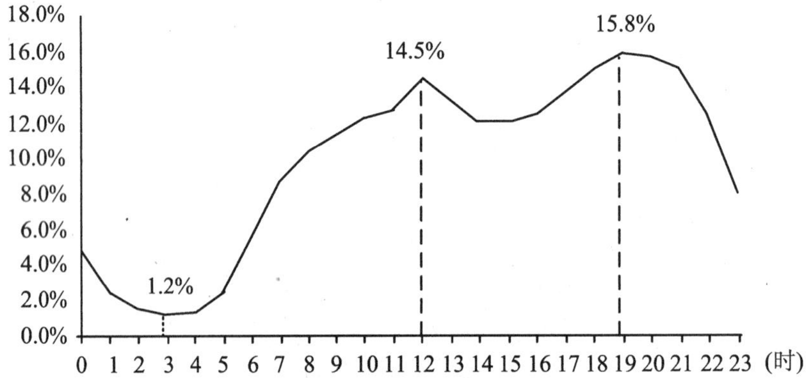

图3-18　2015年移动互联网用户每日使用人数24小时分布

凌晨4点，移动互联网用户打开App的次数达到最低谷，占比仅为0.4%；5点之后用户打开App的次数会迅速提升。

4. 沟通、娱乐、生活工具是用户高频使用的App

沟通、娱乐、生活工具是移动互联网用户高频使用的App，如图3-19所示。

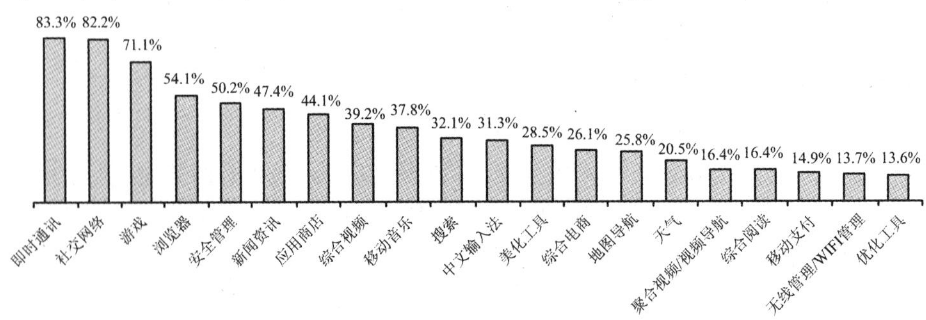

图3-19　2015年移动互联用户App分类月均渗透率Top20

小应用 3-8

复杂图表的数据分析。经济型 SUV 市场各品牌 2010～2011 年走势，如图 3-20 所示，2011 年的小型 MPV 从 2010 年 2 月的 2.6%上升到 2.9%，上升了 0.3 个百分点，但相对于 2009 年同期的份额增长有所减缓，2010 年 2 月的 MPV 份额较 2009 年 2 月增长了 1.5 个百分点，而 2011 年 2 月较 2010 年 2 月的增长幅度大。

2011 年的小型 SUV 从 2010 年 2 月的 3.7%上升到 5.2%，上升了 1.5 个百分点，相对于 2009 年同期的份额增长速度加快。

狭义乘用车的小型车市场的结构快速变化，轿车份额逐步下降，而 MPV\SUV 份额逐步上升，这也是轿车产品快速延伸的结果。但由于 SUV 主力车型较少，目前市场格局满意快速变化。小型 SUV 本质上并不具备主流 SUV 具有的典型的高通过性、大空间、高视野、多功能等特征，部分小型 SUV 的存在其实是作为小型车的一个“变种”，是对小型轿车市场的补充。与其他级别的车型相比，小型车的特点就在于时尚和个性化，当消费者审美上厌倦了小型车后，开始寻求新的感官上的不同，这就给小型 SUV 的发展提供了机会。因此，小型 SUV 发展的特点更多在于个性化，而不是功能化。

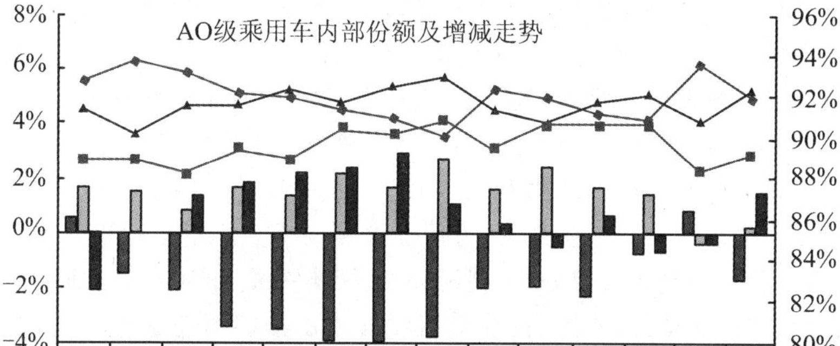

	10\1	10\2	10\3	10\4	10\5	10\6	10\7	10\8	10\9	10\10	10\11	10\2	11\1	11\2
CAR增减	0.5%	-1.5%	-2.1%	-3.5%	-3.6%	-4.6%	-4.7%	-3.8%	-2.0%	-2.0%	-2.4%	-0.8%	0.8%	-1.7%
MPV增减	1.7%	1.5%	0.8%	1.7%	1.4%	2.2%	1.7%	2.8%	1.6%	2.4%	1.7%	1.4%	-0.4%	0.2%
SUV增减	-2.2%	0.0%	1.3%	1.8%	2.2%	2.4%	2.3%	1.1%	0.4%	-0.5%	0.5%	-0.7%	-0.4%	1.5%
MPV-AO分额	2.7%	2.6%	2.2%	3.1%	2.7%	3.8%	3.7%	4.1%	3.1%	4.0%	4.0%	4.0%	2.3%	2.9%
SUV-AO分额	4.6%	3.7%	4.7%	4.7%	5.2%	4.8%	5.4%	5.8%	4.6%	4.1%	4.8%	5.1%	4.1%	5.2%
CAR-AO分额	93%	94%	93%	92%	92%	91%	91%	90%	92%	92%	91%	91%	94%	92%

图 3-20　经济型 SUV 市场各品牌 2010～2011 年走势

小思考 3-3

在调研报告中图表制作需要注意哪些事项？

答：① 每张图表都要有号码和标题。标题要简明，一般应包含时间、地点、内容，时间也可酌情省略；② 各种数据应注明单位，说明来源；③ 分组要适当，不可过细，也不可过粗，以说明问题为准；④ 层次不宜过多；⑤ 小数点、个位数、十位数等上下对齐，一般应有合计;⑥ 给出必要的说明和标注。

本章小结

• 市场调研是在市场营销整个领域中的一个重要因素。网上市场调研是指在互联网上,运用多种网络工具对与营销决策相关的信息或数据进行计划、收集和分析,并把分析结果提供给决策管理者的过程。传统市场调研和网上市场调研的方式极为相似,但还是有所区别的。相比较而言,网上市场调研具有及时性和共享性、便捷性和经济性、可检验性和可控制性以及交互性和充分性的特点。

• 网上市场调研主要有网上直接调研和网上间接调研。网上直接调研是利用互联网直接进行问卷调查等方式收集第一手资料,其中最常见的调研方法是问卷调研法,包括 E-mail 问卷和在线调查两种形式。网上间接调研是利用互联网的媒体功能,从互联网收集二手资料。

• 网上市场调研主要涉及市场需求研究、用户及消费者购买行为的研究、营销因素研究、宏观环境研究和竞争对手研究等方面的内容。

• 一个成功的调研问卷应具备两个功能:一是能将所调研的问题明确地传达给访问者;二是设法取得对方的合作,使访问者能给以真实、准确的回复。但在实际的调研中,由于被调查者的情况差异很大,还有调研人员的专业知识和技术水平不同,都会影响调研的结果。因此,调研问卷的设计和制作必须遵循一定原则。

• 网上市场调研获得的数据结果经过深入分析,可以得出有规律性的结果,产生相关的统计分析图表和初步分析结果,为网上市场调研分析报告的撰写提供基础资料。一般地,数据分析工具包括回归分析、判别分析、聚类分析、相关分析、时间序列和描述性分析等。另外,还有圆饼图、曲线图、柱形图和其他图形等图表分析工具,它们往往和数据分析工具综合运用。

• 撰写网上调研报告是网上市场调研工作的最后一个程序,也是非常重要的工作步骤。网上调研报告的结果要能够真实客观地反映市场活动的规律,为决策者提供可靠的决策依据。

关键概念

网上市场调研　网上直接调研　网上间接调研　网上问卷调研　E-mail 问卷　在线调查　网上调研报告

基本训练

□ 知识题

3.1　判断题

(1) 网上市场调研需要对整个调查过程进行有效的管理和控制。（　　）

(2) 问卷调查的题日容易程度、内容的充分表达程度、回答所需时间比较重要。（　　）

(3) 在线调查表应该主题明确、简洁明了，问题便于被调查者正确理解和回答。（　　）

(4) 应该将市场调查与营销严格区别开来。（　　）

(5) 时间序列分析是根据系统观测时间，建立物理模型的理论和方法。（　　）

3.2　选择填空题

(1) 网上市场调研与传统市场调研相比，最大的区别在于（　　）的不同。

A. 调研行为　　B. 调研对象　　C. 调研途径　　D. 调研者

(2) 下列（　　）方式一定属于网上间接市场调研。

A. 搜索引擎　　B. BBS　　C. 电子邮件　　D. 新闻组

(3) 在线调查表设计中应注意的问题有（　　）。

A. 问题设计力求简明扼要

B. 所提问题不应有偏见或误导和不要诱导人们回答

C. 提问的意思和范围必须明确

D. 避免引起人们反感和很偏的问题

(4) 时间序列分析主要应用于（　　）。

A. 系统描述　　B. 系统分析　　C. 预测未来　　D. 决策和控制

3.3　简答题

(1) 什么是网上市场调研，网上市场调研主要有哪些方式？

(2) 网上在线调查的原则有哪些？

(3) 网上市场调研报告撰写的基本步骤是什么？

观念应用

□ 实验题

目前网络中有很多提供免费调查平台的网站，用户只要在该网站注册成功，即可登录设计所需要的网络在线调研问卷，供网民上网浏览答题，并可以收集网络调研数据。这种开放式的免费调研平台，为小型的普通市场调研提供了方便，比如知己知彼网(http://www.zhijizhibi.com/)就是这种类型的网站。

问题：请登录该网站，了解发布免费调研问卷的流程和注意事项，自行选择合适的调研主题，设计问卷上传至该网站，并接收问卷结果。

□ 案例题

旺才领带公司的网络市场调研

旺才领带公司是一家专业化设计、生产、销售领带的民营企业，从事领带业已有十年历史。为了配合公司开发的新产品纳米领带的上市，针对纳米领带的夏季促销活动进行市场调研，分析产品的需求趋势并评价、规划市场促销活动，进行网络市场调研，获得如下信息：

1. 竞争对手

市场竞争状况：由于市场上的领带品牌众多，旺才领带在市场上占有率排名第五(4.8%)。

排在前四位的是：金吉利(22.3%)；金利来(10.5%)；绅士(7.3%)；皮尔卡丹(5.4%)。其他众多的小品牌总共占49.7%。

主要竞争对手状况：排名前四的领带品牌中，金利来和皮尔卡丹走高价市场路线，在高收入阶层中占有很高的认同度。金吉利和绅士适合于工薪阶层和普通白领，它们的定位与旺才领带的定位相近。从市场定位角度金吉利和绅士应该作为企业的主要竞争对手。

大量不知名的其他品牌领带占据了领带的大部分市场，因此抢夺这部分市场也可作为公司的市场目标。

合作伙伴：本公司的供应商清风布料公司有很好的管理和生产能力，能够保证供应量的不断扩大。公司的代理商、分销商对公司比较信赖。

2. 消费者的需求趋势、流行趋势

纳米技术是近年来发展起来的最新高科技技术，已经在很多行业和产品中得到了应用，受到消费者的普遍欢迎。广大消费者已经对纳米技术有了较多认识。每次有新的纳米技术相关产品进入市场都能引起较大轰动，比如1999年海尔的纳米冰箱。

市场细分：在接触网络的年轻人中，对新技术、新产品的接受能力较强，这一人群应该是本次营销的重点对象。

要求：依据上述资料设计、撰写网络市场调研报告。

章后习题参考答案与提示

■ 基本训练

□ 知识题

3.1 判断题

(1) 对；(2) 对；(3) 对；(4) 对；(5) 错。

3.2　选择填空题

(1) C；(2) A；(3) ABCD；(4) ABCD。

3.3　简答题

(1) 网上市场调研是指在互联网上，运用各种网络工具针对特定营销环境进行简单调查设计、收集资料和初步分析的活动，为企业的网上营销决策提供数据支持和分析数据。利用互联网进行市场调研也有两种方式，一种是利用互联网直接进行问卷调查等方式收集一手资料的网上直接调研，最常见的做法是E-mail问卷和在线调查；另一种是利用互联网的媒体功能，从互联网收集二手资料，一般称为网上间接调研，调研的媒介包括搜索引擎、BBS、新闻组和E-mail等。

(2) 网上在线调查的原则有：① 认真设计在线调查表；② 吸引尽可能多的人参与调查；③ 尽量减少无效问卷；④ 公布保护个人信息声明；⑤ 避免滥用市场调查功能；⑥ 尽量降低样本分布不均衡的影响；⑦ 奖项设置合理；⑧ 采用多种网上调研手段相结合。

(3) 撰写网上调研报告的基本步骤：① 准备工作；② 报告构思；③ 选取数据资料；④ 撰写初稿；⑤ 定稿。

■ 观念应用

□ 实验题

【分析提示】

调研问卷流程：问卷创作；设立奖品；问卷分析；数据下载；围绕某一主题设计问题。

□ 案例题

【分析提示】

步骤1：市场概况(规模)；

步骤2：主要竞争对手的优劣势；

步骤3：最终用户群；

步骤4：市场细分及促销活动着眼点；

步骤5：产品市场展望及销售前景。

第四章 网上商务信息的收集与整理

学习目标

网上商务信息是企业进行决策的基础。通过本章的学习，要掌握商务信息的内涵与分级；掌握信息收集工具，并能运用这些方法进行信息的收集；了解如何进行信息的收集整理。

引例
YINLI

上海金丰易居公司的 eCRM

金丰易居为A股上市公司金丰投资(证券代码600606)旗下专业从事房地产策划与销售代理的企业。它是集租赁、销售、装潢、物业管理于一身的房地产集团。由于房地产领域竞争日趋激烈，花一大笔钱在展会上建个样板间来招揽客户的做法已经很难起到好的作用，在电子商务之潮席卷而来时，很多房地产企业都在考虑用新的方式来吸引客户。1999年5月，金丰易居与美国艾克公司接触后，决定采用该公司的 eCRM 产品。

通过对金丰易居情况的分析，双方人员最后决定先从以下几个部分实施：

(1) 金丰易居有营销中心、网上查询等服务，因此需要设立多媒体、多渠道的即时客服中心，提高整体服务质量，节省管理成本。

(2) 实现一对一的客户需求回应，通过对客户爱好、需求分析，实现个性化服务。

(3) 有效利用已积累的客户资料，挖掘客户的潜在价值。

(4) 充分利用数据库信息，挖掘潜在客户，并通过电话主动拜访客户和向客户推荐满足客户要求的房型，以达到充分了解客户，提高销售机会。

(5) 实时数据库资源共享使金丰易居的网站技术中心、服务中心与实体业务有效结合，降低销售和管理成本。

根据这些需求，艾克公司提供了有针对性的解决方案，主要用到艾克 eCRM 产品 eNterprise Ⅰ，该产品结合了网页、电话、电子邮件、传真等与客户进行交流，并提供客户消费行为追踪、客户行销数据分析功能，实现一对一行销。另外，结合艾克的电子商务平台 eACP，与金丰易居现有的系统有效整合。

应用艾克的客户关系管理系统之后，金丰易居很快取得了很好的效果，统一的服务平台不仅提高了企业的服务形象，还节省了人力物力。通过挖掘客户的潜在价值，金丰易居制订了更具特色的服务方法，提高了业务量。另外，由于客户关系管理整合了内部的管理资源，降低了管理成本。

这一案例表明如果企业能有效地通过网络寻找到有用、正确的信息，就可以做出正确的决策，从而在竞争中获得胜利。

第一节　网上商务信息收集

信息，广义地讲，它是物质和能量在时间、空间上定性或定量的模型或其符号的集合。信息的概念非常广泛，从不同的角度对信息可下不同的定义。在商务活动中，信息通常指的是商业信息、情报、数据、密码和知识等。网上商务信息限定了商务信息传递的媒体和途径，只有通过计算机网络传递的商务信息（包括文字、数据、表格、图形、影像、声音以及内容能够被人或计算机查知的符号系统），才属于网上商务信息的范畴。

相对于传统商务信息，网上商务信息具有以下显著的特点：

（1）时效性强。传统的商务信息，由于传递速度慢、传递渠道不畅，经常导致"信息获得了，但也失效了"。网上商务信息则可有效地避免这种情况。由于网络信息更新及时、传递速度快，只要信息收集者及时发现信息，就可以保证信息的时效性。

（2）准确性高。网上商务信息的收集，绝大部分是通过搜索引擎找到信息发布源获得的。在这个过程中，减少了信息传递的中间环节，从而减少了信息的误传和更改，有效地保证了信息的准确性。

（3）便于存储。现代经济生活的信息量是非常大的，如果使用传统的信息载体，把它们都存储起来难度相当大，而且不易查找。而网上商务信息不但可以方便地从互联网下载，通过计算机进行信息的管理，而且由于在原有的各个网站上有相应的信息存储系统，因此即使自己的信息资料遗失后，也可以到原有的信息源中再次查找。

（4）难于定位。虽然网络系统提供了许多检索方法，但全球范围内各行业中堆积如山的信息，常常把企业营销人员淹没在信息的海洋中。在浩瀚的网络信息资源中，如何能迅速地找到自己所需要的信息，再经过加工、筛选和整理，把反映商务活动本质的、有价值的、适合本企业情况的信息提炼出来，是需要相当一段时间的培训和经验积累的。

一、网上商务信息的分级

不同的网上商务信息对不同用户的使用价值（效用）不同，从网上商务信息本身所具有的总体价格水平来看，可以将它粗略地分为 4 个等级：

第一级是免费商务信息。这些信息主要是社会公益性的信息。对社会和公众具有普遍服务意义的信息，大约只占信息库数据量的 5%。这类信息主要是一些信息服务商为了扩大本身的影响,从产生的社会效益上得到回报,推出的方便用户的信息,如在线免费软件、实时股市信息等。

第二级是收取较低费用的信息。这些信息是属于一般性的普通类信息。由于这类信息的采集、加工、整理、更新比较容易,花费也较少,是较为大众化的信息。这类信息占信息库数据量的10%~20%,只收取基本的服务费用,不追求利润,如一般性文章的全文检索信息。信息服务商推出这类信息一方面是体现社会普遍服务意义,另一方面是为了提高市场的竞争力和占有率。

第三级是收取标准信息费的信息。是属于知识、经济类的信息,收费采用成本加利润的资费标准。这类信息的采集、加工、整理、更新等比较复杂,要花一定的费用。同时信息的使用价值较高,提供的服务层次较深。这类信息约占信息库数据量的60%,是信息服务商的主要服务范围。网上商务信息大部分属于这一范畴。

第四级是优质优价信息。这类信息是有极高使用价值的专用信息,如重要的市场趋势分析、网络畅销商品的情况调查、新产品新技术信息、专利技术以及其他独特的专门性信息等,是信息库中成本费用最高的一类信息,可为用户提供更深层次的服务。一条高价值的信息一旦被用户采用,将会给企业带来较高的利润,给用户带来较大的收益。

二、网上商务信息收集的基本要求

网上商务信息收集是指在网络上对商务信息的寻找和收集工作。一个完整的企业网上商务信息收集系统包括:先进的网络检索设备、科学的信息收集方法、业务精通的网络信息收集员。信息是进行网络营销的基础。网络营销对网上商务信息收集的要求是:及时、准确、适度和经济。

1. 及时

所谓及时,就是迅速、灵敏地反映销售市场发展各方面的最新动态。信息都是有时效性的,其价值与时间成反比。及时性要求信息流与物流尽可能同步。由于信息的识别、记录、传递、反馈都要花费一定的时间,因此,信息流与物流之间一般会存在一个时滞。尽可能地减少信息流滞后于物流的时间,提高时效性,是收集网络商务信息的主要目标之一。

2. 准确

信息应真实地反映客观现实,失真度小。在电子商务活动中,由于买卖双方不直接见面,获得准确的信息就显得尤为重要。只有获得准确的信息才可能进行正确的市场决策。信息失真,有可能会失去一次商业机会、失去一个贸易伙伴、造成经济损失、做出错误的决策。因此网上商务信息应该尽量减少失真度,能够真实地反映客观现实。

3. 适度

信息要有针对性和目的性,不要无的放矢。在当今的信息时代,信息量越来越大,范围越来越广,不同的管理层次对信息提出不同的要求。信息过多、过滥也会使得营销人员无所适从。在这种情况下,网上商务信息的收集必须目标明确,方法恰当,信息收集的范围和数量都要适度。

4. 经济

以最低的费用获得必要的信息。追求经济效益是一切经济活动的中心，也是网上商务信息收集的原则。我们没有力量，也不可能把网上所有的信息全部收集起来，信息的及时性、准确性和适度性都要求建立在经济性的基础上。此外，提高经济性，还要注意使获得的信息发挥其最大的效用。

三、网上商务信息收集的困难

在互联网上检索信息困难与下列几个因素有关：

1. 互联网信息资源多而分散

互联网是全球性分布式网络结构，大量信息分别存储在世界各国的服务器和主机上。信息资源分布的分散性、远程通信的距离和信道的宽窄都直接影响了信息的传输速率。

2. 网络资源缺乏有效的管理

和网络飞速发展形成鲜明对照的是，至今还找不到一种方法对网络资源进行有效的管理。由于互联网的范围和数量过大，使得现有的任何一种检索工具都没有能力提供对网络信息的全面检索。

3. 网络信息鱼目混珠

互联网上的信息质量参差不齐，良莠不一。目前，互联网上还没有人开发出一种强有力的工具对信息的质量进行选择和过滤。用户会发现大量毫无用途的信息混杂在检索结果中，大大降低了检索的准确性，浪费了用户的时间。

4. 各种检索软件检索方法不统一

各种检索软件使用的检索符号和对检索方式的要求不一样，给用户的使用造成了很多不便。

四、解决方法

面对困难，计算机专家和信息管理专家积极地探索和开发了一系列检索软件，并将其用于网络资源的管理和检索，取得了很大的进展。目前，全世界各个国家所开发的各类型检索软件已达几百种。中国内地、中国香港地区、中国台湾地区以及新加坡都开发出了中文的检索软件，对推动网络信息的使用和传输做出了重要贡献。

1. 明确检索目标

要完成一个有效检索，首先应当确定要检索的是什么。在确定主题之后，应当列出一个与检索的信息有关的名词清单，以及一个应当排除的名词清单，下一步，应该考虑使用哪一个检索软件来获得更有效的检索结果。如果主题范围狭小，不妨简单地使用两三个关键词试一试。

2. 合理使用各种符号改善检索过程

为了使用户更方便有效地检索内容，许多检索网点允许使用布尔操作符。布尔操作符提供了一种包括或排除关键字的方法，以及检索引擎如何翻译关键字的控制方法。大多数检索引擎提供了如何使用引擎的提示，以及如何在检索中输入布尔操作符的相应词法，但它们一般都支持基本的布尔操作：AND（与）、OR（或）和 NOT（非）。检索时，通常不必输入大写的布尔操作符，但大写却能直观地分隔关键字和操作符。各个检索工具所使用的符号和格式也不尽相同。

3. 充分利用索引检索引擎

索引检索引擎（Metasearch Engine）是一种检索其他目录检索网点的引擎。索引检索引擎网点将查询请求格式化为每个目录检索网点能接受的适当格式，然后发出查询请求。某些索引检索引擎以统一的清单表示返回结果。

索引检索会花费稍多一点的时间，但是，由于它可以从许多不同的来源中检索出结果，最终会得到好的结果，故而从总体上讲是节省了时间。当使用检索引擎时，最好看一下例子或帮助内容，如果使用了错误的词法，检索时间将会延长，并且可能得不到想要的结果。

小应用 4-1

利用网络收集新产品开发信息。

1. 收集客户新产品构思

新产品构思的来源有很多，最重要的一种是用户的提问。这种方法要求用户提出他们使用某一特定的商品或商品系列时所遇到的问题和要求，并对这些问题和要求的重要性、影响程度加以评估，据此选定值得开发的构思。国内一些大企业在这方面已经走出了第一步，如海尔集团，如图 4-1 所示。

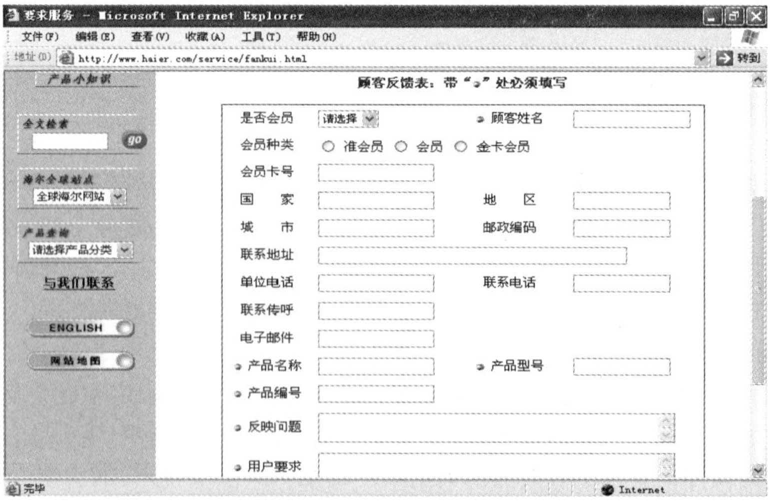

图 4-1 海尔网站上的顾客反馈表栏目

2. 新产品专利信息的收集

新产品的开发不可避免地要涉及专利问题。一般查询国内的专利信息，可利用中国专利信息网(www. patent. com. cn)(如图 4-2 所示)、中国专利信息中心(www. cnpat. com. cn)、中国知识产权网(www. cnipr. com)、万方数据库(www. wanfangdata. com. cn)等网站。

图 4-2　中国专利信息网主页

中国专利信息网包含了 1985 年 4 月 1 日中国专利法实施以来至今的 172 万件专利的题录信息；免费用户可以自由浏览专利说明书全文的首页，普通和高级用户可以查看并打印、下载发明专利和实用新型专利说明书的题录、摘要信息，以及说明书的全部内容。

3. 高校和科研院所新产品信息的收集

一般来说，较大的企业都有自己的研发部门，如宝洁(P&G)、微软(Microsoft)都在中国设立了自己的研究开发中心或研究所，独立从事新产品的研制与开发。而对中小企业来说，在研究性人才比较集中的高校和科研院所中寻找开发新产品的合作伙伴不失为一条出路。各高校都有自己研究的重点和强项，在互联网上很容易找到全面而详细的信息。

中国高校科技成果转化网(www. cutt. edu. cn)(如图 4-3 所示)是连接高校和企业的综合性网站，企业可以按高校校名和行业检索相关的高校科研成果并进一步查找发明人或设计人，从而确定希望开发的新产品。

图 4-3　中国高校科技成果转化网

第二节　网上商务信息收集工具

商务信息是企业进行决策分析的重要依据，因此信息的收集、整理、分析尤为重要，网上信息容量大，而且存在很多的虚假信息，如何采取有效的方法来收集信息呢？本节我们就几种常见的信息收集工具做一简单介绍。

一、搜索引擎

（一）搜索引擎的起源

互联网发展早期，以雅虎为代表的网站分类目录查询非常流行。网站分类目录由人工整理维护，精选互联网上的优秀网站，并简要描述，分类放置到不同目录下。用户查询时，通过一层层的点击来查找自己想找的网站。也有人把这种基于目录的检索服务网站称为搜索引擎，但从严格意义上讲，它并不是搜索引擎。

1990 年，加拿大麦吉尔大学（University of McGill）计算机学院的师生开发出 Archie。当时，万维网（World Wide Web）还没有出现，人们通过 FTP 来共享交流资源。Archie 能定期收集并分析 FTP 服务器上的文件名信息，提供查找分别在各个 FTP 主机中的文件。用户必须输入精确的文件名进行搜索，Archie 告诉用户哪个 FTP 服务器能下载该文件。虽然 Archie 收集的信息资源不是网页（HTML 文件），但和搜索引擎的基本工作方式是一样的：自动收集信息资源、建立索引、提供检索服务。所以，Archie 被公认为现代搜索引擎的鼻祖。

搜索引擎(Search Engine)是指根据一定的策略、运用特定的计算机程序从互联网上收集信息，在对信息进行组织和处理后，为用户提供检索服务，将用户所要检索的相关信息展示给用户的系统。

(二) 搜索引擎的分类

搜索引擎按其工作方式主要可分为 3 种，分别是全文搜索引擎(Full Text Search Engine)、目录索引类搜索引擎(Search Index/Directory)和元搜索引擎(Meta Search Engine)。

1. 全文搜索引擎

全文搜索引擎是名副其实的搜索引擎，国外具代表性的有 Google、Fast/All The Web、AltaVista、Inktomi、Teoma、WiseNut 等，国内著名的有百度(Baidu)，如图 4-4 所示。它们都是通过从互联网上提取的各个网站的信息(以网页文字为主)而建立的数据库，检索与用户查询条件匹配的相关记录，然后按一定的排列顺序将结果返回给用户，因此他们是真正的搜索引擎。

图 4-4　机器人搜索网站图标

从搜索结果来源的角度，全文搜索引擎又可细分为两种，一种是机器人搜索引擎，它是以某种策略自动地在互联网中收集和发现信息，由索引器为收集到的信息建立索引，再由检索器根据用户的查询输入检索索引库，并将查询结果返回给用户，如上面提到的 7 家引擎。该类搜索引擎的优点是信息量大，更新及时，不需要人工干预，缺点是返回信息过多，有很多无关信息，用户必须从结果中筛选。另一种则是租用其他引擎的数据库，并按自定义的格式排列搜索结果，如 Lycos 引擎。

2. 目录索引类搜索引擎

目录式搜索引擎提供目录浏览服务和直接检索服务，以人工方式或半自动方式搜索信息，编辑员查看信息之后，人工形成信息摘要，并将信息置于事先确定的分类框架中。该类搜索引擎的优点是搜索信息准确，导航质量高，缺点是维护工作量大、信息量少、信息更新不及时。著名的有 Open Directory Project(DMOZ)、LookSmart、About 等，如图 4-5 所示。国内的搜狐、新浪、网易搜索也都属于这一类。

图 4-5　目录搜索网站图标

3. 元搜索引擎

元搜索引擎在接受用户查询请求时，同时在其他多个引擎上进行搜索，并将结果返回给用户。该类搜索引擎的优点是返回结果的信息量大，缺点是不能够充分使用原搜索引擎的功能，用户需要做更多的筛选。著名的元搜索引擎有 InfoSpace、Dogpile、Vivisimo 等(元搜索引擎列表)，中文元搜索引擎中具有代表性的是搜星搜索引擎。在搜索结果排列方面，有的直接按来源引擎排列搜索结果，如 Dogpile，有的则按自定义的规则将结果重新排列组合，如 Vivisimo。

除上述 3 大类引擎外，还有以下几种非主流形式：

(1) 集合式搜索引擎：如 HotBot 在 2002 年底推出的引擎。该引擎类似 META 搜索引擎，但区别在于不是同时调用多个引擎进行搜索，而是由用户从提供的 4 个引擎当中选择，因此叫它“集合式”搜索引擎更确切些。

(2) 门户搜索引擎：如 AOL Search、MSN Search 等虽然提供搜索服务，但自身既没有分类目录也没有网页数据库，其搜索结果完全来自其他引擎。

(3) 免费链接列表(Free For All Links，简称 FFA)：这类网站一般只简单地滚动排列链接条目，少部分有简单的分类目录。

(三) 搜索引擎的工作原理

1. 抓取网页

每个独立的搜索引擎都有自己的网页抓取程序(Spider)。Spider 顺着网页中的超链接，连续地抓取网页，被抓取的网页在百度中被称之为网页快照。由于互联网中超链接的应用很普遍，理论上，从一定范围的网页出发，就能收集到绝大多数的网页。

2. 处理网页

搜索引擎抓到网页后，还要做大量的预处理工作，才能提供检索服务。其中，最重要的就是提取关键词，建立索引文件。其他还包括去除重复网页、分词(中文)、判断网页类型、分析超链接、计算网页的重要度/丰富度等。

3. 提供检索服务

用户输入关键词进行检索，搜索引擎从索引数据库中找到匹配该关键词的网页；为了用户便于判断，除了网页标题和 URL 外，还会提供一段来自网页的摘要以及其他信息。

小应用 4-2

搜索引擎优化，英译“SEO”，指通过了解各类搜索引擎如何抓取互联网页面，如何进行索引以及如何确定其对某一特定关键词的搜索结果排名等技术，来对网页进行相关的优化，使其提高搜索引擎排名。

搜索引擎注册 9 大秘法：

1. 所有网页都被索引

你的网页被搜索引擎索引得越多，网站被用户访问的机会就越多。多数搜索引擎“拒绝”所递交URL的第二级或第三级以下层次网页的索引，如果你的网站有4～5级层次，Spider就不带回网站的所有网页，解决的办法之一就是做一个“通道页”(Hallway Page)，“通道页”放置你网站的所有链接。

2. “论资排辈”

对于同一域名，某些搜索引擎限制接收的网页数，所以建议你在“通道页”中按网页的重要程度排序链接，而且每个“通道页”中的链接数应控制在50个以内。

3. 耐心

搜索引擎需要1天到6周的时间，以便把你的网页加入到其数据库中。在注册网站的首页或“通道页”后，对第二级和第三级的网页，还需要多等待1到2周，并且随着网页级别的降低，多数搜索引擎对网页的访问优先权也降低，然而有趣的是，一旦搜索引擎把低级别的网页加入其索引数据库中，这些网页排名位置常常比直接注册高。

4. 考虑多个域名

对于同一域名，很多搜索引擎限制加入到其数据库中的网页数量，每个搜索引擎限制数不一样，一般在400个左右，但也有例外。如果你的网站有很多的网页，可以考虑申请不同的域名，以便在搜索引擎中加进更多的网页。

5. 避免CGI程序产生网页

大多数搜索引擎拒绝索引由CGI程序产生的网页，这种网页的URL地址通常包括问号“?”和连接号“&”，这些符号的作用是用来分隔参数的。

6. 检查你的网页的有效性

要经常检查网页在搜索引擎中的情况，也许你的竞争对手排在了你的前面，也许你的网页莫名其妙地消失了，你可利用某些网站提供的排名监测服务来进行监控，也可亲自到搜索引擎中查询你的网站。

7. 经常更新

为鼓励网页更新，搜索引擎将清除长期没有更新的网页，所以，你应周期性地更新你的主页内容，但对已在搜索引擎中排名很高的网页来说，你应仔细考虑更新是否威胁已有“地位”。

8. 重新注册

每次重新注册都应有原因，或排名降低，或网页更新，间隔时间可一周一次，或一月一次，但不能向目录引擎重新注册。

9. 位置是最重要的

把你的网页加入到搜索引擎数据库并不困难，但多数人错误地认为网站加入到数据库就万事大吉了，你还得继续非常重要的下一步，争取你的网站排在搜索引擎前20名。

（资料来源：中文搜索引擎指南. www.sowang.com.）

二、公告栏

电子公告板(BBS)是互联网上一种全网开放的服务。BBS上支持分类讨论区、双人对谈、多人聊天及电子邮件等多种功能。用户可以在BBS上留言，选择在某个讨论区中阅读其他用户留下的文章、问题和建议，也可以在讨论区中发表文章、回复解答他人的问题等。BBS中的讨论区涵盖的内容非常广泛，如软件开发、技术交流、生活经验、游戏心得、媒体信息反馈等，而且讨论不受时间、空间的限制。BBS上的用户往往会对讨论区中的某个话题展开激烈的讨论。

在BBS里，人们之间的交流打破了空间、时间的限制。在与BBS上其他用户进行交流时，不需要考虑自身的年龄、学历、知识、社会地位、财富、外貌、健康状况等，而这些条件往往是人们在其他交流形式中无可回避的；同样的，用户也无从知道交谈对方的真实社会身份，这样，参与BBS的人可以处于一个平等的位置与其他人进行任何问题的探讨。

(一) BBS的特点

1. 社区性

这是由BBS的特性所决定的，BBS是一个开放交流园地，只有具有相同观点的人才可能在一起讨论，如同我们的社区一样，居住在一起的人一般都有着共同社会属性一样。

2. 开放性

这是BBS发展的前提，任何个人只要愿意都可以参与讨论和交流，发表自己的看法，当然开放性要遵循一定的规则，这就是通过相互约定形成的不成文规定。

3. 时效性

BBS作为讨论的园地，讨论话题和发表信息一般都是实时的，与当时的热点问题是相关的，因此BBS上的讨论内容总是最近发生的。

(二) BBS的功能

BBS的功能主要包括发表文章、浏览文章以及对用户的文章进行分类整理、索引，方便用户快速找到所需的资料。

三、新闻组

新闻组(英文名Usenet或NewsGroup)，简单地说就是一个基于网络的计算机组合，这些计算机被称为新闻服务器，不同的用户通过一些软件可连接到新闻服务器上，阅读其他人的消息并可以参与讨论。新闻组是一个完全交互式的超级电子论坛，是任何一个网络用户都能进行相互交流的工具。

(一) 新闻组的优点

新闻组是一种高效而实用的工具，它和WWW、电子邮件、远程登录、文件传送同为互联网提供的重要服务内容之一。在国外，新闻组账号和上网账号、E-mail 账号一起并称为三大账号，由此可见其使用的广泛程度。由于种种原因，国内的新闻服务器数量很少，各种媒体对于新闻组介绍得也较少，用户大多局限在一些资历较深的老网虫或高校校园内。新闻组具有四大优点。

1. 海量信息

据有关资料介绍，目前新闻服务器有 11 000 多个，最大的新闻服务器包含39 000多个新闻组，每个新闻组中又有上千个讨论主题，其信息量之大难以想象，就连 WWW 服务也难以相比。

2. 直接交互性

在新闻组上，每个人都可以将消息直接发布到新闻组上和成千上万的人进行讨论。和 BBS 差不多，但是它可以支持离线浏览以及不提供 BBS 支持的即时聊天的眼帘。

3. 全球互联性

全球绝大多数的新闻服务器都连接在一起，就像互联网本身一样。在某个新闻服务器上发表的消息会被送到与该新闻服务器相连接的其他服务器上，每一篇文章都可能漫游到世界各地。这是新闻组的最大优势，也是网络提供的其他服务项目所无法比拟的。

4. 主题鲜明

每个新闻组只要看它的命名就能清楚它的主题，所以我们在使用新闻组时其主题更加明确，往往能够一步到位，而且新闻组的数据传输速度与网页相比要快得多。

（二）新闻组的命名规则

国际新闻组在命名、分类上有其约定俗成的规则。新闻组由许多特定的集中区域构成，组与组之间成树状结构，这些集中区域就被称之为类别。目前，在新闻组中主要有以下几种类别：

. comp：关于计算机专业及业余爱好者的主题。包括计算机科学、软件资源、硬件资源和软件信息等。

. sci：关于科学研究、应用或相关的主题，一般情况下不包括计算机。

. soc：关于社会科学的主题。

. talk：一些辩论或人们长期争论的主题。

. news：关于新闻组本身的主题，如新闻网络、新闻组维护等。

. rec：关于休闲、娱乐的主题。

. alt：比较杂乱、无规定的主题，任何言论在这里都可以发表。

. biz：关于商业或与之相关的主题。

. misc：其余的主题。在新闻组里，所有无法明确分类的东西都称之为 misc。

新闻组在命名时以句点间隔，通过上面的主题分类，我们可以一眼看出新闻组的主要内容。

（三）新闻组的使用

以 Outlook Express 为例，设置新闻组的步骤主要包括以下内容。

(1) 打开 Outlook Express，点击“工具”菜单，然后点击“账户”。

(2) 在“Internet 账户”窗口中，选择“新闻”选项卡，然后点击“添加”按钮。从显示的菜单中点击“新闻”，如图 4-6 所示。

图 4-6　添加新闻组

(3) 在“Internet 连接向导”窗口中，在“显示名”字段中输入在您向新闻组发表文章或者电子邮件信息时，希望他人可以看到的名称，如图 4-7 所示，点击“下一步”。

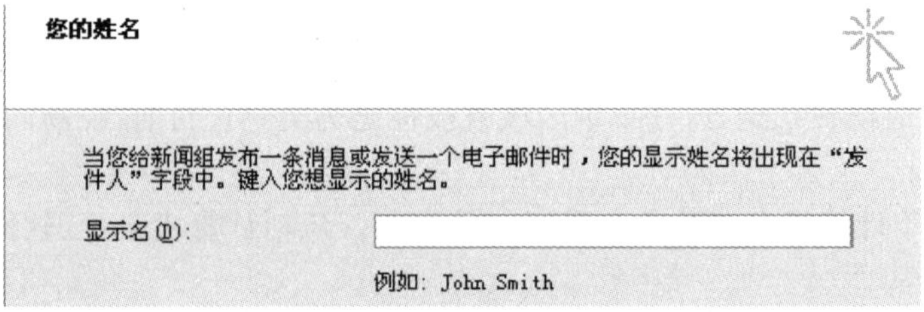

图 4-7　添加新闻组中的姓名

(4) 在“电子邮件地址”字段中，输入您的电子邮件地址，如图 4-8 所示，点击“下一步”。

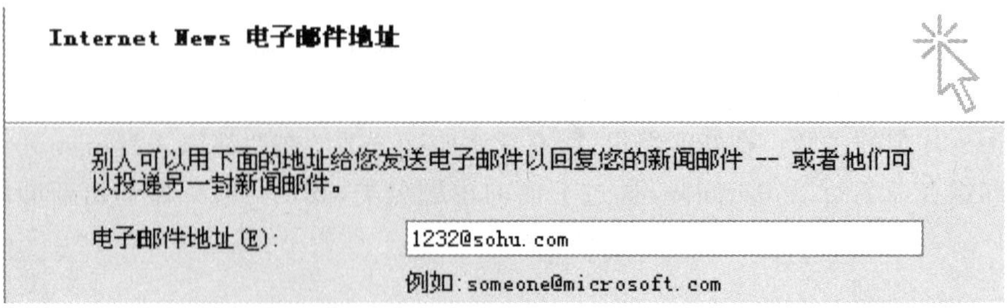

图 4-8　添加新闻组电子邮件的地址

(5) 在“Internet News 服务器名”窗口中，输入 ISP 为您提供的新闻服务器的名称。如果您的 ISP 要求您使用账户名和密码登录，则选择“我的新闻服务器要求登录”，如图 4-9 所示，点击“下一步”。

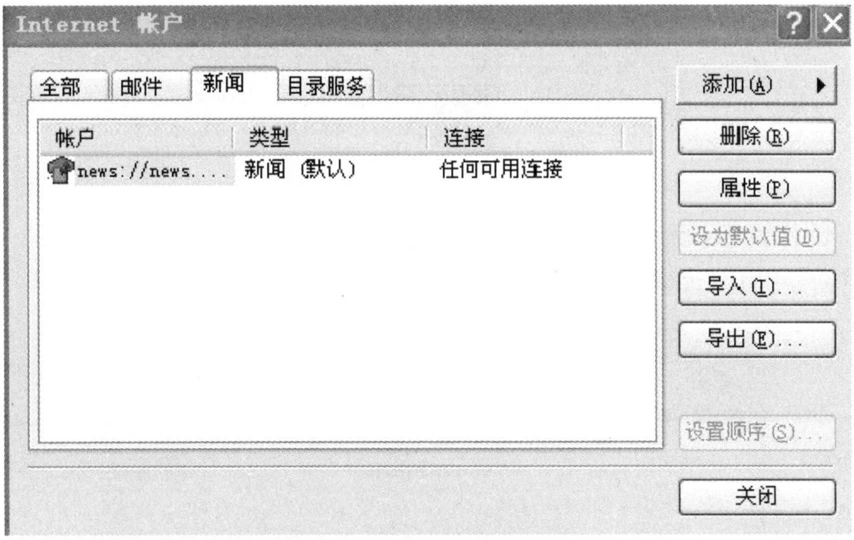

图 4-9 新闻服务器登录

(6)“Internet 连接向导”中已自动填写了您在上述步骤中填写的姓名。您可以点击“下一步”使用该姓名，也可以对其进行更改，键入新姓名，如图 4-10 所示，点击“下一步”。

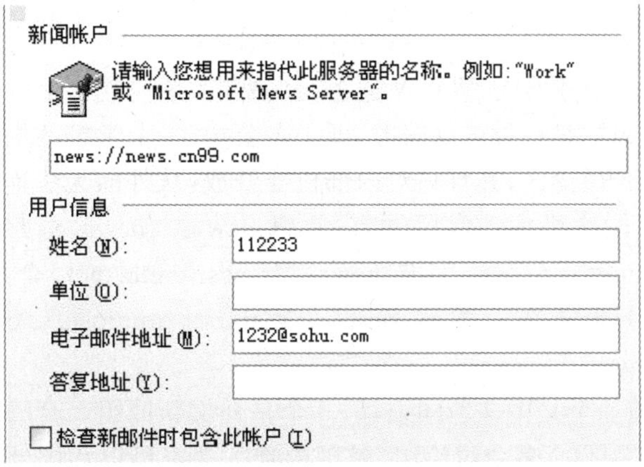

图 4-10 Internet 连接向导

(7) 在“选择连接类型”窗口中，选择与您使用的连接类型相符的选项：调制解调器、局域网或者手动连接。点击“下一步”，使 Windows 选择调制解调器的类型。如果 Windows 找不到调制解调器，则从提供的列表中选择您的调制解调器。点击下箭头，选择正确的名称，如图 4-11 所示，然后点击“下一步”。

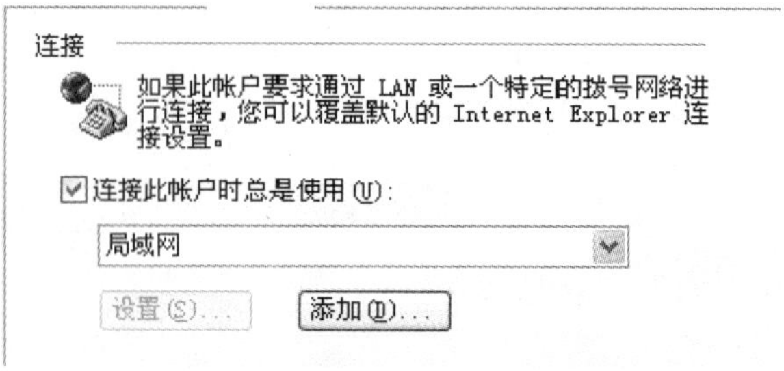

图 4-11　Internet 连接类型

(8) 在“拨号连接”窗口，点击“现有拨号连接”。点击“下一步”，然后点击“完成”。您便可以订阅并使用新闻组了，如图 4-12 所示。

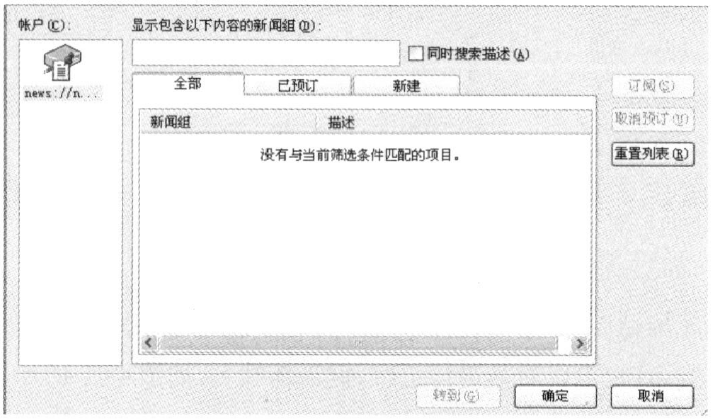

图 4-12　新闻组预订成功

新闻组与 WWW 服务不同，WWW 服务是免费的，任何能够上网的用户都能浏览网页，而大多数的新闻组则是一种内部服务，即一个公司、一个学校的局域网内有一个服务器，根据本地情况设置讨论区，并且只对内部机器开放，从外面无法连接。国内外对外开放的新闻组较少，但用途极大。常用的有：新帆 news://news. newsfan. net、济南万千 news://news. webking. com. cn、宁波 news://news. cnnb. net、奔腾新闻组 news://news. cn99. com（网通线路）、微软 news://msnews. microsoft. com、前线 news://freenews. netfront. net。

上述新闻组中前 3 个是中文新闻组，后 3 个是外文新闻组。奔腾新闻组是国内最大的新闻组服务器，有 20 000 多个讨论组，是国内唯一一家可以和国外新闻组服务器转信的新闻组。

四、邮件列表

(一) 邮件列表的概念

邮件列表是为了解决一组用户通过电子邮件互相通信的要求而发展起来的，是一种通过电子邮件进行专题信息交流的网络服务。它一般是按照专题组织的，目的是为从事同样工作或有共同志趣的人提供信息，开展讨论，相互交流或寻求帮助。大家根据自己的兴趣和需要加入不同主题的邮件列表，每个列表由专人进行管理，所有成员都可以看到发给这个列表的所有信件。每一个邮件系统的用户都可以加入任何一个邮件列表，订阅由别人提供的分类多样、内容齐全的邮件列表，成为信息的接收者，同时，也可以创建邮件列表，成为一个邮件列表的拥有者，管理并发布信息，向其订阅用户提供邮件列表服务，并可授权其他用户一起参与管理和发布。一般的电子邮件的发送都是“一对一”或“一对多”，邮件列表中可以实现“多对多”通信。

(二) 邮件列表的类型

使用邮件列表可以有两种选择：

1. 建立自己的邮件列表服务器

企业可以建立自己的邮件列表服务器，邮件列表服务器可以生成相当于大宗邮件的电子邮件。假定企业想将自己的产品信息发送给自己的客户，采用电子邮件群发的形式，必须输入众多的电子邮件地址，既复杂又容易出错。企业可以采用邮件列表：向自己的电子邮件列表服务器发送一个信息，服务器就会把这一信息和该邮件列表内所有用户的电子邮件地址混合在一起并发出相互独立的电子邮件信息，不需要逐一邮寄或发送，快捷省力。

2. 使用其他网站提供的邮件列表服务

这是一种借助于其他网站的邮件列表服务器的方式，比如 www. sina. com、www. shou. com 都提供邮件列表服务器。使用这种邮件列表服务，有免费的，也有付费的。使用这种方式，优点是投入成本很低甚至没有，使用和维护都很方便；而缺点也很明显，就是其邮件发送速度、安全性和稳定性都有较大不足。从另一角度分类，邮件列表有公开、封闭、管制 3 种类型。

(1) 公开类型：这种邮件列表可供所有人自由讨论，即使不是这个邮件列表的订户也可以自由地发送邮件给这个邮件列表的所有订户。常见于公开的论坛。

(2) 封闭类型：只有邮件列表的订户才能互相发送邮件。常见于网络社团、俱乐部或公司内部讨论组等。

(3) 管制类型：只有经过邮件列表管理者许可的电子邮件才能发送给邮件列表的其他订户。常见于电子刊物。

（三）邮件列表的使用

使用邮件列表，其设置非常简单，我们以百姓邮局（www. bxemail. com）为例，做一简单介绍。百姓邮局的邮件列表界面如图 4-13 所示（还没有建立任何的邮件列表）。

如果有 3 个朋友，信箱分别是：abc@bxemail. com、123@zhao. net. cn 和 456@lin. net. cn。那么，新建一个包含上面 3 个信箱的名为 shicheng-friend@lin. net. cn 的邮件列表，这样，当我只要发邮件给 shicheng-friend@lin. net. cn 时，另外的那 3 位朋友都能同时收到发出的邮件。

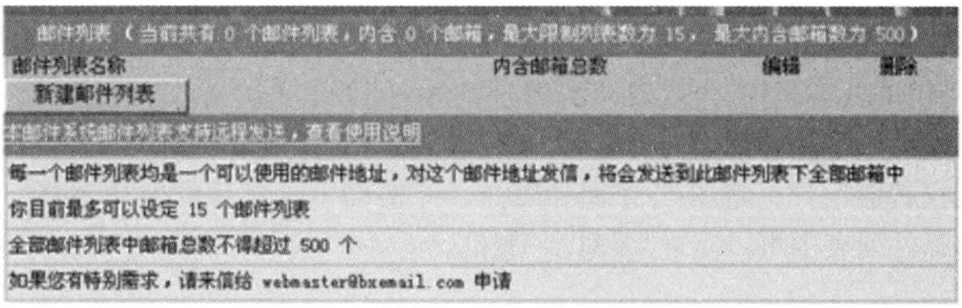

图 4-13　百姓邮局的邮件列表

具体操作步骤如下：

（1）点击新建邮件列表按钮，则弹出添加新的邮件列表页面。如图 4-14 所示，在“邮件列表名称”栏中输入一个名称（此处是 friend），在“内含至少一个邮箱”栏填写一个信箱地址（此处是第一个朋友的信箱：abc@bxemail. com）。

图 4-14　新邮件列表页面

点击“添加”按钮后出现一个成功提示页面，之后传回邮件列表页面，如图 4-15 所示。

图 4-15　成功提交

从图 4-15 中可以看到已经成功添加了一个名为 shicheng-friend@lin. net. cn 的邮件列表。但现在的这个邮件列表里只包含一个信箱，我们还得继续添加另两个信箱。请继续下面的步骤。

（2）点击邮件列表 shicheng-friend@lin. net. cn 所在行的编辑图标，出现下面的页面，如图 4-16 所示。

图 4-16　编辑页面

点击添加邮箱按钮，弹出一个对话框，如图 4-17 所示。

图 4-17　用户提示页面

在图 4-17 所示的输入框中填写第二位朋友的信箱 123@zhao. net. cn，点击“确定”按钮。系统添加成功，将转到图 4-18 所示页面。

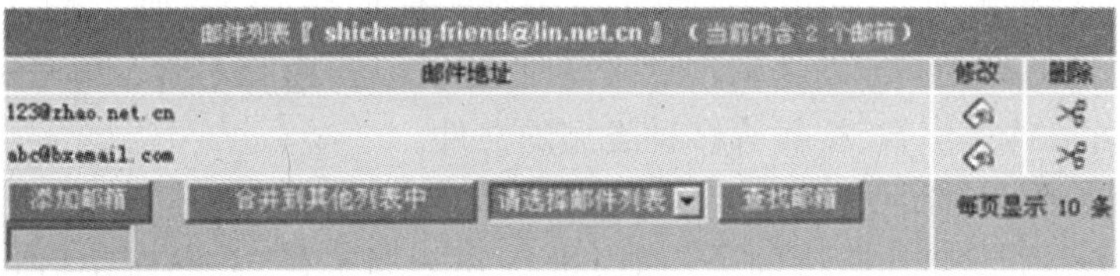

图 4-18　添加成功后页面

到这里为止，我们已在邮件列表 shicheng-friend@lin. net. cn 中添加了两位朋友的信箱，还有第三位朋友的信箱也请按相同的操作步骤来进行，最后添加完成的邮件列表的页面如图 4-19 所示。

图 4-19　全部添加成功后页面

从图 4-19 中可以看到，内含邮箱总数为 3 个。到这里已经完成了一个邮件列表建立工作。以后我们在 Webmail 里操作时，只要在收信人里输入 shicheng-friend@lin. net. cn，就可以把邮件同时发送到那 3 位朋友的信箱里了。

小思考 4-1

邮件列表是不是就是群发邮件?

答:不是。群发邮件技术能够收集整理邮件列表,对邮件地址列表进行分析,从中分离出有效的 E-mail 地址,并进行分类排序,去掉重复地址,删除无用地址。群发技术还具有发送功能,支持附件发送。

五、电子邮件

电子邮件亦称 E-mail,就是利用计算机网络交换的电子媒体信件,它是随计算机网络而出现的,依靠网络的通信手段实现普通邮件信息的传输。

调查表明,电子邮件是互联网上经常使用的工具,网民上网的目的之一是收发 E-mail。对企业管理人员尤其如此,他们上网主要是使用电子邮件进行交流,浏览仅占上网时间的一小部分,并且主要是访问一些专业性强的网站。

电子邮件与普通信件相比,具有以下优点:① 快速。发送电子邮件后,只需几秒钟就可通过网络传送到邮件接收人的电子邮箱中。② 方便。书写、收发电子邮件都通过电脑自动完成,双方接收邮件都无时间和地点的限制。③ 廉价。平均发送一封电子邮件只需几分钱,比普通信件便宜。④ 可靠。每个电子邮箱地址都是全球唯一的,确保邮件按发件人输入的地址准确无误地发送到收件人的邮箱中。⑤ 内容丰富。电子邮件不仅可以传送文本,还可以传送声音、视频等多种类型的文件。

目前常用的收发邮件的软件是 Outlook 和 Foxmail 两种,二者的使用方法类似,Foxmail 是免费软件,可以通过网上下载,进行安装即可使用。Microsoft Outlook Express 在桌面上实现了全球范围的联机通信。

第三节　网上商务信息处理

从互联网上下载下来的信息大多是杂乱无章的,不能达到企业据此进行分析决策的目的;同时很多无用的信息也夹杂在里面。为了从这中间选出有用的信息,我们需要对信息分析、加工与整理。

一、商务信息的分类存储

通过各种方法收集到的信息首先采用一定的方法将其下载,然后选择相应的存储介质进行储存。

（一）下载工具简介

网上下载信息的工具有很多，目前流行的下载工具主要有以下几类：

1. 通用下载工具

特点：支持文件的自动、批量、定时下载，具有断点续传多线程功能。如迅雷、QQ旋风、网际快车等。

迅雷使用先进的超线程技术基于网格原理，能够将存在于第三方服务器和计算机上的数据文件进行有效整合，通过这种先进的超线程技术，用户能够以更快的速度从第三方服务器和计算机获取所需的数据文件。这种超线程技术还具有互联网下载负载均衡功能，在不降低用户体验的前提下，迅雷网络可以对服务器资源进行均衡，有效降低了服务器负载。

QQ旋风是腾讯公司推出的新一代互联网下载工具，下载速度更快，占用内存更少，界面更清爽简单。QQ旋风创新性的改变下载模式，将浏览资源和下载资源融为整体，让下载更简单、更纯粹、更小巧。下载腾讯软件时推荐使用QQ旋风。

2. 网站下载工具

特点：按设定的参数，下载某个网站特定栏目下的文件。如WebZIP等软件。

WebZIP是著名的离线浏览器软件，在它的帮助下能够完整下载网站的内容，或者也可以选择自行设置下载的层数、文件类型、网页与媒体文件的定位以及网址过滤器，以便按已所需地获取网站内容。下载到本地硬盘中的网站内容将仍保持原本的HTML格式，其文件名与目录结构都不会变化，这样可以准确地提供网站的镜像。现在使用WebZIP中新的FAR插件工具，可以把下载的内容制作成HTML一帮助文件(.chm)，也可以把抓取的网站内容压缩为ZIP文件。

3. FTP下载工具

特点：自动登录FTP服务器，进行多文件下载。如CuteFTP。

CuteFTP是小巧强大的，是FTP工具之一，具有友好的用户界面和稳定的传输速度，LeapFTP与FlashFXP、CuteFTP堪称FTP三剑客。FlashFXP传输速度比较快，但有时对于一些教育网FTP站点却无法连接；LeapFTP传输速度稳定，能够连接绝大多数FTP站点（包括一些教育网站点）；CuteFTP虽然相对来说比较庞大，但其自带了许多免费的FTP站点，资源丰富。

4. 流媒体下载工具

特点：将流媒体服务器传送出的影音文件收集成完整的影音文件。如Net Transport。

影音传送带又名网络传输带(Net Transport)，是中国第一个实现MMS(多线程)、RTSP(PNA)、HTTP和FTP的下载利器。流下载是它的主要特点，同时下载普通文件速度也堪称一流，鲜有对手。影音传送带是一个快速、稳定、功能强大的下载工具。其优点有：下载速度一流，CPU占用率低，尤其在宽带上特别明显；内建易于使用的文件管理器，轻松实现按类别存放下载的文件。影音传送带支持HTTP、FTP、MMS (Microsoft

Media Service）和 RTSP（Real-Time Streaming Protocol），而且只要站点支持这些协议（不包括 RTSP）均实现多线程断点续传。MMS 协议流每秒的字节数差不多是固定的，这就决定了 MMS 流本身不能充分利用用户所有的带宽，所以多线程技术在缩短 MMS 流下载时间方面的效果立竿见影。可惜的是，同类软件中少有支持 MMS 多线程下载技术的，影音传送带正好弥补了这个空白。

5. 其他专用下载工具

特点：面向特定的应用领域的专用下载工具，多是与相应的应用软件集成。

超星阅览器（SSReader）是超星公司专门针对数字图书的阅览、下载、版权保护和下载计费而研究开发的一款专业阅览器。阅读超星数字图书网图书（pdg）需要下载并安装超星阅览器（SSreader）。除阅读图书外，超星阅览器还可用于扫描资料、采集整理网络资源等，是国内外用户数量最多的专用图书阅览器之一。

（二）断点续传

1. 断点续传的概念

断点续传指的是在下载或上传时，将下载或上传任务（一个文件或一个压缩包）人为地划分为几个部分，每一个部分采用一个线程进行上传或下载，如果碰到网络故障，可以从已经上传或下载的部分开始继续上传下载以后未上传下载的部分，而没有必要重新开始上传下载。可以节省时间，提高速度。

2. 断点续传下载软件的特点

断点续传支持从文件上次中断的地方开始传送数据，而普通传送是从文件开头传送。断点续传下载软件具有以下特点：

（1）断点续传功能。既可节约时间又可节约金钱。

（2）定时下载功能。可以为将要下载的软件制订一个任务列表，让下载软件在规定的时间自动拨号上网并下载软件，下载完毕后再自动挂起 Modem，断开与互联网的连接，甚至自动关闭计算机。

（3）多文件同时下载。

（4）支持拖入式操作。可将下载文件的 URL 超链接用鼠标拖放到下载软件的窗口上，即可激活下载软件，同时开始文件的下载。

（5）自动捕捉剪贴板上的 URL 并激活下载软件，可以捕捉到剪贴板中的 URL，甚至在浏览器中单击下载文件超链接，即可激活程序实现文件的下载。

（6）致命错误发生时的关闭机制。

（7）预防病毒侵害的安全机制。文件下载完毕，即可自动将其发送到指定的病毒检测软件进行病毒扫描。

小思考 4-2

目前常见的断点续传软件包括哪些？

答：断点续传软件包括：QQ旋风、迅雷、快车（迷你快车）、web迅雷、影音传送带、BitComet、电驴、哇嘎、RF(RaySourse/RayFile)、酷6、土豆、优酷、百度视频、新浪视频、腾讯视频等。

（三）存储介质

信息的储存就是把获得的大量信息用适当的方法保存起来，为进一步的信息加工处理及正确地认识和利用这些信息打下基础。目前可供选择的存储介质较多，可根据实际情况选择使用。

1. 硬盘

硬盘就是一种最为常见的外存储器，它好比是数据的外部仓库一样。硬盘又叫固定盘，由金属材料涂上磁性物质的盘片与盘片读写装置组成。这些盘片与读写装置（驱动器）是密封在一起的。

2. 光盘

光盘存储器具有记录密度高、存储容量大、信息可长期保存等优点，因此，它在计算机外存储器中占有重要一席，是多媒体计算机不可缺少的部件之一。光盘有只读光盘和可读光盘之分，使用最多的为只读光盘存储器，即CD-ROM，储存量可达600 MB。

3. 闪存

又称U盘或优盘，目前流行的迷你移动存储产品几乎都以闪存作为存储介质。闪存作为一种非挥发性（简单说就是在不通电的情况下数据也不会丢失，区别于目前常用的计算机内存）的半导体存储芯片，具有体积小、功耗低、不易受物理破坏的优点。

4. 云盘

云盘是互联网存储工具，是互联网云技术的产物。它通过互联网为企业和个人提供信息的储存、读取、下载等服务，具有安全稳定、海量存储的特点。

比较知名而且好用的云盘服务商有百度网盘、微云、360云盘等，这些是当前比较热的云端存储服务。

二、信息的整理

资料的整理就是将所获取的信息资料分门别类地加以归纳，使原来分散的、个别的、局部的、无系统的信息资料，变成能说明事物的过程或整体，显示其变化的轨迹或状态，论证其道理或指出其规律的系统的信息资料。

1. 明确信息来源

在信息下载时，应注明信息的来源，即标注其确切的网址。一方面，通过网址的标注，可以验证信息的可靠性，来源于不同网站的信息其可靠程度也不一样。另一方面，当资料有误或不全时，可根据标明的网址重新进行下载，不至于出现信息无法寻获的情况。

2. 浏览信息，添加文件名

从互联网在线下载的文件，由于时间的限制，一般都是沿用原有网站提供的文件名。

这些文件名基本上是由数字或字母构成的，以后使用起来很不方便。因此，从网上下载文件后，需要将文件重新浏览一遍，根据文件的内容，添加文件名。

3. 分类

根据信息资料的性质、内容或特征进行分类。将相同或相近的资料合为一类，将相异的资料区别开来。资料的分类，要按一定的标准将所研究课题的有关信息资料分成不同的组或类。然后，按分类标准将总体资料加以划分，构成系列。例如，可以把资料按年代分类，把调查资料按地区分类等。

4. 资料的汇编

汇编就是按照研究的目的和要求，对分类后的资料进行汇总和编辑，使之成为能反映研究对象客观情况的系统、完整、集中、简明的材料。汇编有三项工作要做。一是对资料进行初步的筛选，将完全没有用的信息及时删去，但应当注意，有些信息，单独看起来是没有用的，但积累起来就有了价值。二是根据研究目的和研究对象的客观情况确定合理的逻辑结构，对资料进行初加工。如：给各种资料加上标题，重要的部分标上各种符号，对各种资料按照一定的逻辑结构编上序号等。三是汇编好的资料要井井有条、层次分明，能系统完整地反映研究对象的全貌。还要用简短明了的文字说明研究对象的客观情况，并注明资料来源和出处。

小思考 4-3

网络信息筛选大致包括哪些步骤？

答：① 粗选，对网络信息进行初步的筛选，从中挑选可用的数据；② 对网络信息的权威性、时效性、格式、文字和内容进行评估，根据数据价值分为不同的级别，然后将数据归纳保存；③ 更新，网络信息积累到一定程度，会造成信息的庞杂和重复，这就需要对整理好的信息进行滚动更新。

三、信息的加工处理

信息的加工处理是指运用科学的分析方法对所占有的信息资料进行分析，并以自己企业的目标为基本参照点，进行综合设计，研究信息所反映的现象、过程及内外各种联系，找出规律性的东西，形成新的信息产品，如市场调研报告、销售决策、市场计划安排等。

信息加工是一个信息的再创造过程，通过对信息的加工处理，了解控制下一步计划的程序、方法等信息，其目的是要进一步改善企业的经营管理，改进企业的现实运行状况。

信息加工处理的方式主要有两种，即人工处理和机器处理。人工处理是指由人脑，包括专家和专家集团进行信息处理；机器处理是指计算机的信息处理。两种方式各有优劣。人工处理可以识别和接受多种多样的明确信息和模糊信息，并在信息处理过程中加入一定的人情因素；计算机有强大的计算功能，速度和准确性要超过人脑，但是计算机的处理只能按照既定的程序来进行，无法加入情感因素。而综合这两种“信息处理器”的优点，形成一个合理的人机结合的“一人一机”信息处理系统，是当前信息处理的较好办法。

本章小结

· 网上商务信息限定了商务信息传递的媒体和途径，只有通过计算机网络传递的商务信息(包括文字、数据、表格、图形、影像、声音以及内容能够被人或计算机查知的符号系统)，才属于网上商务信息的范畴。

· 商务信息是企业进行决策的基础，网上商务信息分为 4 类：免费的商务信息、收取较低费用的商务信息、收取标准费用的商务信息、优质优价的商务信息。

· 网上商务信息的收集要做到及时、准确、适度和经济。网上商务信息收集的工具包括搜索引擎、BBS、新闻组、电子邮件、邮件列表。其中搜索引擎是较常见的方法。

· 搜索引擎按其工作方式分类分为全文搜索引擎、目录索引类搜索引擎、元搜索引擎。

· 网上常见的信息下载工具主要有：迅雷(Thunder)、BT、网际快车(Flashget)。

· 断点续传是许多下载工具所具有的一项很受欢迎的功能，是指信号中断后(掉线或关机等)，下次还能够从上次中断的地方接着传送(一般指下载或上传)，而不用从头再来。

· 信息整理的基本步骤：明确信息的来源；浏览信息、添加文件名；分类；资料的鉴定；资料的汇编。

关键概念

网上商务信息　新闻组　邮件列表　断点续传

基本训练

□ 知识题

4.1　判断题

(1) 目前常用的网上信息发布的工具主要包括 BBS、新闻组、电子邮件等形式。 (　　)

(2) .comp 是属于商业类的新闻组。 (　　)

4.2　选择填空题

(1) 网上商务信息的收集，绝大部分是通过(　　)找到信息发布源获得的。由于减少了信息传递的中间环节,有效地保证了信息的准确性。

A. 搜索引擎　B. 网络营销　C. 网络广告　D. 电子邮件

(2) 免费商务信息主要是(　)。

A. 一般性　B. 专用性　C. 知识经济性　D. 社会公益性

(3) (　　)等能够被人或计算机察知的符号系统,属于网上商务信息的范畴。

A. 文字　B. 数据　C. 表格　D. 图形

4.3　简答题

(1) 信息整理的基本步骤是什么?

(2) 常用的信息收集方法有哪些?

□ 技能题

你认为在收集信息时,使用哪一种方法最好?

观念应用

□ 实验题

新闻组的使用

网络营销中收集信息的方法有很多,其中利用新闻组是比较常见的一种方法,请利用 Outlook Express 下载新闻组 news://news. newsfan. net,利用该新闻组收集有关"×××专业应具备的技能"的信息。

章后习题参考答案与提示

■ 基本训练

□ 知识题

4.1　判断题

(1) 对;(2) 错。

4.2　选择填空题

(1) A;(2) B;(3) D。

4.3　简答题

(1) 信息整理的基本步骤:明确信息的来源;浏览信息,添加文件名;分类;资料的鉴定;资料的汇编。

(2) 搜索引擎、BBS、新闻组、邮件列表、电子邮件。

□ 技能题

搜索引擎是最常用的。

■ 观念应用

□ 实验题

【分析提示】

利用 Outlook Express 添加新闻组并订阅。

第五章 网上交易管理

学习目标

通过本章的学习，了解网上单证格式的设计方法、设计网上单证时的注意事项，尤其是网上注册单证的设计；熟悉网上订单合并处理的方法、条件以及对网上商城订单的分析；掌握网络消费者进行网上购物之前注册个人登录账号的具体操作步骤、使用标准协议（银行卡）进行网上支付的方法以及网上购物时使用电子钱包进行支付的流程；了解售后服务的基本知识，能够处理网上客户的反馈信息；了解客户管理和处理客户投诉的基本知识，能够正确处理网上客户的投诉。

引例
YINLI

第一笔电子合同签订

2003年12月24日上午9时，由邯邢冶金矿山管理局发出供应信息，经买卖双方（邢台钢铁股份有限公司和邯邢冶金矿山管理局）在网上洽谈室的协商，最后由邢台钢铁股份有限公司向邯邢冶金矿山管理局发出签订购买20万吨铁精粉的电子合同，邯邢冶金矿山管理局在确认合同准确无误的情况下点击了"确定"按钮，然后双方进行电子签名（CA认证）。由此"世纪金山网"的第一笔网上电子合同正式生效！这标志着河北省铁矿产品批发市场服务中心实现电子商务的开始。

网上交易是电子商务中的一个极为重要的、关键性的组成部分。电子商务较传统商务的优越性，成为吸引越来越多的商家、个人上网购物和消费的原动力。然而，如何安全地完成整个电子交易过程，又是人们在选择网上交易时所必须面对的而且是首先要考虑的问题。

第一节　网上订单管理

一、网上交易过程

网上交易过程一般包括交易准备、贸易磋商、签订合同和执行合同等 4 个阶段。交易的前期是商家或客户发布信息、收集过滤信息阶段，当交易双方的供需信息匹配后，即进入贸易磋商阶段，此时，贸易双方通过对商品和服务的洽谈，达成交易意向，这其中会涉及采购单、报价单、订购单等网上单证制作和传递，在这以后，除非是 C2C 或采用商城间接交易的 B2C 交易，通常将其订单等效于合同以外，对于 B2B 贸易或大部分直销型的 B2C 贸易，必须签订电子合同以完成对交易的确认，合同签订后即刻转入合同执行阶段，包括付款、发货、发票、售后服务等。网上交易的过程如图 5-1 所示。

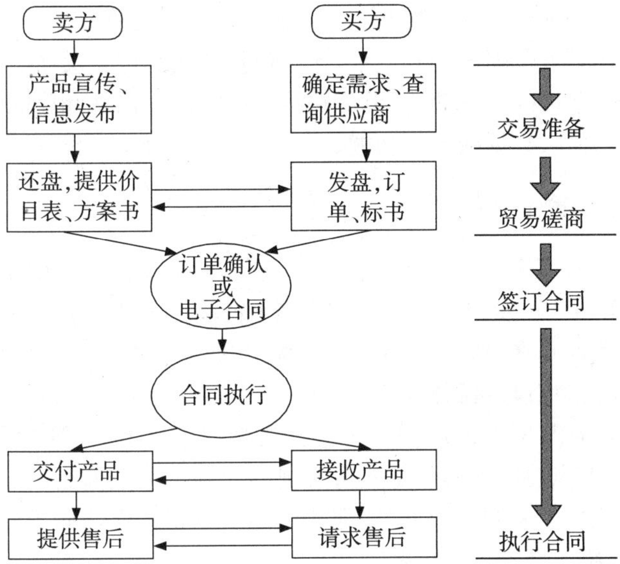

图 5-1　网上交易的过程

二、网上单证的设计

（一）网上单证的设计方法

1. 设计本商店网上单证的种类和格式内容

（1）按照一般网上商店在网上销售、交易双方信息交互的需要，列出所需网上单证种类的名称，如客户注册单证、商品信息表、购物车等。

（2）列出各种单证的有关数据并确定项目，以及定义其数据类型和长度等。

（3）画出各种单证的表格样张。

（4）确定客户在填写单证时各数据项的特性，是必选的还是可选的。

小思考5-1

一般网上单证上的哪些选项是客户必选的？

答：关于客户可以公开的基本信息资料或者是与网上购物密切相关的信息一般是必选的，包括姓名、性别、通信地址、联系电话等。

2. 设计本商店网上单证的风格

（1）列出各网上单证为方便客户所需要的提示语内容。

（2）确定本商店网上单证统一的风格，包括色彩、字体、字形等。

（3）确定各单证中的问候语和广告语的内容。

3. 设计本商店各网上单证功能和链接

（1）确定各网上单证应出现在哪些相关网页及其具体位置。

（2）设计各网上单证之间的相互关系，包括数据调用和链接关系。

（3）设计各网上单证的有关功能，例如购物车中商品的确认和删除等。

（4）设计对客户输入数据的核对功能。

（二）网上单证设计的技巧

网上商店的单证是商家与用户之间交易的凭证，一个设计完美的单证体系既要让用户体会到在本商店网上购物的方便性，又要让网上商店的管理者在进行订单数据处理时能够保持准确性。下面是在进行网上单证设计时需要注意的地方和可以采用的技巧。

1. 尽力使客户在购物时感到方便

如果一个消费者在某网上商店购物时感到麻烦或不顺利，下次他就不会再光顾，而且还会加以宣传，这一点对网上商店是不可忽视的问题。网上商店的单证设计者必须要把自己放在顾客的立场上来测试设计，把那些可能阻碍用户成功购买的地方和问题列举出来，并一一加以解决。就像下面这些问题：

（1）客户完成一次购买需要浏览多少页面和完成多少次单击？

（2）相对于第二次购买，客户最初需要填写多少信息？能减少一些吗？

（3）客户能直接在主页上完成快速购买吗？

（4）商店能确认用户的行为并为用户所进行的购买行为及时提供清晰的、简明的反馈吗？

2. 使客户对商店产生强烈的第一印象

网上商店要尽可能使客户对本商店产生强烈的第一印象，这是商店与客户进行交流和说服他们开始购买和激发客户购买欲的重点。从这方面来说，突出商店的商标是第一位也是最重要的事情。其次，一个很重要的问题是要为商店所经营的商品种类或门类提供一个清楚的、形象的名称和定义，并且在单证中或在导航条中加以应用。

为客户设计的商品查找的特征必须显眼地放在公司商标附近或几乎所有网页的顶部和底部；可以考虑在网站的主页上突出热销或特价的商品以激发客户购买的欲望；提供适当的链接来提供有益的信息，同时也可以增加吸引力。

3. 把干扰减少到最小，广告不一定总是必需的

可以考虑在主页和其他整个购买过程中的单证中不提供任何广告，记住主页和单证的目的是鼓励和方便客户的购物操作。客户在购物的过程中单击另一公司的广告将会阻碍和失去他们的购物。

当然也并非绝对不能登广告，可以采用把有关商品的广告信息以某种方式加到顾客的购物篮上，其结果是由于产品信息与顾客的个人信息在单证上联系在一起，可以使顾客更倾向于购买它们，并且感受到在你商店购物的便利。

当客户在结束了购物过程并要求付账时，排除干扰，清除阻碍顾客完成购物的无关按钮和导航元素是十分重要的。

4. 个性化和问候语

努力在单证的设计上寻找与客户建立和谐关系的方式，例如，可以在顾客作为一个购物者或成员注册后，在相关的单证中利用客户的信息为他们提供一些个性化的服务。比如，使用客户的姓名信息在主页或不同部分的单证页面提供个性化的问候，如："欢迎你，Monica，祝你购物愉快！"

5. 简洁明了

在网上商店的单证中完全不需要长篇大论来说明如何使用单证进行购买。客户希望依靠最少的说明，甚至在相关的单证中不需要说明就能完成快速购买，累赘的说明只会使客户在一片迷惘中离开。

6. 提供可视化的线索和与购物车链接

对于有几个不同部分的商店，可以通过改变导航条或背景的颜色，通过使用文本或图形提供不同的标题来创立一种不同位置的感觉，这是很重要的。

如果有可能，在商品介绍的页面为每个商品提供的相片用极小的、中等的和大的3个尺寸来处理。极小的相片最好用于几个产品的列表。对于单个产品，提供中等尺寸的图像，并能单击观看产品的放大版图像。当然，对于商品的细节提供得越多越好，而如果关于产品信息的网页很长，应确保在信息正文的顶部和底部都提供客户能随时购买或添加到购物篮和手推车的选项。

7. 在长项目列表中使用交替背景色

使单证中的长项目列表的可读性更好、更形象的方法是在每行或每项之间交替使用明亮的背景色。

8. 给客户一个暂时存放的地方

为客户在购物时设计一个购物篮或一个暂存货架，帮助顾客在正式购买前存放可考虑购买的商品。不要让顾客在一次购物中不止一次地填写冗长的付款、投递和其他表格。可以在商品页面上提供一个链接进行付款，另有一个链接在客户继续购买时可以添加商品到自己的购物手推车中。

小应用 5-1

网上单证设计时，必须努力地寻找与客户建立一种良好关系的方法。比如，在单证设计时，为客户着想，向客户提供一个非常安全的私人空间，在那里每个顾客能检查自己过去的订单、订单状态、需求商品列表和赠品证书等。作为一个成熟的网上单证，这是最起码的。

三、网上单证的处理

（一）购物订单的确认、提交与订单合并

网络消费者在进行网上购物整个过程的最后一步，将看到自己在购买过程中所选择的全部商品清单。此时，应该允许客户在认为有必要时对订单进行修改，然后要提醒客户按“提交订单”键并在信息返回后予以确认正式订购。商店要告诉客户，系统将对他的订单自动生成一个需要记住的订单号，它将是客户购买和以后查询的唯一依据，并且要注意自己的网上购货程序只有在得到订单号时才算完成。

许多网上商店在给客户进行配送时，按一张订单进行一次配送服务并向客户收取一份配送费用。但是，客户在完成一次购物后，还会继续在本店浏览购物，可能又会下订单。这样，购物的客户就要付与订单数相同的配送费用，这对客户实际上是不合理的，而对于商店要多安排一次配送作业，也并非十分有利。因此，许多网上商店允许客户在规定的时间内对同一收货人提交的购货单进行“订单合并”，从而可以让客户少付配送费，使客户感到商店良好的服务并留下很好的印象。当然，为了减少客户支付的配送费用，客户可以在第二份订单提交成功后，马上与客户服务部联系提出合并订单要求，或点击此页面下方的订单查询与修改，亲自在网页上进行订单的修改、合并。否则配送费用将按规定以订单数收取。

（二）订单的查询和修改

网上购物是在一个虚拟环境中进行的过程，网络消费者往往会因为心里不踏实而要求对自己所提交的订单进行查询和修改，这是很正常的，网上商店必须在这方面为客户提供方便。网上商店应该让消费者在任何页面均可进入“订单查询”以便进行自行查询和修改，客户只要登记自己的 E-mail 和密码，就可以对订单进行查询、修改、删除、合并和取消的操作：

1. 查询订单

客户可以对自己已经提交的订单进行查询。

2. 修改订单

客户可以修改订购数量、收货人资料、发送及付款方式。

3. 删除订单

客户可以将已经生效的订单删除，或恢复已删除的订单。

4. 合并订单

所有未经处理的订单都允许任意合并，以节省客户的送货费用。

许多网站会给自己的客户赠送购物券，但规定一张订单只能使用一张购物券，所以要提醒客户尽量将其他订单合并到赠送购物券的订单里；如果要合并的订单都使用了购物券，合并后将只有一张购物券有效，其他的购物券可以允许客户以后使用。

小思考 5-2

订单合并的好处有哪些？

答：对于客户，合并后的订单可以按一张订单减少配送费用，从而减少整个购物的总开支；对于商家，订单合并可以减少作业次数，提高配送的作业效率，有利于给客户留下良好的印象。因此，商家和客户都乐于进行订单合并。

（三）取消订单

在订单尚未进入配送程序时应该允许客户直接在网上取消订单。网上商店要提醒客户在要取消订单前先进行“订单查询”，并提供如下内容让客户了解如何进行：

（1）如果订单处于“未处理”状态，则可以点击“取消订单”的链接直接取消订单。

（2）如果订单处于“已联系”或“已收款”状态，表示订单已经进入配货流程，请客户与客户服务中心取得联系，通过 E-mail 或电话方式取消该订单。

（3）如果该订单已经配送，就无法取消了，商店可以表示歉意或让客户在收到货后退回。

（四）订单的各种状态

不同的网上商店所提供的订单的各种状态是不同的，但一般应有如下几种情况：

1. 未处理

表示客户的订单刚刚提交，还没有进行配送处理。

2. 待确认

表示客户提交的订单采用货到付款方式，但由于订单的信息如收货人地址、姓名、电话不详等原因，需要得到客户的确认，订单处理员会依据不同的情况给客户发送 E-mail，并要求客户尽快回信确认，以便商店尽快安排发货。

3. 已确认

表示客户提交的订单采用的是货到付款方式，并且已经被商店的订单处理员视为有效订单，进入配货流程。

4. 已收款

表示客户提交的订单，采用的是在线支付、邮局汇款、银行电汇、预付款支付等结算方式，货款已到，订单处理员已将其视为有效订单，进入配货流程。

5. 已取消

表示客户提交的订单已经被取消。

6. 全部发货

表示客户提交的订单中所有商品全部配货成功，已经为客户发货。

7. 部分发货

表示客户提交的订单中的商品只有部分配货成功，而且已经发货。商店会按客户在提交订单时选择的“缺货处理方案”进行后续处理。

8. 交易完成

表示客户已经收到这份订单订购的商品，并已确认 E-mail 或者“购物信息”内的“确定”按钮，将这个订单设置为“交易完成”。商店将以此统计该客户的购物记录，并核算应当返还给客户的优惠，如购物券或礼品等。

网络消费者在进行网上购物时将面对并填写一张又一张不同的网上单证，而最终的结果是要完成并成功提交一份有效的网上购物订单。相对地，网上商店也要对来自于客户填写的单证信息完成必要并且是正确的处理流程，才能使一笔网上交易成功。

在大多数情况下，网上商店一般开设在由网站建立的网上电子商厦内。而一个网上电子商厦内总是有许多网上商店。例如，上海南京路上的一百几十家集团公司在“网上南京路”网站中都开设了网上商店。一般情况下，各家网上商店的网上单证如订单的后台处理均由网站来完成。设计成功的网上单证后台处理流程可以加快网上单证的处理速度和降低单证出错几率。因此，网上单证后台处理流程设计的好坏，对于网上商店能否顺利进行网上交易是十分重要的。

不同的网站对于网上单证的后台处理流程是不同的，一般来说，网上订单的后台处理的流程主要包括订单准备、订单传递、订单登录、按订单供货和订单处理状态追踪等 5 个部分。

四、网上单证处理流程的完善

网上商店的订单处理是电子商务企业的一个核心业务流程，订单处理流程的合理化是实现企业顾客服务目标最重要的影响因素。因此，电子商务企业可以通过改善订单处理的流程，使订单处理的周期缩短，提高订单满足率和供货的准确率，得到对客户订单处理的全程跟踪信息，从而大大提高顾客对企业的满意度，同时也能够降低库存量，在提高对顾客服务水平的同时降低物流总成本，使企业获得竞争优势。

（一）完善网上商店订单处理流程的原因

完善网上商店订单处理流程的原因主要来自两个方面：

(1) 从客户的角度看，消费者所购买的不仅仅是商品或服务本身，更重要的是获得价值，感受到网上购物的乐趣。而提高网络消费者在网上搜寻产品信息的便利性、网上订货提前期的稳定性与网上商店送货的效率、送货的准确性、订单处理状态跟踪等因素是企业实现价值与顾客满意的重要保证。

(2) 从企业的角度来说，提高为客户服务的水平与降低商店的商品库存、商品的配送运输费用是十分重要的问题。所以电子商务企业运用先进的管理思想和技术手段，通过对业务流程的重组与改善，在提高顾客服务水平的同时降低物流总成本，获得竞争对手难以模仿的竞争优势，是电子商务企业的一项至关重要的经营战略。

(二) 完善网上商店订单处理流程的关键因素

网上商店的客户订单处理流程完善可以从多个方面入手，不同的电子商务企业所采用的方法和途径也不尽相同，但考虑问题时有以下几个关键因素：

1. 时间因素

网上订单处理过程的时间耗用，在企业来看通常理解为订单处理周期，顾客则通常将其定义为订货前期。改善的目标是在保证时间耗用的稳定性前提下，努力减少时间的耗费。

2. 供货准确性因素

按照顾客订单的内容提供准确的品种、数量和高质量的产品，并运送到正确的交货地点。当需要延期供货或分批送货时，应与顾客充分协调与沟通并要取得客户的同意。

3. 成本因素

包括网上商店的商品库存设置地点和数量、运输批量和运输路线的调控等。

4. 信息因素

通过完善的物流信息系统，向客户以及商品供货企业内部的生产、销售、财务及仓储运输等部门提供准确、完备、快速的信息服务。

(三) 完善网上商店订单处理流程的方法与步骤

各电子商务网站对网上商店订单处理进行完善的方法随各自情况的不同而不同，没有统一的方法和步骤。综合国内一些知名的电子商务网站订单处理系统的实际运作情况，在此介绍一种采用网络结构图来改善网上订单处理流程的方法。该方法不仅简单易学，而且对于缩短订单处理周期效果显著，具体的步骤如下：

(1) 调查本公司当前的网上客户购物订单的处理流程，并绘制出订单处理的流程图。

(2) 调查现有网上客户购物订单处理流程中各节点的时间耗用。

(3) 绘制对客户订单的商品配送过程的网络结构图。

(4) 利用流程改善的原则来改善网上客户购物订单的处理过程。

(5) 流程改善常遵循的一些原则包括并行处理、分批处理、交叉处理、删除不增值工序、减少等待、在瓶颈处添加额外资源等。

当然，电子商务企业不断完善自己的网上商店订单处理流程是没有终点的，当外界的环境条件改变或者企业自身的条件变化时必须要进行，在系统运作一段时间后也要进行，为了提高网上商店为网络消费者的服务水平和增加企业自身的社会效益和经济效益，不断完善自己的网上商店订单处理流程应该是电子商务企业自觉的、经常性的任务。

小思考 5-3

网上订单流程处理改善遵循的基本原则有哪些？

答：网上订单流程处理改善遵循的基本原则有：① 并行处理；② 分批处理；③ 交叉处理；④ 删除不增值工序；⑤ 减少等待；⑥ 在瓶颈处添加额外的资源等。

五、网上单证分析

1. 客户信息的采集

亚马逊网上书店有这样一项服务：用户只要告诉网站对哪个作者的新书感兴趣，只要该作者有新书到货，用户就会收到亚马逊网上书店发来的通知。这种服务对增加顾客忠诚度和公司长期利益无疑起到了良好的效果。

这项服务其实就是利用对客户订单信息的收集和分析，了解到客户的爱好和专业，有目的性地向用户推荐有用的商品和服务。

如果想领导这个数字时代，就必须充分了解互联网，这样才能准确预测网络生活方式对你的产业意味着什么（比尔·盖茨著《未来时速》）。现在许多企业所建立的网站，并没有站在电子商务的高度，仅仅当做自己企业的电子宣传栏，网上预订的产品也只是目录式的，没有产品直观的多媒体介绍。应该说还没有领会网络在商业中的本质价值，不理解网站所扮演的销售角色，最终使企业的网站变成孤岛。

将网站和公司的客户数据连接起来，网站可以通过对顾客网页浏览的顺序、停留的时间长短为这位顾客建立个人档案，识别出具有相似浏览习惯的顾客。同时，电子商务前端的客户关系管理应该和企业内部管理系统（ERP、SCM 等）连接起来，不管客户从哪个渠道进来，都可以与后台的企业管理系统连接起来。网站的一切工作都应围绕着顾客需求这一中心，要符合顾客的浏览习惯，充分考虑到顾客在网上可能碰到的困难及需要的帮助和技术支持；开展网上自助服务。顾客根据自己的意愿，随时随地上网查询，自行解决自己遇到的问题，以帮助降低成本。可以为他（她）定制在线购物、定制广告、促销活动和直接提供销售服务，辨别出具体的顾客偏好，以便提供改进的个人服务。

小应用 5-2

海尔公司根据市场的调研和客户资料的研究，在我国首次推出“网上定制”，即顾客进入海尔的主页面后，就可以清楚地看到“定制冰箱”和“定制电脑”。以“定制冰箱”为例，消费者可以自己设计冰箱的外观色彩和内件配置，从而最大限度地满足了顾客的个性化需求。在 2000 年 8 月海尔推出“定制冰箱”一个月时间里，就从网上接到了多达 100 万台的要货订单。目前，全国 853 家海尔精品店都将逐步实行渠道定制策略，由各地海尔精品店按照当地消费者的需求，向海尔下单定制家电产品，考虑到精品店规模大小的差别，海尔鼓励数家精品店以抱团的方式向其下单定制。

（资料来源：海尔官方网站.）

2. 客户信息的使用

第一种是系统提供相关信息，供用户参考。比如，一个客户接待人员在使用CRM系统与客户进行联系时，该系统会适时地把相关的客户记录列在工作界面的合适位置供该接待人员参考。所列出的信息可能会包括客户的基本个人资料、订单及付款记录、投诉及处理情况、欠费及其他需注意事项等，并且这些信息的组成排列位置都可以根据用户的需求及偏好自由更改。在这里，系统要实现的目标就是让信息在合适的时间出现在合适的位置给合适的用户使用。

另一种是由系统自动引用相关的客户信息。比如在创建订单时，系统会自动地核对订单及执行相关的客户信用检查，也就是把此订单中客户的全部相关未付款的订单金额与记录在该客户主数据中的信用额度进行比较，如果有超出的，则系统根据预先的设定来给出警告或中止当前订单的执行。这样做的好处在于，可以在系统帮助下，简化操作人员工作的同时更好地规范企业相关的业务流程。

3. 客户信息的分析

只有对已有的客户信息进行详尽的分析，才能让它们发挥最大的作用：结合客户的静态数据（如年龄、受教育水平等）、客户的行为（如购买记录、付款记录）等，以及他们给企业带来的收益数据，可以对不同的客户群做有效的区分，在此基础上将客户分为客户A、客户B、客户C。此种分类可作为分配市场、销售和客户服务资源的基础，可以更有针对性的筛选出目标群体并开展市场营销、促销及售后服务等。

运用CRM系统的分析功能及Kaplan和Norton平衡记分卡，将对客户的洞察力运用到实际活动之中。针对每个企业内部操作团体，建立一个整体计划以管理所有业务流程。了解和感受以客户为核心的理念，将其策略贯彻运用于整个企业之中。并通过运用关键绩效来监控计划的流程，逐步提高企业效率，真正实现以客户为核心的业务管理。

CRM系统的客户生命周期价值分析可以帮助企业管理者很容易地获得在一个生命周期阶段某些典型客户创造的利益以及预测在下个生命周期阶段他们保持的可能性，从而更有效地提高重点客户的保持率。

采用数据挖掘及系统集成技术，集成第三方数据和工具以提供特定计划和分析信息。通过全面的分析工具，CRM系统可以获得外部系统有价值的信息进行同步的数据分析，并将分析结果公布和传递给市场、销售和服务人员。

在采集客户静态以及业务数据时必须能按其各种内在的真实逻辑、并考虑到不同种类数据之间的联系，对它们进行有条不紊的管理。

第二节　电子合同管理

一、电子合同概述

（一）电子合同的概念

电子合同是通过计算机网络系统订立的、以数据电文的方式生成、储存或传递的合同。这里，“数据电文指经由电子手段、光学手段或类似手段生成、储存或传递的信息，数据电文包括但不限于电子数据交换（EDI）、电子邮件、电报或传真所传递的信息”（联合国国际贸易法委员会《电子商务示范法》第2条a项）。

在电子商务中，合同的意义和作用没有发生改变，但其形式却发生了极大的变化，电子合同与传统合同的区别表现为：

（1）合同订立的环境不同。传统合同发生在现实世界里，交易双方可以面对面地协商，而电子合同发生在虚拟空间，交易双方一般互不见面，在电子交易中，甚至不能确定交易相对人。他们的身份依靠密码的辨认或认证机构的认证。

（2）合同订立的各环节发生了变化。要约与承诺发出和收到的时间较传统合同复杂，合同成立和生效的构成条件也有所不同。

（3）合同的形式发生了变化。电子合同所载信息是数据电文，不存在原件与复印件的区分，无法用传统的方式进行签名和盖章。

（4）合同当事人的权利和义务有所不同。在电子合同中，既存在由合同内容所决定的实体权利义务关系，又存在由特殊合同形式产生的形式上的权利义务关系，如数字签名法律关系。在实体权利义务法律关系中，某些在传统中不很受重视的权利义务在电子合同里显得十分重要，如信息披露义务、保护隐私权义务等。

（5）电子合同的履行和支付较传统合同复杂。

（6）电子合同形式上的变化对与合同密切相关的法律产生了重大影响，如知识产权法、证据法。

电子合同形式的变化，对于世界各国都带来了一系列法律新问题。电子商务作为一种新的贸易形式，与现存的合同法发生矛盾是非常容易理解的事情。但对于法律法规来说，就有一个怎样修改并发展现存合同法，以适应新的贸易形式的问题。

（二）电子合同的分类

电子合同的分类，其目的在于通过分类来掌握这一类合同的共同特征以便更好地进行研究。电子合同作为一种民事合同，自然可以按传统合同的分类标准来划分。然而，它又是一种特殊形式的合同，具有自己的特殊性，可以按自身的特点加以分类。

1. 信息产品合同与非信息产品合同

根据标的的不同,合同可分为货物贸易合同、服务贸易合同及知识产权贸易合同3大类。电子商务包括了传统商务的电子化,如在线进行货物买卖、在线信息服务等,这类电子合同的标的与传统合同的标的并无二致。但同时电子商务也产生了一类新的合同,即信息产品合同。

所谓信息产品,是指可以被数字化并通过网络来传播的商品。例如我们在网上花店为朋友订购一束花,如果我们要求网上花店在指定的时间将鲜花送给这位朋友,这是一个实物产品的买卖合同,其标的就是一束现实的鲜花;如果我们订购的是一束数字化的花,要求花店按时送给那位朋友,此时标的并非鲜花,可以说,我们买的花或图片是一串特定的电子数据,实际上它就是信息产品。与此类似,软件、数据库、书刊、音像等可以在线传播的都是信息产品。

因此,我们可以把电子合同的标的分为两类:一类是信息产品,另一类是非信息产品,从而产生信息产品合同与非信息产品合同。

2. 有形信息产品合同与无形信息产品合同

在信息产品合同中,根据数字化的信息是否具有实体形式,可分为有形信息产品合同与无形信息产品合同。数字化信息附着在有形载体上,如附着在音乐碟片、软件光盘上,可以称为有形信息产品。此类产品可以在网上订购和付款,但不能从网上下载,必须有现实的产品交付。此类购买合同可称为有形信息产品合同。数字化信息保持数字形式通过网络进行传播,购买方可以直接从网上下载,这类信息产品可以称为无形信息产品。此类购买合同可以称为无形信息产品合同,即从合同的订立到履行都在网上进行。

小思考 5-4

区分传统合同与电子合同有什么意义?

答:区分这两类合同的意义在于合同的履行方式不同。有形信息产品的交付可以根据《合同法》的有关规定执行,而无形信息产品在履行的时间、履行的完毕、风险承担、检验、退货等方面有其特殊性。

3. 信息许可使用合同与信息服务合同

根据合同标的性质的不同可分为信息许可使用合同与信息服务合同。信息许可使用合同是指以转移信息产品的使用权为标的的合同,如音乐、软件的所有权人许可他人下载,在离线后仍可使用;信息服务合同是指以提供信息服务为标的的合同,如信息访问、认证服务、交易平台服务等。

二、电子合同的签订

电子合同的签订过程包括:买卖双方CA认证、询价和报价、洽谈、签约和执行,如图5-2所示。其中,除了询价和报价之外,其他3个过程的所有信息都通过交易中心的设备加密传输和分发，并且根据用户的要求保留其中间过程的所有(或部分)内容和结果。

用户和贸易伙伴双方进行 CA 认证
用户和贸易伙伴以 CA 方式登录网上商城
用户浏览与查询市场信息，寻找交易伙伴
发送询/报价单
洽谈过程
签约过程
执行过程

图 5-2　电子合同的签订过程

1. 买卖双方 CA 认证

(1) 卖方企业进入 CA 认证中心板块，选择顶部导航条上的“企业 CA 认证业务”按钮，页面上显示未申请 CA 证书的企业列表。

(2) 卖方企业(管理员)点击本公司名称，填写企业申请 CA 证书的表格。

(3) CA 认证中心(管理员)登录实训室，在 CA 认证中心后台管理板块，CA 认证中心管理员审核通过卖方的企业 CA 证书。

(4) 买方企业同以上步骤获取 CA 认证。

小应用 5-3

CA 认证指的是电子合同交易双方通过数字证书进行身份认证。一个身份认证系统一般由 3 方组成：一方是出示证件的人，有时被称为示证者；另一方为验证者，检验示证者提出的证件的正确性和合法性；第三方是入侵者，通过非法手段以求得验证者的认可。认证系统在其认为必要时，会有第四方加入，进行调解。

2. 买卖双方以 CA 方式登录网上商城

(1) 买方企业(管理员)以账号及密码在网上商城的首页登录，在网上商城的 CA 方式登录文本框中，输入自己的 CA 账号和密码登录网上商城。

(2) 卖方企业可以以相同方式登录网上商城。

3. 买方发布询价单

(1) 买方企业(管理员)登录网上商城后，选择导航条中的“搜索引擎”命令。

(2) 买方企业搜索感兴趣的商品。

(3) 选择好合适的卖方企业后，点击“发布询价单”命令，填写询价单，包括询问日期、过期日期以及进货数量等。

4. 网上洽谈

(1) 卖方企业(管理员)登录网上商城后,点击“询价单应答”命令,看到了买方企业的询价单。

(2) 选择此条询价单“进入洽谈室”图标,查看询价单的具体内容以及询价方企业的信息,给出自己的商品报价,并点击“发送价格”按钮,弹出“发送确认”对话框。

(3) 此时“同意对方价格”按钮被激活,并且询价单状态更改为报价(注意:此时不可点击“同意对方价格”命令,因为买方企业还没有对这个价格表示确认,否则会显示“目前情况下,你不能执行此操作”的对话框)。

(4) 点击卖方企业的留言,可以看到它的最低报价。

(5) 买方企业(管理员)进入网上商城,选择“询价单应答”命令,选定询价单并点击“进入洽谈室后”按钮。

(6) 买方企业了解了市场情况,得知另外一家卖方企业可以提供更低的价格,所以提出让原先的卖方企业降价。

(7) 原先的卖方企业销售人员征求了经理的意见,考虑到想和买方企业能有再次合作的机会,所以同意了对方的价格,系统提示“处理完毕”。

5. 签订合同

(1) 双方洽谈价格,达成共识后,询价成功(在询价单查询中可以发现此条询价单的状态为“询价成功”)。买方企业点击“合同查询”命令,查找到此条状态为“询价成功”的询价单,点击“合同”图标,草拟合同,确定了交货地点。

(2) 此时系统提示“网上商城草拟合同成功,请等待生产企业同意该合同”。

(3) 卖方企业在网上商城后台点击“合同查询”命令。

(4) 点击“合同”图标,可以签订正式合同。

小应用 5-4

电子合同交易双方的义务包括:① 遵守国家有关法律、法规和政策以及国际惯例,严禁利用网络从事危害国家安全和泄露国家机密等犯罪活动;② 严禁查阅、复制和传播危害国家安全、妨碍社会治安和淫秽黄色的信息,严禁向他人发送恶意的、挑衅性的文件和商业广告;③ 遵守交易规则中的各项条款;④ 按规定的交易程序和交易方式进行交易;⑤ 对自己的交易账户和交易行为承担责任。

第三节　电子支付管理

在整个电子商务交易过程中,网上金融服务是其中很重要的一环,并随着电子商务的普及和发展,网上金融服务的内容也在发生着很大的变化。网上金融服务包括了网上购买、网络银行、家庭银行、企业银行、个人理财、网上股票交易、网上保险、网络交税等。所有的这些网络金融服务都是通过网络支付或电子支付手段来实现的。所以，从广义上说，电子支付就是资金或与资金有关的信息通过网络进行交换的行为。在普通的电子商务中就表现为消费者、商家、企业、中间结构和银行等通过互联网所进行的资金流转，主要通过信用卡、电子支票、数字现金等方式来实现。但由于电子支付是通过开放的互联网来实现的，支付信息很容易受到黑客的攻击和破坏，这些信息的泄露和受损直接威胁到企业和用户的切身利益，所以安全性一直是电子支付实现所要考虑的最重要的问题之一。

一、几种常用的支付方式

从目前国内电子商务发展来看，存在的支付方式主要包括网上支付和线下支付两种方式，并且这些支付方式同时并存。线下支付是传统的电子商务支付方式，主要包括货到付款以及通过邮局、银行汇款。线下支付方式由于存在付款周期长、手续繁琐等问题，一直无法适应网上交易的发展需要，一定程度上反而削弱了电子商务的优势，阻碍其持续发展。网上支付即在线支付，买方在互联网上直接完成款项支付。具体来说，主要的支付方式包括：

1. 汇款

银行汇款或邮局汇款是一种传统支付方式，属于线下支付，避免了诸如黑客攻击、账号泄漏、密码被盗等问题。但无法防止卖方收到货款之后否认、抵赖。同时，消费者需要亲自到银行或邮局办理相关手续并支付一定费用，无法实现电子商务低成本、高效率的优势。因此，并不适应电子商务的长期发展。

2. 货到付款

又称送货上门。指买方在网上订货后由卖方送货至买方处，经买方确认后付款的支付方式。目前，很多购物网站都提供这种支付方式。但由于我国地区发展的不平衡性，很多地区很难实现。货到付款可以说是一个充满中国特色的电子商务支付、物流方式，既解决了中国网上零售行业的支付和物流两大难题，又培养了客户对网络购物的信任。对于这种支付方式，虽然消费者不需要支付额外的交易佣金，但是将支付与物流结合在一起存在很多问题，比如只能采用现金付费，太过依赖于物流，若物流方面出现问题，支付也将受到影响。因此同样不能真正发挥电子商务的优势，不能适应电子商务的长期发展需要。

3. 电子支付

可以理解为电子支付的高级方式。它以互联网为基础，利用银行所支持的某种数字金融工具，发生在购买者和销售者之间的金融交换，从而实现从购买者到金融机构、商家之间的在线货币支付、现金流转、资金清算、查询统计等过程，由此为电子商务和其他服务提供金融支持。

小应用5-5

中国的电子支付市场发展情况

2014年,中国个人网银交易规模为448.5万亿元,同比增长70.3%;而企业网银交易规模为855.9万亿元,同比增长28.4%。艾瑞咨询认为:随着各大银行加大对中小微企业的扶植力度,2014年企业网银同比增长率有所提高,部分中小微企业用户可依靠个人网银进行交易,进一步促进了个人网银的增长。网络经济的不断发展,互联网金融的快速发展,驱动各商业银行均向零售银行转型,对个人端投入精力较多,对个人网银交易规模的提升起到了正向刺激,因此获得了较高增速,未来将会保持较高增速持续增长。

(资料来源:艾瑞咨询:中国电子支付行业研究报告(2015))

二、电子支付方式的比较分析

比较典型的网上支付工具主要有以下几种:

1. 银行卡在线转账支付

这是目前我国应用非常普遍的电子支付模式。付款人可以使用申请了在线转账功能的银行卡(包括借记卡和信用卡)转移小额资金到收款人的银行账户中,完成支付。

2. 电子现金

这是一种以数据形式存在的现金货币。它把现金数值转化为一系列的加密序列数,通过这些序列数来表示现实中各种金额的币值。用户在开展电子现金业务的银行开设账户,并在账户内存钱后,就可以在接受电子现金的商店购物。电子现金不同于银行卡,它具有手持现金的基本特点。目前,在我国电子现金方面的开发和应用与国外相比还有很大差距,实际网络交易中使用电子现金的交易也不多。

3. 电子支票

这是以一种纸制支票的电子替代品而存在的,用来吸引不想使用现金而宁可使用信用方式的个人和公司。它的运用使银行介入到网络交易中,用银行信用弥补了商业信用的不足。在国内,由于普通消费者大多对票据的使用不甚了解,再加上我国网上支付的相关法规不健全及金融电子化的发展程度和市场需求问题,使得在网上交易中电子支票的应用尚是空白。

4. 第三方支付平台结算支付

指平台提供商通过采用规范的连接器,在网上商家与商业银行之间建立结算连接关系,实现从消费者到金融机构、商家之间的在线货币支付、现金流转、资金清算、查询统计等业务流程。

5. 移动支付

这是一种允许移动用户使用其移动终端(通常是手机)对所消费的商品或服务进行账务支付的支付方式,也称为手机支付。手机支付只适用于小金额商品的买卖,并不适用于大宗交易,同时受到手机话费的制约。可以说,移动支付是目前为止速度最快的一种支付方式,付款人可以利用手机随时随地完成支付活动。而且其具有与银行卡同样的方便性,同时又避免了在交易过程中使用多种银行卡以及商家是否支持这些银行卡结算的麻烦。

小应用 5-6

2014 年,中国手机银行交易规模达到 32.8 万亿元,同比增长 157.1%,预计到 2018 年将突破 200 万亿元;在 2014 年中国手机银行交易规模市场份额占比中,中国建设银行排名第一,占比达到 22.5%;其次是中国农业银行,占比达到 16.8%;中国工商银行排名第三,占比达到 13.9%。艾瑞咨询认为:由于手机银行普及率及渗透率低于网银,因此未来手机银行交易规模仍有较大增长空间,将持续保持快速增长;加上移动支付浪潮的推动,手机银行将借助移动端的兴起和快速发展,构建手机银行移动端金融生态。如图5-3、图 5-4 所示。

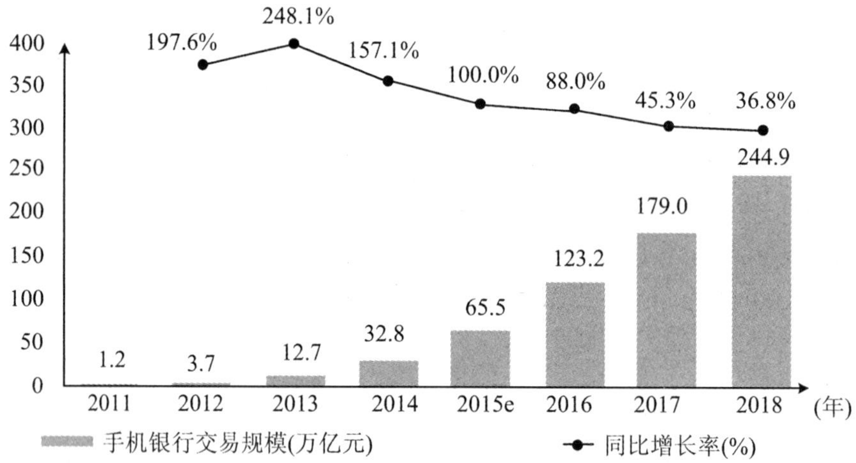

图 5-3　2011～2018 年中国手机银行交易规模及增长率

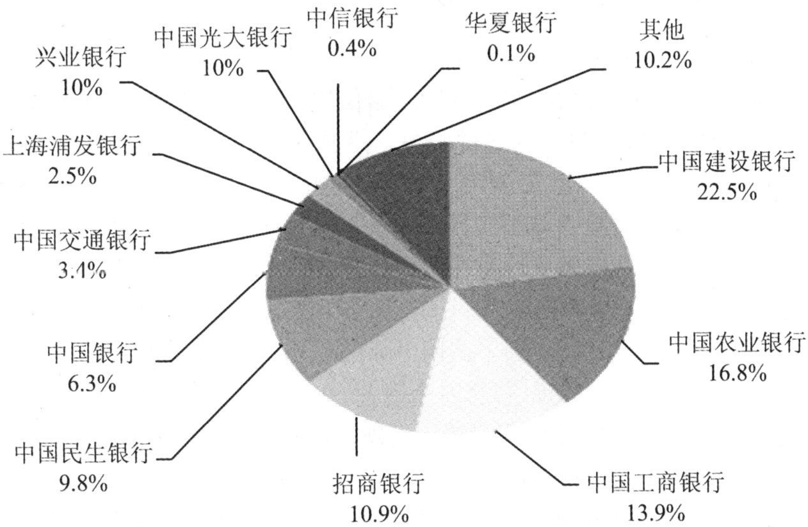

图 5-4　2014 年中国手机银行交易规模市场份额占比分布情况

（资料来源：艾瑞咨询：中国手机支付市场报告.）

三、第三方支付工具分析

随着网络信息、通信技术的快速发展和支付服务的不断分工细化，越来越多的非金融机构借助互联网、手机等信息技术广泛参与支付业务。目前 B2C 的网上交易中多数以第三方支付为主要支付手段。

1. 支付宝

支付宝（中国）网络技术有限公司是国内领先的独立第三方支付平台，不仅从产品上确保用户在线支付的安全，同时让用户通过支付宝在网络间建立起相互的信任，为建立纯净的互联网环境迈出了非常有意义的一步。

支付宝提出的建立信任，化繁为简，以技术的创新带动信用体系完善的理念，深得人心。短短几年时间，用户覆盖了整个 C2C、B2C 以及 B2B 领域。2009 年 7 月 6 日，支付宝用户数突破 2 亿大关，跃居全球第一位。日交易数达 400 多万，可以使用 12 种货币进行结算，日交易额逼近 8 亿元人民币。目前除淘宝网和阿里巴巴外，支持使用支付宝交易服务的商家数已经超过 33 万，涵盖了虚拟游戏、数码通信、商业服务、机票等行业。

支付宝的付款方式有两种，网上银行在线付款和支付宝余额付款，两种方式都需要先开通网上银行支付业务。买家需要注册一个支付宝账户，利用开通的网上银行给支付宝账户充值，然后用支付宝账户在网站上购物并使用网上支付，货款会先付款给支付宝，支付宝公司在收到支付的信息后给买家发货，买家收到商品后用支付宝确认，支付宝公司收到买家确认收货并满意的信息后，最终给卖家付款。

支付宝交易是互联网发展过程中的一个创举，也是电子商务发展的一个里程碑。支付宝品牌以安全、诚信赢得了用户和业界的一致好评，已成为目前网购最常用的支付方式。

2. 财付通

财付通是由中国最早、最大的互联网即时通信软件开发商腾讯公司创办的，是为QQ用户群提供安全、便捷、简单的在线支付服务。是腾讯公司为适应电子商务业务的发展需要，满足互联网用户价值需求，针对网上交易安全而推出的一系列服务。财付通构建全新的综合支付平台，业务覆盖B2B、B2C和C2C各领域，提供卓越的网上支付及清算服务。针对个人用户，财付通提供了包括在线充值、提现、支付、交易管理等丰富功能；针对企业用户，财付通提供了安全可靠的支付清算服务和极富特色的QQ营销资源支持。

财付通作为在线支付工具，起到了信用中介的作用。同时提供了在线支付统一的计费平台，解除了个人用户和广大商家的安全顾虑，保证了在线交易的资金和商品安全。同时，财付通极大地推动了中国电子商务的发展，并且为用户在线消费创造了更大的价值需求。财付通的使用方法与支付宝类似。

财付通账户的开通非常简单，用户只需要用QQ号登录到财付通网站，按照网页提示一步步填写资料，之后便可成功申请此账户。同时，对于银行卡信息，用户可以在申请开通此账户后，登录到财付通—账户管理—提现银行设置进行操作即可。另外使用财付通不收取任何费用，也不会有其他中间费用产生。

3. 快钱

快钱是以提供网上交易的收付费平台的互联网服务企业。在国内是第一家提供基于E-mail和手机号码的网上收付费平台。其推出的支付产品包括但不限于人民币支付、外卡支付、神州行卡支付、联通充值卡支付、VPOS支付等众多支付产品，支持互联网、手机、电话和POS等多种终端，满足各类企业和个人的不同支付需求。快钱以提供在线收付费服务为核心内容，同时不断更新及拓展服务领域，本着安全、便捷的宗旨，为用户提供更良好的服务。

4. 易宝支付

易宝支付也是国内领先的独立第三方支付公司。一直致力于提供“安全、简单、快乐”的专业电子支付解决方案和服务。易宝支付一成立就推出了绿色支付理念，包含了安全、诚信、便捷，同时又以低成本、高效率，把支付和行业的利益结合起来，为商家节省成本，带来更多的收益。易宝支付首家推出电话支付，将互联网、手机、固定电话整合在一个平台上，使电子支付实现了“网上线下”全覆盖。

目前，易宝支付的支付工具有：① 在线支付产品，消费者使用银行卡在网上直接付款；② 电话支付产品，即银行提供基于电话银行语音系统的即时支付服务，从根本上摆脱了令人防不胜防的木马病毒困扰，解除了支付后泄露银行卡信息的担忧；③ 神州行支付产品，即用户使用神州行充值卡作为介质，进行网上支付，购买所需商品；④ 非银行卡支付产品，即基于厂商发行的各类储值卡的支付方式；⑤ 会员支付产品，即通过会员账户进行网上购物和网上支付的功能，通过会员账户用户可以在网上享受更多的优惠和折扣；⑥ 委托结算产品，是易宝支付为解决商家对下级代理、客户等的结算问题而推出的一种增值服务，可实现商家为下级代理和用户资金结算的批量处理。

发展创新经济离不开电子支付的发展，而电子支付发展离不开消费者的参与。易宝支付构建安全的支付体系，大大提高了大众的电子支付参与度。目前，易宝支付的各种支付模式已广泛应用于电子客票、网游、电信充值、远程教育等领域。

四、移动支付介绍

移动支付，是指利用各种面向移动设备的特定技术，允许用户直接通过移动设备购买商品或服务，或实现货币交换的体系。目前，移动支付主要存在四种形式，即运营商计费、NFC(近场通讯)支付、刷卡支付、应用支付。

1. 运营商计费

运营商计费的支付模式，是指整个支付过程由运营商包办，用户只要发送短信授权即可，运营商为用户处理整个支付过程，并抽取一部分利润。用户所支付的费用会直接被包含在手机账单中。

优点：对于消费者来说，这种支付方式的一大优点是非常方便，只要发送短信授权，就可以完成交易。

缺点：运营商通常会抽取利润的大头，有的时候利润比例高达15%～50%。

运营商计费在未来的很长时间内还会拥有不小的市场，并成为移动支付中一个重要的组成部分。但是据业内人士预测，这一支付方式不可能有爆炸性增长或成为移动支付的主流。随着其他移动支付方案的成熟，这种支付方式很可能会逐渐淡出市场。

2. NFC 支付

NFC 技术是一种短距离的高频无线通信技术，允许电子设备之间进行非接触式的点对点数据传输(在 10 厘米内)。这一技术由免接触式射频识别(RFID)演变而来，并向下兼容该识别，主要用于手机等手持设备中提供 M2M(Machine to Machine 的缩写)的通信。NFC 移动支付可以让人们完全脱离 POS 机，通过手机或 NFC 设备近距离完成支付过程。目前，部分地区的公交 IC 卡、门禁卡等已使用了这种技术。

优点：NFC 支付和传统的近距离通讯支付相比有安全、连接建立速度快等优点，该支付的使用距离小于 10 厘米，可避免设备间的相互干扰。此外，其建立连接的时间小于 0.1 秒，较好地保证了用户支付的安全性，并且成本较低。

缺点：NFC 的普及需要有大量的硬件设备来支持，而手机厂商和金融机构部署大量硬件设备的前提是有一个足够大的市场。另外，这种支付方式还面临着使用谁家的标准、用户手机丢失怎么办、支付额度如何设定等问题。

由于 NFC 支付具有较高的安全性，因此该技术被业内认为在手机支付等领域具有较大发展前景。NFC 作为一种成熟的支付技术，目前已在很多领域得以应用。据业内人士预测，移动支付的行业标准一旦统一，NFC 支付很可能成为未来主流的移动支付手段。

小应用5-7

Apple pay 来了

Apple Pay 于 2016 年 2 月 18 日正式登录中国，目前国内共有 19 家银行宣布将支持 Apple Pay，其中 18 家银行持卡人已经可以开始使用。苹果官方确认 Apple Pay 在中国上线后，前 72 小时内绑卡数量超过 300 万张。

国内 Apple Pay 共有两种支付方式，一种是采用近场通讯支付，另一种是和支付宝、微信支付相似的网页/应用支付。

Apple Pay 近场支付和中国银联合作，只要支持银联闪付功能的 POS 机理论上都支持 Apple Pay。在支付时将手机(iPhone 6 以上设备)/Apple Watch 近距离靠近 POS 机输入指纹/密码后即可完成支付。至于移动应用内支付，以前在猫眼电影买电影票，需要回跳转到支付宝结账，现在在应用内点“支付”可以弹出 Apple Pay，相比支付宝，它无需跳转到其他 App，体验更流畅。

苹果数据指出“自 Apple Pay 推出以来，应用内的 Apple Pay 每日交易笔数增长了 150%，在中国将近一半的 Apple Pay 交易来自于应用内。”

3. 刷卡支付

刷卡支付，是指用户利用硬件厂商提供的移动读卡器，并且配合智能手机使用，可以在任何 3G 或 WiFi 网络状态下，通过应用程序匹配刷卡消费。它使消费者、商家可以在任何地方进行付款和收款，并保存相应的消费信息，大大降低了刷卡消费支付的技术门槛和硬件需求。

优点：由于顺应了现有的消费行为和支付网络——信用卡，所以这种支付方式省去了让消费者养成新消费习惯的过程，人们可以像刷信用卡一样，使用这一移动支付方式。

缺点：用户需要购置一个刷卡器，花费在一两百元。

刷卡支付由于比较顺应消费者既有的支付习惯，因此更易于被接受，尤其对一些习惯刷卡消费并对其安全性担心的消费者来说将是不错的选择。据业内人士预测，这种移动支付方式将有较好的发展前景。

4. 应用支付

在智能手机上使用应用支付伴随着以 iPhone 为代表的智能手机而出现，得益于 iPhone 开启的 App 使用习惯。在苹果公司发布的 iOS6 操作系统中，包含了一个新的应用 Passbook，它可以帮助用户管理各种电子票券，包括登机牌、会员卡、球赛门票、礼券和优惠券等，等直接将那些物理塑料卡片取代。同时，通过苹果公司的认证后，Passbook 能为消费者提供移动支付功能。

优点：应用支付方式顺应了消费者对各种应用的使用习惯，撬动了移动支付市场的未来。

缺点：对于初期使用智能手机的用户来说，要将一个如此复杂的开放式解决方案整合到 App 应用中，并且还要培养用户使用这个方案的习惯，并非一件容易的事情。

不过，随着智能手机、平板电脑等移动设备的快速崛起，移动应用呈现出爆发式发展态势。仅苹果公司的 iOS 平台，应用数量就已经超过了 65 万。通过移动应用，人们不仅能满足各种日常生活娱乐需求，还能使生活、工作变得更加高效。据业内人士预测，在这种行为习惯下，应用支付很有可能成为未来主要的支付形式之一。

第四节　网上银行

一、网上银行的概念

网上银行又称网络银行、在线银行，是指银行利用互联网技术，通过互联网向客户提供开户、销户、查询、对账、行内转账、跨行转账、信贷、网上证券、投资理财等传统服务项目，使客户可以足不出户就能够安全便捷地管理活期和定期存款、支票、信用卡及个人投资等。可以说，网上银行是在互联网上的虚拟银行柜台。网上银行又被称为“3A 银行”，因为它不受时间、空间限制，能够在任何时间（Anytime）、任何地点（Anywhere）、以任何方式（Anyway）为客户提供金融服务。

网上银行，包含两个层次的含义，一个是机构概念，指通过信息网络开办业务的银行；另一个是业务概念，指银行通过信息网络提供的金融服务，包括传统银行业务和因信息技术应用带来的新兴业务。在日常生活和工作中，我们提及网上银行，更多是第二层次的概念，即网上银行服务的概念。网上银行业务不仅仅是传统银行产品从网上简单地转移，其他服务方式和内涵也发生了一定的变化，而且由于信息技术的应用，又产生了全新的业务品种。

网上银行的特点有：

（1）全面实现无纸化交易。以前使用的票据和单据大部分被电子支票、电子汇票和电子收据所代替；原有的纸币被电子货币，即电子现金、电子钱包、电子信用卡所代替；原有纸质文件的邮寄变为通过数据通信网络进行传送。

（2）服务方便、快捷、高效、可靠。通过网络银行，用户可以享受到方便、快捷、高效和可靠的全方位服务。任何需要的时候就可以使用网络银行服务，不受时间、地域的限制，即实现 3A 服务。网上银行随时随地提供金融服务的特点，能够提高用户进行账户管理、支付结算的效率和便利性，尤其是在用户对网银服务需求日益强烈的情况下，提供网上银行服务，有助于吸引更多的用户。

（3）经营成本低廉。由于网络银行采用了虚拟现实信息处理技术，网络银行可以在保证原有的业务量不降低的前提下，减少营业点的数量。同时，将网点流量引至互联网后，可使相关工作人员将工作重心从业务操作向销售、咨询转变。

（4）简单易用。网上 E-mail 通信方式也非常灵活方便，便于客户与银行之间以及银行内部的沟通。

小应用 5-8

图 5-5 所示为 2006～2013 年中国网上银行交易额规模变化，2009 年中国网上银行交易规模为 368.7 万亿元人民币，同比增长 16.9%。中国的网上银行交易额超过 85%的份额来自于企业网银，因此企业网银的增长速度极大地影响了网上银行整体交易额的增速。

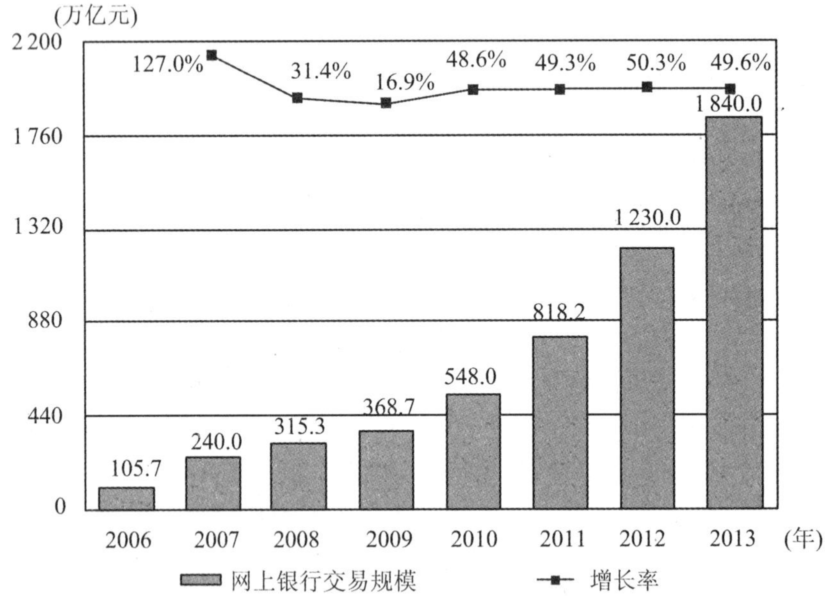

图 5-5　2006～2013 年中国网上银行交易额规模变化图

（资料来源：艾瑞咨询：中国网上银行交易情况报告.）

二、网上银行的优势

网上银行发展的模式有两种，一种是完全依赖于互联网的无形的电子银行，也叫“虚拟银行”，所谓虚拟银行就是指没有实际的物理柜台作为支持的网上银行，这种网上银行一般只有一个办公地址，没有分支机构，也没有营业网点，采用国际互联网等高科技服务手段与客户建立密切的联系，提供全方位的金融服务。以美国安全第一网上银行为例，它成立于 1995 年 10 月，是在美国成立的第一家无营业网点的虚拟网上银行，它的营业厅就是网页，当时银行的员工只有 19 人，主要的工作就是对网络的维护和管理。另一种是在现有的传统银行的基础上，利用互联网开展传统的银行业务交易服务。即传统银行利用互联网作为新的服务手段为客户提供在线服务，实际上是传统银行服务在互联网上的延伸，这是目前网上银行存在的主要形式，也是绝大多数商业银行采取的网上银行发展模式。因此，事实上，我国还没有出现真正意义上的网上银行，也就是“虚拟银行”，国内现在的网上银行基本都属于第二种模式。

与传统银行业务相比，网上银行业务有许多优势。

1. 大大降低银行经营成本，有效提高银行盈利能力

开办网上银行业务，主要利用公共网络资源，不需要设置物理的分支机构或营业网点，减少了人员费用，提高了银行后台系统的效率。

2. 无时空限制，有利于扩大客户群体

网上银行业务打破了传统银行业务的地域、时间限制，具有3A特点，即能在任何时候（Anytime）、任何地方（Anywhere）、以任何方式（Anyhow）为客户提供金融服务，这既有利于吸引和保留优质客户，又能主动扩大客户群，开辟新的利润来源。

3. 有利于服务创新，向客户提供多种类、个性化服务

通过银行营业网点销售保险、证券和基金等金融产品，往往受到很大限制，主要是由于一般的营业网点难以为客户提供详细的、低成本的信息咨询服务。利用互联网和银行支付系统，容易满足客户咨询、购买和交易多种金融产品的需求，客户除办理银行业务外，还可以很方便地进行网上股票债券买卖等，网上银行能够为客户提供更加合适的个性化金融服务。

三、网上银行提供的业务

一般说来，网上银行的业务品种主要包括基本业务、网上投资、网上购物、个人理财、企业银行及其他金融服务。

1. 基本网上银行业务

商业银行提供的基本网上银行服务包括：在线查询账户余额、交易记录、下载数据、转账和网上支付等。

2. 网上投资

由于金融服务市场发达，可以投资的金融产品种类众多，国外的网上银行一般提供包括股票、期权、共同基金投资和信用违约合同（CDS买卖）等多种金融产品服务。

3. 网上购物

商业银行的网上银行设立的网上购物协助服务，大大方便了客户网上购物，为客户在相同的服务品种上提供了优质的金融服务或相关的信息服务，加强了商业银行在传统竞争领域的竞争优势。

4. 个人理财助理

个人理财助理是国外网上银行重点发展的一个服务品种。各大银行将传统银行业务中的理财助理转移到网上进行，通过网络为客户提供理财的各种解决方案，提供咨询建议，或者提供金融服务技术的援助，从而极大地扩大了商业银行的服务范围，并降低了相关的服务成本。

5. 企业银行

企业银行服务是网上银行服务中最重要的部分之一。其服务品种比个人客户的服务品种多，也更为复杂，对相关技术的要求也更高，所以能够为企业提供网上银行服务是商业银行实力的象征之一，一般中小网上银行或纯网上银行只能部分提供，甚至完全不提供这方面的服务。企业银行服务一般提供账户余额查询、交易记录查询、总账户与分账户管理、转账、在线支付各种费用、透支保护、储蓄账户与支票账户资金自动划拨、商业信用卡等服务。此外，还包括投资服务等。部分网上银行还为企业提供网上贷款业务。

6. 其他金融服务

除了银行服务外，大商业银行的网上银行均通过自身或与其他金融服务网站联合的方式，为客户提供多种金融服务产品，如保险、抵押和按揭等，以扩大网上银行的服务范围。

图 5-6 所示为中国工商银行的首页，在上方的导航中可以直接选择提供的网上银行业务。

图 5-6　中国工商银行首页

四、网上银行面临的发展问题

1. 法律法规与现实的需求脱节问题

网上银行仍然是经济金融活动的一部分，它离不开法律的规范和保护，而现行的法律又很难规范网上银行业务的发展和消费者权益的保护。网上资金转账只要有一个环节出现错误，资金就不能正常支付，就会发生法律方面的纠纷，需要运用法律进行调节。

2. 安全问题十分突出

通过互联网进行交易，相关信息的保密性、真实性、完整性和不可否认性是最关键的因素。在我国尚没有法规来对付这些没有造成危害或危害较轻的网络犯罪的时候，如何确保交易安全，为个人保密，就成为网上银行发展最需要解决的问题。目前各家商业银行虽然都采取了一定的安全防范措施、制定了相应的规定，但是在执行上普遍存在管理不严格的现象，如密码的保管和定期更换、主机房的安全管理、灾难备份、病毒防范等等。

3. 金融业的网络建设缺乏整体规划

就目前国内网上银行业务的基础环境来看，由于基础设施落后造成资金在线支付的滞后，部分客户在网上交易时仍不得不采用“网上订购，网下支付”的办法。虽然工、农、中、建四大商业银行都建立起自己的网站，但在网站的构架和服务内容上，仍然与电子商务和网络经济的要求有很大的距离。资金、人员等方面的投入严重不足，银行与高新技术产业结合不紧密，造成网络金融市场规模小、技术水平低、覆盖面小，基本上还停留在传统业务的电脑化上。同时，商业银行乃至整个金融业的网络建设缺乏整体规划，使用的软、硬件缺乏统一的标准，更谈不上拥有完整、综合的网上信息系统。

4. 监管意识和现有监管方式的滞后问题

中央银行对商业银行现有的监管，主要针对传统银行，重点是通过对银行机构网点指标增减、业务凭证、报表的检查稽核等方式实施。而在网上银行时代，账务收支的无纸化、处理过程的抽象化、机构网点的虚拟化、业务内容的大幅增加，均使现有的监管方式在效率、质量、辐射等方面大打折扣，监管信息的真实性、全面性及权威性面临严峻的挑战，对基于互联网的银行服务业务监管将出现重大变化。

小思考 5-5

网络金融风险有哪些？

答：网络金融除了具有传统金融业经营过程中存在的流动性风险、市场风险和利率风险等之外，还有基于虚拟金融服务形成的业务风险和基于信息技术导致的技术风险。前者包括法律风险、实用性风险、信誉风险、注意力分散风险和链接服务风险等。后者包括技术选择风险、系统安全风险、网上黑客攻击风险、计算机病毒破坏风险和技术操作风险等。

五、支付网关

支付网关是银行金融系统和互联网之间的接口，是由银行操作的将互联网上的传输数据转换为金融机构内部数据的设备，或由指派的第三方处理商家支付信息和顾客的支付指令。支付网关可以确保交易在互联网用户与交易处理商之间安全、无缝隙地传递，并且不需要对原有主机系统进行修改。它可以处理所有互联网支付协议、互联网特定安全协议、交易交换、消息及协议的转换以及本地授权和结算处理。另外，它还可以通过配置设定来满足特定交易处理系统的要求。离开了支付网关,网上银行的电子支付功能也就无法实现。图 5-7 为支付网关原理示意图。

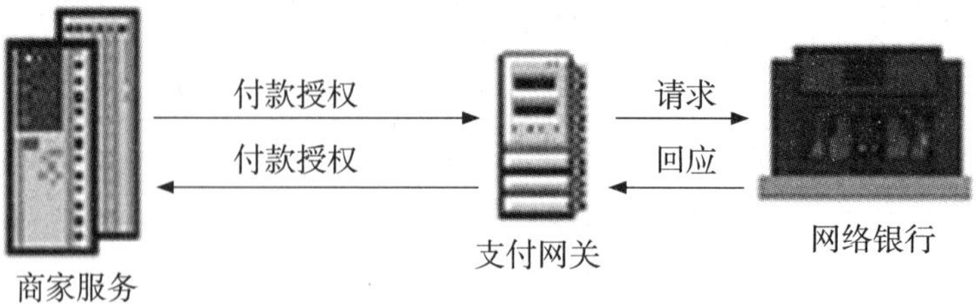

图 5-7　支付网关原理

银行使用支付网关可以实现以下功能:① 配置和安装互联网网络支付能力;② 避免对现有主机系统的修改;③ 采用直观的用户图形接口进行系统管理;④ 适应诸如扣账卡、电子支票、电子现金以及微电子支付等电子支付手段;⑤ 通过采用 RSA 公共密匙加密和 SET 协议,可以确保网络交易的安全性;⑥ 提供完整的商户支付处理功能,包括授权、数据捕获和结算、对账等;⑦ 通过对互联网网上交易的报告和跟踪,对网上活动进行监视;⑧ 使互联网网络的支付处理过程与当前支付处理商的业务模式相符,确保商户信息管理上的一致性,并为支付处理商进入互联网交易处理这一不断增长的新市场提供了机会。

小应用 5-9

网上银行的申请主要有两种方式:① 自助注册:用户可以在网上直接填写个人相关信息进行自助注册。自助注册后用户的网上银行服务即时开通。但是对外转账和其他特殊服务需要在银行柜面进行申请。② 普通柜面开户:用户可到银行任意网点柜面申请注册,提交申请表后的第二天就可以享受网上银行服务了。

第五节　网上售后服务管理

网络服务具有跨地域、成本低、效益高的特点,同时网络客户可以直接提出服务要求,因此网络客户反馈的信息数量多、内容杂,如何处理网上客户的反馈信息是网络服务中非常重要的环节。

一、处理网上客户的反馈信息

网上客户的反馈信息主要有两类：一类是对所购产品或服务提出的产品支持和技术服务，另一类是对网上产品或服务的意见、建议或投诉。处理这两类反馈信息的一般方法是善于倾听、及时沟通、尽快解决。

1. 认真阅读

通常，客户反馈信息都是以 E-mail 方式发来，这些信息大都在一些垃圾邮件中间，因此必须谨慎阅读每一封信件，没有标题的信件也不能忽视，因为客户使用电子邮件的熟练程度不同，很多人还没有在信件上加上标题的良好意识，因此除了一些标题毫无关系的推销信件，每一封信件都应该仔细阅读，以免漏掉客户反馈信息。

2. 准确记录

根据客户的来信，记录客户联系方式，对客户反馈信息进行分类，提出解决办法或与相关部门协调，寻找尽快解决问题的方法。

3. 及时反馈

对每一封邮件都先用电子邮件进行联系，信件回复间隔的时间越短越好，同时留下详细的联络电话，然后对留下电话联络方式的信件进行电话答复，这样，客户方面也会觉得你服务很周全，一般反馈时间不能超过 24 小时，如果时间过长会让客户感到受冷落，从而对网络服务失去信心。另外在反馈信息中，要注意信件中的语气和称呼，尽可能礼貌、客气。

4. 定期回访

根据记录客户的联系方式，定期对客户进行电话或 E-mail 回访，了解客户对产品或服务新的需求及客户的最新信息，以便改进产品和服务。

在处理网上客户反馈信息时必须要注意的问题是，网站要设计一些网络客户服务的工具，为客户提供便捷的服务，例如设计 FAQ(Frequently Asked Questions)，即常见问题回答，这个页面为客户提供有关产品的使用、技术支持、企业情况等问题的现成答案，同时网站也应设计自动恢复系统，为发 E-mail 的客户回复一封预先设计好的信件，解答问题或让发信者有信任感。最后，处理网上客户的反馈信息时，一定要及时、热情，切实为客户解决问题。

二、网上商品流程跟踪

网上购物的一般流程是：进入网上商城→查找选购商品→查看、修改购物车→继续购买产品→结算→订单生成→订单跟踪。

一旦网上订单生成后，就进入处理流程，网站内部有一套严格的订单处理过程控制办法，如对订单的接受、联系用户、确定货源、与用户约定送货时间、安排配送、送货上门、回访等环节的时间和操作都有严格要求，并且采用信息系统跟踪监控，确保用户订单及时有效地得到处理，让每个用户最大限度地满意。

在订单处理过程中，网站要与用户取得联系，同时用户也可以通过订单管理模块在线查看订单处理状态。主要有以下几种状态：

1. 正在处理

网站已经收到订单，开始落实货源、与用户确认等，还未安排配送，处在这种状态的订单用户可以自己取消订单。如果客户没有支付成功，网站要电话告诉客户，取消订单，客户可以重新下订单。

2. 货在途中

已经落实货源，与用户约定送货时间，再安排配送或者正在配送。

3. 处理完毕

用户收到订购的商品，安装调试完毕，用户付款且满意。

4. 缺货

用户所订商品因热销等原因目前缺货，正在为客户调配，如果客户不能等待，可以与网站客户服务联系，更换商品或者取消订单。

三、取得客户反馈信息的主要方法

1. 网上调查表调查

定期在网站、电子刊物、网上信息公告板上发布调查表，也可以用电子邮件讨论列表或在新闻组中发放调查表。

2. 创建在线社区

创建在线社区包括聊天室、公告板、讨论组等。

3. 提供免费产品

在网上提供免费产品，要求客户填写调查表，一般免费产品可以是邮箱、电子书籍、软件或其他产品及服务。

4. 网站方便顾客联系

允许顾客通过 E-mail 与网站联系，或设免费电话和方便的传真以便顾客反馈信息。

5. 定期与客户保持联系

在节假日、客户生日、网站打折优惠期间主动和客户联系，可以发送贺卡、祝词和相关信息，也可以根据客户注册的手机号发送短信。

四、网上售后服务

售后服务是指完成交易之后为顾客提供的服务。主要包括产品的技术支持和技术服务及为客户提供的增值服务。售后服务是商品信誉的维护、商品品质的保证，也是产品承诺的履行和商品相关资料的提供。

网上售后服务就是借助互联网的直接沟通优势，在完成交易之后为顾客提供的服务。网上售后服务包括两类：一类是基本的网上产品支持和技术服务，另一类是企业为满足客户附加需求所提供的增值服务。

（一）网上售后服务的特点

网上售后服务的主要特点是：

1. 方便快捷

利用网络跨时空、地域的特点，客户可以随时随地寻求网上支持和服务。如在Sony公司的网站，客户可以自行下载数码产品的驱动程序，还可以查询一些常见问题，如果客户的产品忘了带驱动或出现问题，客户可以直接从网上获得售后服务，不需要人工服务，更不用等待答复。

2. 直接

客户在网站不能自己解决的售后服务问题，可以直接和网站联系，避免通过代理商、中间商等中间环节。

3. 个性化

网上售后服务是针对客户个体的问题提供服务，具有一对一的个性化特色。

（二）售后服务的原则

售后服务一般要对客户的问题抱有良好的心态，首先必须心怀对客户的感激之情，其次要愉快而有分寸地和客户交流，最后还应该怀着努力为客户解决问题的态度来回复客户，避免推诿。

小思考 5-6

为什么对客户心怀感激是售后服务的首要原则？

答：因为客户在购买了公司的产品之后才会产生售后服务环节，只有心怀感激，才能在与客户的售后环节中真正以客户的需求为主导思想，耐心倾听客户意见，虚心接受客户批评并在最短的时间内给予客户最满意的答复，这是处理好售后服务的关键。

（三）售后服务的要点

售后服务产生的主要原因是产品质量问题、技术问题或客户对产品使用不合理等，要做好售后服务工作的要点为：

(1) 做好售前的工作，杜绝可能产生的问题，如在产品质量上严把关，在产品销售过程和网站上提供免费的技术支持，方便客户寻找，配备齐全的使用说明，并将可能产生的问题在网站上公布，提醒客户避免产生问题和一旦产生问题的解决方法。

(2) 认真倾听客户意见和要求，以诚恳的态度为客户解决问题，站在客户的角度为客户的利益多考虑。

(3) 快速处理问题并答复，客户信息的反馈一定要及时，如果客户问题不能得到及时解决，就会使客户对产品和服务不满意，从而放弃购买产品和服务，进而使网站失去客户。

(4) 做好后续服务，当对客户反馈提出解决办法后，要跟踪实施的过程，回访客户问题解决的情况，了解客户对问题解决的满意度。

（四）售后服务的技巧

网站要把售后服务看做是与客户沟通的过程，在售后服务中把握一定的技巧，有利于提高客户满意度和增强企业的服务水平。首先，要注重感情联络，售后服务的大部分过程就是和客户感情联络，一旦成为网站的客户，就是网站的朋友，朋友间有必要定期联络感情，如定期发信，或节假日有促销活动时主动与客户联系，还可以在适当的时候给客户送小礼品或提供其他附加服务等；其次，还要做好信息的收集，通过为客户提供售后服务，发掘有价值的客户，了解客户的心态和需求，为挖掘潜在客户和留住老客户做资料上的准备。

小应用 5-10

在处理网上客户反馈信息时必须要注意的问题是，网站要设计一些网络客户服务的工具，为客户提供便捷的服务，例如设计 FAQ(Frequently Asked Questions)，即常见问题回答，还应设计自动回复系统，为发 E-mail 的客户回复一封预先设计好的信件，解答问题或让发信者有信任感。最后，处理网上客户的反馈信息时，一定要及时、热情，切实为客户解决问题。

五、处理网上客户的投诉

（一）分析客户投诉原因

客户投诉一般都带有怨气和不满，因此在处理投诉时一定要用礼貌用语，同时为客户寻找满意的解决问题的方式，即使这样会给本企业利益造成暂时的损失。

客户投诉的处理一定要建立客户长期的反馈机制，首先要建立客户投诉数据库，组织、汇总、整理客户的意见，提出改进措施；其次要正确对待客户的投诉，并及时回复；最后要将客户投诉形成有效的反馈机制，作为企业管理者了解市场的渠道。

能否处理好客户投诉，直接关系到能否更好地满足客户需求，提供客户满意的服务，从而维系更多的客户，实现企业的利益最大化。特别是网上销售业务，作为新生事物，如果不能正确、及时地处理好客户投诉，就可能使客户放弃对在线业务的信任，从而放弃在线购买，甚至拒绝互联网。

客户投诉产生的主要原因是客户所购产品或服务没有达到预期的目的或要求，从而令客户产生不满情绪。因此，在处理客户投诉时必须冷静、认真分析问题的原因，积极、热情地解决问题，同时给顾客留下美好的印象，从而留住顾客，让其成为永久的客户。

（二）处理客户投诉的方法

1. 回复投诉

不管客户以哪种方式、投诉什么内容，首先要在两个小时内向客户表示歉意，同时感谢客户的信任。一般在线购物网站也可以设立自动回复系统，使客户很快得到常见问题的答复及投诉的回音，增强客户对在线服务的信心。而人工服务一般耗时较长，而且需要大量的人力和时间。

2. 记录投诉

根据客户投诉的不同方式，记录客户的投诉内容，如：投诉问题、投诉时间、投诉客户的联系方式等。

3. 判断投诉

主要是根据客户投诉分析客户投诉是否合理，理由是否充分。在这一阶段，可以将不合理的投诉以委婉的方式答复，并取得客户的谅解，同时再次感谢客户的信任，消除可能的误会，以使客户满意。

4. 分析投诉

如果判断投诉是合理的，则需要对投诉进行必要的分析，确定投诉产生的原因及责任部门和责任人，并根据客户要求提出投诉处理意见交主管领导批示。

5. 反馈投诉

根据主管领导的批示，尽快向客户反馈投诉处理的方案并实施，同时取得客户的谅解和满意。

6. 投诉回访

对处理完的客户投诉，要定期做客户回访，用 E-mail 询问客户对投诉处理是否满意，还有什么要求，以增强客户的满意度。

处理网上客户投诉，要注意时效性，也就是不能让客户感觉网络投诉好像石沉大海，因此，第一步到第四步最好在 24 小时内完成，进一步体现网络的跨时空和地域的特点。

六、客户管理

客户管理就是在全面了解客户的基础上进行资源整合和创新服务，为客户提供最大的价值，满足其个性化的需求，建立互信、互利、双赢的合作伙伴关系。全面的客户管理不仅是留住客户的重要手段，也是提升企业核心竞争力的有效途径。

客户管理一般包括了解客户、开发潜在客户、留住新老客户和结成伙伴关系等几个方面。

首先，要对潜在的客户进行分析、分类；其次要有目的地去开发潜在的客户，一旦成为企业客户就需要努力留住客户，留住一个老客户的费用是开发一个新客户费用的 1/5，而且这些老客户又会带来新客户；最后，企业需要建立核心客户资料库，对客户进行科学的管理，并和客户分享企业信息，对客户的满意度进行测评和提升。

七、客户投诉

（一）客户投诉的内容

客户投诉的主要内容一般包括：

1. 产品质量投诉

产品在质量上的缺陷、产品规格不符、产品故障等。

2. 购销合同投诉

产品数量、等级、规格、交货时间、交货地点、结算方式、交易条件等与原合同不符。

3. 服务投诉

对各类服务人员的服务质量、服务态度、服务方式、服务技巧等提出不满。

4. 流通投诉

货物流通过程中在运输环节的损坏、丢失和变质，或由于装卸搬运不当、包装不良等引起损害、腐烂等问题。

（二）处理客户投诉的原则

处理客户投诉的原则一般包括：

1. 预防原则

企业加强管理，提高员工的整体素质和业务能力，杜绝可能产生的投诉问题，减少客户的不满意，从而减少投诉。

2. 及时原则

投诉问题的处理必须及时、快速，减少客户不满意的时间，使客户尽早得到满意的答复，这是投诉产生后最重要的处理原则。

3. 责任原则

投诉问题责任到部门，责任到人，避免类似问题重复发生，同时使投诉问题得到最妥善的处理，令顾客满意。

4. 管理原则

对投诉问题有效的管理、建立相应的管理资料库并及时回访，使客户尽早消除误会，给客户树立良好的企业形象。

小应用 5-11

客户投诉一般都带有怨气和不满，因此在处理投诉时一定要用礼貌用语，同时为客户寻找满意的解决问题的方式，即使这样会给本企业造成暂时的损失。客户投诉的处理一定要建立客户长期的反馈机制，首先要建立客户投诉数据库，组织、汇总、整理客户的意见，提出改进措施；其次要正确对待客户的投诉，并及时回复；最后要将客户投诉形成有效的反馈机制，作为企业管理者了解市场的渠道。

本章小结

• 网上交易过程一般包括交易准备、贸易磋商、签订合同和执行合同等4个阶段。网上单证的设计方法包括：设计网上单证的种类和格式内容、网上单证的风格、网上单证的功能和链接。

• 网上订单流程处理改善遵循的基本原则有：并行处理、分批处理、交叉处理、删除不增值工序、减少等待、在瓶颈处添加额外的资源等。网上订单的状态有：未处理、待确认、已确认、已收款、已取消、全部发货、部分发货、交易完成。

• 网上商店的订单处理是电子商务企业的一个核心业务流程，订单处理流程的合理化是实现企业顾客服务目标最重要的影响因素。完善网上商店订单处理流程的关键因素包括：时间因素、供货准确性因素、成本因素和信息因素。

• 电子合同是通过计算机网络系统订立的、以数据电文的方式生成、储存或传递的合同。电子合同的签订过程包括：买卖双方CA认证、询价和报价、洽谈、签约和执行。

• 在整个电子商务交易过程中，网上金融服务是其中很重要的一环，并随着电子商务的普及和发展，网上金融服务的内容也在发生着很大的变化。网上金融服务包括了网上购买、网络银行、家庭银行、企业银行、个人理财、网上股票交易、网上保险、网络交税等。

• 典型的网上支付工具有：银行卡在线转账支付、电子现金、电子支票、第三方支付平台结算支付、移动支付等。第三方支付的常用工具有：支付宝、易宝支付、财付通、快钱等。

• 网上银行可以全面实现无纸化交易，服务方便、快捷、高效、可靠，经营成本低廉，简单易用。网上银行一般可提供基本网上银行业务、网上投资、网上购物、个人理财助理、企业银行和其他金融服务等业务。

• 支付网关是银行金融系统和互联网之间的接口，是由银行操作的将互联网上的传输数据转换为金融机构内部数据的设备，或由指派的第三方处理商家支付信息和顾客的支付指令。

• 网上购物的一般流程是：进入网上商城→查找、选购商品→查看、修改购物车→继续购买产品→结算→订单生成→订单跟踪。

• 售后服务是指完成交易之后为顾客提供的服务。主要包括产品的技术支持和技术服务及为客户提供的增值服务。

关键概念

网上订单　电子合同　电子支付　网上银行

基本训练

□ 知识题

5.1　判断题

(1) 在单证设计中，广告总是需要的。　(　　)

(2) 电子合同中的数据电文仅限于电子数据交换、电子邮件。　(　　)

(3) 快钱是以提供网上交易的收付费平台的互联网服务企业。　(　　)

(4) 一般来说，回复投诉要在2小时内完成，记录投诉、判断投诉和分析投诉要在24小时内完成。　(　　)

5.2　选择填空题

(1) 确定商店网上单证统一的风格，不包括(　　)。

A. 色彩　B. 字体　C. 字形　D. 字号

(2) 在网上购物中，对网上订单可做如下处理(　　)。

A. 查询订单　B. 修改订单　C. 合并订单　D. 重发订单

(3) 完善网上商店订单处理流程的关键因素是(　　)。

A. 时间因素　B. 供货准确性因素

C. 成本因素　D. 信息因素

(4) 流程改善常遵循的原则有(　　)。

A. 串行处理　B. 并行处理　C. 交叉处理　D. 减少等待

(5) 网上银行的3A特点是指(　　)。

A. Anytime　B. Anywhere　C. Anyplace　D. Anyhow

(6) 客户管理一般包括(　　)。

A. 了解客户　B. 开发潜在客户

C. 留住新老客户　D. 结成伙伴关系

□ 技能题

5.1　登录“中国工商银行”网站，了解该商业银行提供哪些网上银行业务服务。

5.2　登录“淘宝网”，注册成为会员，体验购物过程，注意其“支付宝”的使用和特点。

观念应用

□ 案例题

2009年初，上海交通卡股份有限公司与中国联通公司上海公司以及复旦微电子股份有限公司共同商议移动手机支付在交通卡应用的相关事宜，包括采用的技术、COS的研发、手机卡的发行及管理等。2009年4月起，启动移动手机在上海市公共交通领域的支付应用的项目研发。自2009年9月联通手机卡在上海正式发卡应用以来，据不完全统计,目前手机卡的业务日交易量在225笔,日成交金额在660元。和整个上海公共交通卡应用的日成交笔数和金额相比,手机支付卡占了约0.002%。

2009年下半年,作为上海世博会的主赞助商中国移动公司上海公司也开始了手机支付的应用。首先其在上海地铁应用中实现了系统嵌入,在上海地铁站的部分闸机上实现了手机支付功能,随后,随着上海世博专线公交车的推出,2010年初,开始与本公司合作,在世博专线的500多辆公交车上实现移动收费应用。截至目前,据不完全统计,手机支付在地铁应用日交易笔数为4 000,日交易金额在15 000元左右。

问题:结合以上案例,通过查找资料,了解手机卡支付采用了哪些技术?目前在手机卡支付中还存在哪些问题?

章后习题参考答案与提示

■ 基本训练

□ 知识题

5.1 判断题

(1) 错;(2) 错;(3) 对;(4) 对。

5.2 选择填空题

(1) D;(2) ABC;(3) ABCD;(4) BCD;(5) ABD;(6) ABCD。

□ 技能题

略。

■ 观念应用

□ 案例题

主要采用的技术有NFe技术和2.4G技术。主要存在的问题有:标准问题;支付卡的发行管理问题;结算问题;系统平台问题等。

第六章 网上贸易安全

学习目标

通过本章的学习，了解并掌握本地文件的加密原理和技术；熟练加密和解密操作；掌握基本的电子邮件加密解密技术；了解并掌握数字签名技术；了解升级杀毒软件，掌握病毒的工作原理和清除技术；了解制订交易安全管理制度，掌握网络交易安全知识；熟悉防火墙的更新升级设置技术；了解和学习防火墙技术。

引例
YINLI

央视曝光超级木马：骗过杀毒软件，专门攻击支付宝

目前，一种新型的超级木马病毒被央视曝光，该木马可以骗过大部分杀毒软件，专门针对淘宝卖家的支付宝账户实施洗劫式盗窃。再次提醒大家，在使用支付宝等与钱财有关的应用时切记注意防范，避免造成财产损失。

央视新闻报道了江苏徐州警方破获的一起木马攻击案。据受害人王女士表示，她是一个淘宝卖家，所以经常在电脑上登录支付宝，但是平时她都有安装各种杀毒软件和防范程序，然而还是没料到，有一天支付宝里面的钱全没了。

这又是怎么一回事？针对王女士所说内容，公安局网络安全保卫支队调查后发现，王女士的电脑被植入了木马，该木马还可以远程控制、记录键盘操作等。正是因为这个木马，才导致王女士支付宝的钱通过记录键盘动作，盗取支付宝账号密码，随后盗号者便将支付宝洗劫一空。

经过警方和支付宝平台联手调查后发现，该超级木马隐蔽性特别强，可以骗过大多数杀毒软件，让用户防不胜防。那木马又是怎么被植入电脑上的呢？

从该木马针对淘宝卖家情况来看，很有可能是盗号者伪装成买家进行交谈，然后通过文件图片等传输方式发送给卖家，卖家一不注意，就可能点到了木马链接，从而导致电脑中毒。

这种链接式的木马不但在淘宝上有，在qq、微信、短信都有可能出现，所以，如果发现

这种陌生不明的链接,切勿点击,这些链接很有可能就是木马病毒。一旦点开此链接,那么你的隐私财产安全就得不到保障。所以,一定要警惕,碰到这种链接,千万不要点!

(资料来源:前瞻网.央视曝光超级木马:骗过杀毒软件专门攻击支付宝.)

在互联网有力地推动社会发展的同时,也面临着越来越严重的威胁和攻击。网络安全问题越来越受到重视。保证网上贸易的正常运作,必须高度重视安全问题。网络交易安全涉及社会的方方面面,不仅仅是一堵防火墙或一个电子签名就能简单解决的问题。安全问题是网络成功交易的关键所在,它不仅关系到个人的资金安全、商家的货物安全,还关系到国家的经济安全、国家经济秩序的稳定。

第一节　网上贸易安全概述

一、网上贸易安全的重要性

网上贸易系统是活动在互联网平台上的一个涉及信息、资金和物资交易的综合交易系统,其安全对象不是一般的系统,而是一个开放的、人在其中频繁活动的、与社会系统紧密耦合的复杂系统。它是由商业组织本身(包括营销系统、支付系统、配送系统等)与信息技术系统复合构成的。而系统的安全目标与安全策略,是由组织的性质与需求所决定的。因此必须先分析系统的安全风险,从而制订相应的安全保护措施。

1. 在线交易主体的市场准入问题

在现行法律体制下,任何长期固定从事营利性事业的主体都必须进行工商登记。在网上贸易环境下,任何人不经登记就可以借助计算机网络发出或接收网络信息,并通过一定程序与其他人达成交易。虚拟主体的存在使网上贸易交易安全受到严重威胁。网上贸易交易安全首先要解决的问题就是确保网上交易主体的真实存在,其次要确定哪些主体可以进入虚拟市场从事在线业务。这两方面的工作需要依赖工商管理部门的网上商事主体公示制度和认证中心的认证制度加以解决。

2. 信息风险

从买卖双方自身的角度观察,网络交易中的信息风险来源于用户以合法身份进入系统后,买卖双方都可能在网络上发布虚假的供求信息,或以过期的信息冒充现在的信息,以骗取对方的钱款或货物。虚假信息包括与事实不符和夸大事实两个方面,虚假事实可能是所宣传的商品或服务本身的性能、质量、技术标准等,也可能是政府批文、权威机构的检验证明、荣誉证书、统计资料等,还可能是不能兑现的允诺。例如,有些网络公司急于扩大自身影响、引起公众注意,网络广告使用“中国第一”“全国访问率最高”“固定用户数量最多”等词语。有的甚至在网络广告发布过程中,违反有关法律和规章制度中的强制性规定,将含有淫秽、迷信、恐怖、暴力等不健康的内容直接在网上发布。从技术上看,网络交易的信息风险主要来自冒名偷窃、篡改数据、信息丢失等方面。

3. 信用风险

信用风险主要来自 3 个方面：

（1）来自买方的信用风险。对于个人消费者来说，可能存在在网络上使用信用卡进行支付时恶意透支，或使用伪造的信用卡骗取卖方货物的行为；对于集团购买者来说，存在拖延货款的可能，卖方需要为此承担风险。

（2）来自卖方的信用风险。卖方不能按质、按量、按时寄送消费者购买的货物，或者不能完全履行与集团购买者签订的合同，造成买方的风险。

（3）买卖双方都存在抵赖的情况。

小应用 6-1

网上贸易信用风险是指由于网络交易的虚拟化和特殊性，其主体的信用信息不能为对方了解所引发的信用风险。从本质上讲，网络提供的是一个交易平台，双方不需要见面，本质就是社会信用。因为涉及多个交易主体，网上贸易信用也可以转化为参与各方的信用，如果交易前能确定出交易者的信用，风险自然也就降低了。

4. 网上欺诈犯罪

骗子们利用人们的善良天性，在电子交易活动中频繁欺诈用户，利用网上贸易欺诈已经成为一种新型的犯罪活动。打击互联网欺诈行为对保证网上贸易正常发展具有重要意义。不严厉打击这类犯罪活动，网上贸易就不可能顺利发展。

5. 电子合同问题

在传统商业模式下，除即时结清或数额小的交易不需要记录外，一般都要签订书面合同，以备在对方失信不履约时作为证据，追究对方的责任。而在在线交易情形下，所有当事人的意思表示均以电子化的形式存储于计算机硬盘或其他电子介质中。这些记录方式不仅容易被涂擦、删改、复制、遗失，而且不能脱离其记录工具（计算机）而作为证据独立存在。网上贸易法需要解决由于电子合同与传统合同的差别而引起的诸多问题，突出表现在签名有效性、合同收讫、合同成立地点、合同证据等方面。

6. 电子支付问题

在网上贸易简易形式下，支付往往采用汇款或交货付款方式，而典型的网上贸易则是在网上完成支付的。网上支付通过信用卡支付和虚拟银行的电子资金划拨来完成。而实现这一过程涉及网络银行与网络交易客户之间的协议、网络银行与网站之间的合作协议以及安全保障问题。因此，需要制定相应的法律，明确电子支付的当事人（包括付款人、收款人和银行）之间的法律关系，制定相关的电子支付制度，认可电子签名的合法性。同时还应出台针对电子支付数据的伪造、变造、更改、涂销问题的处理办法。

7. 在线消费者保护问题

在线市场的虚拟性和开放性、网上购物的便捷性使消费者保护成为突出的问题。在我国商业信用不高的状况下，网上出售的商品可能良莠不齐，质量难以让消费者信赖，而一旦出现质量问题，退赔、修理或其他方式的补救又很困难，方便的网络购物很可能变得不方便甚至使人敬而远之。法律需要寻求在网上贸易环境下执行《消费者权益保护法》的方法和途径，制订保护网络消费者的特殊法，保障网上商品的质量，保证网上广告信息的真实性和有效性，解决由于交易双方信息不实或无效信息而发生的交易纠纷，切实维护消费者权益。

计算机和网络技术为人们获取、传递、复制信息提供了方便，但网络的开放性和互动性又给个人隐私保护带来麻烦。在线消费（购物或接受信息服务）均需要将个人资料传送给银行和商家，而对这些信息的再利用成为网络时代的普遍现象。如何规范银行和商家的利用行为，保护消费者的隐私权成为一个新的棘手问题，这一问题的实质是消费者权益的深层次保护。

8. 网上贸易中产品交付问题

在线交易的标的分两种，一种是有形货物；另一种是无形的信息产品。应当说，有形货物的交付仍然可以沿用传统合同法的基本原则，当然，对于物流配送中引起的一些特殊问题，也要做一些探讨。而信息产品的交付则具有不同于有形货物交付的特征，对于其权利的移转、退货、交付的完成等需要有相应的安全保障措施。

鉴于上述对网上贸易安全风险来源的分析，我们必须对这些风险源引起的安全问题加以足够的重视，从而保证网上贸易交易的正常运转。

二、网上贸易安全的内容

（一）网上贸易安全的要求

网上贸易发展的核心和关键问题是交易的安全性。互联网本身的开放性，使网上交易面临着种种危险，也由此提出了相应的安全控制要求。

1. 有效性

网上贸易以电子形式取代了纸张，要对网络故障、操作错误、应用程序错误、硬件故障、系统软件错误及计算机病毒所产生的潜在威胁加以控制和预防，以保证贸易数据在确定的时间、确定的地点是有效的。

2. 机密性

作为贸易的一种手段，网上贸易的信息直接代表着个人、企业或国家的商业机密。网上贸易是建立在一个较为开放的网络环境上的（尤其是互联网），维护商业机密是网上贸易全面推广应用的重要保障。因此，要预防非法的信息存取和信息在传输过程中被非法窃取。

3. 完整性

网上贸易简化了贸易过程，减少了人为的干预，同时也带来维护贸易各方商业信息完整、统一的问题。贸易各方信息的完整性将影响到贸易各方的交易和经营策略，保持贸易各方信息的完整性是网上贸易应用的基础。因此，要预防对信息的随意生成、修改和删除，同时要防止数据传送过程中信息的丢失和重复。

4. 真实性和不可抵赖性的鉴别

网上贸易可能直接关系到贸易双方的商业交易，如何确定要进行交易的贸易方正是进行交易所期望的贸易方，这一问题是保证网上贸易顺利进行的关键。在无纸化的网上贸易方式下，通过手写签名和印章进行贸易方的鉴别已是不可能的了。因此，要在交易信息的传输过程中为参与交易的个人、企业或国家提供可靠的标志。

小思考 6-1

网上贸易中的安全要求包括哪些方面?

答：网上贸易发展的核心和关键问题是交易的安全性。网上贸易中的安全要求包括：有效性、机密性、完整性、真实性和不可抵赖性的鉴别。

（二）网上贸易安全的内容

网上贸易系统是一个计算机系统，其安全性是一个系统的概念，不仅与计算机系统结构有关，还与网上贸易应用的环境、人员素质和社会因素有关。它包括网上贸易系统的硬件安全、软件安全、运行安全、网上贸易安全立法。

1. 网上贸易系统硬件安全

硬件安全是指保护计算机系统硬件(包括外部设备)的安全，保证其自身的可靠性和为系统提供基本安全机制。

2. 网上贸易系统软件安全

软件安全是指保护软件和数据不被篡改、破坏和非法复制。系统软件安全的目标是使计算机系统逻辑上安全，主要是使系统中信息的存取、处理和传输满足系统安全策略的要求。

3. 网上贸易系统运行安全

运行安全是指保护系统能连续和正常地运行。

4. 网上贸易安全立法

网上贸易安全立法是对网上贸易犯罪的约束，它是利用国家机器，通过安全立法，体现与犯罪行为斗争的国家意志。

综上所述，网上贸易安全是一个复杂的系统问题。网上贸易安全立法与网上贸易应用的环境、人员素质、社会有关，基本上不属于技术上的系统设计问题，而硬件安全是目前硬件技术水平能够解决的问题。鉴于现代计算机系统软件的庞大和复杂性，软件安全成为网上贸易系统安全的关键问题。

第二节　网上贸易安全技术与协议

一、防火墙技术

防火墙是目前保证网络安全的必备安全软件，它通过对访问者进行过滤，可以使系统限定什么人在什么条件下可以进入自己的网络系统。非法入侵者入侵时，就必须采用IP地址欺骗技术才能进入系统，但增加了入侵的难度。

（一）防火墙的基本结构

1. 屏蔽路由器

屏蔽路由器是防火墙最基本的构件。它可以由厂家专门生产的路由器实现，也可以用主机来实现。屏蔽路由器作为内外连接的唯一通道，要求所有的报文都必须在此通过检查。路由器上可以安装基于IP层的报文过滤软件，实现报文过滤功能，如图6-1所示。单纯由屏蔽路由器构成的防火墙的危险区域包括路由器本身及路由器允许访问的主机。它的缺点是路由器一旦被控制后很难发现，而且不能识别不同的用户。

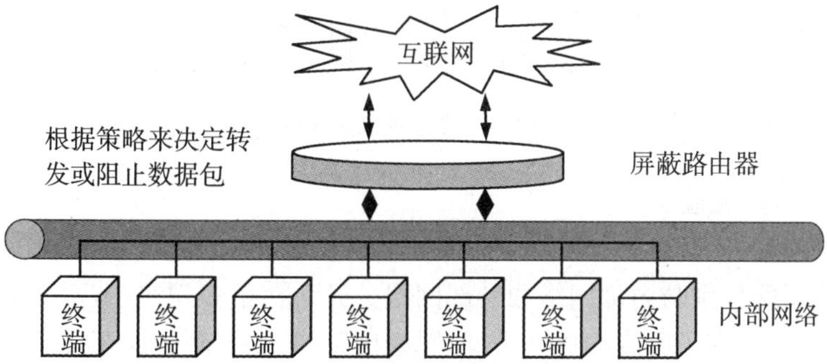

图6-1　屏蔽路由器防火墙

2. 双宿主机防火墙

用一台装有两张网卡的堡垒主机做防火墙。两张网卡分别与受保护网和外部网相连。堡垒主机上运行着防火墙软件，可以转发应用程序、提供服务等，如图6-2所示。

堡垒主机的系统软件可用于维护系统日志、硬件复制日志或远程日志。这对日后检查很有用，但不能帮助网络管理者确认网中哪些主机可能被黑客入侵。其致命弱点是一旦入侵者侵入主机并使其只具有路由功能，则网上任何用户均可自由访问内网。

3. 屏蔽主机防火墙

一个分组过滤路由器连接外部网络，同时一个堡垒主机安装在内部网络上，通常在路由器上设立过滤原则，并使用这个堡垒主机成为外部网络唯一可直接到达的主机，确保了内部网络不受未被授权的外部用户的攻击，如图6-3所示。这种方法易于实现，也很安全,因此应用广泛。

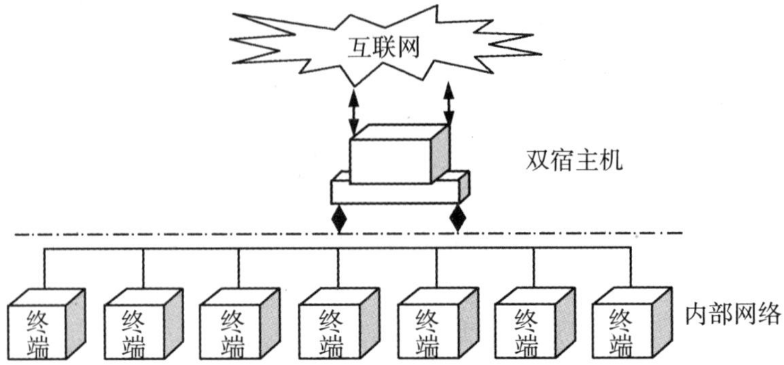

图 6-2　双宿主机防火墙

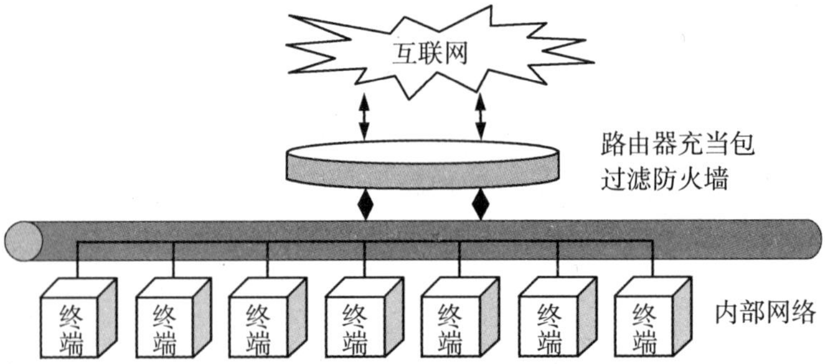

图 6-3　屏蔽主机防火墙

4. 屏蔽子网防火墙

在内部网络和外部网络之间建立一个被隔离的子网,如图 6-4 所示,用两台分组过滤路由器将这个子网分别与内部网络和外部网络分开。在很多现实中,两个分组过滤路由器放在子网的两端,在子网内构成一个“非军事区”。有的屏蔽子网还设有一堡垒主机作为唯一可访问点,支持终端交互或作为应用网关代理。这种配置的危险区域仅包括堡垒主机、子网主机及所有连接内网、外网和屏蔽子网的路由器。

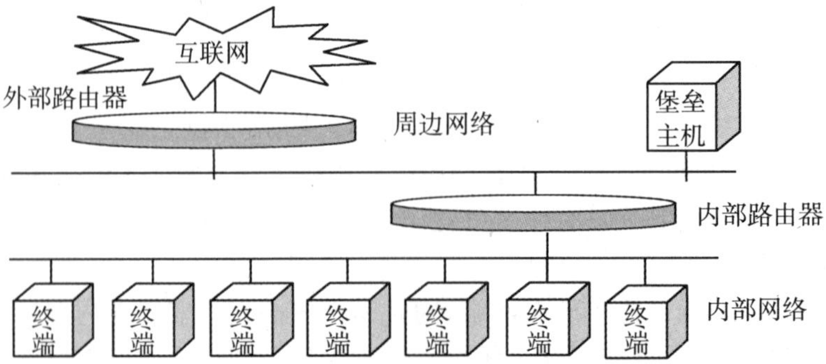

图 6-4　屏蔽子网防火墙

（二）防火墙技术

1. 数据包过滤技术

数据包过滤是在网络中适当的位置，依据系统内设置的过滤规则对数据包实施有选择的通过。过滤规则通常称为访问控制表，只有满足过滤规则的数据包才被转发到相应的目的地，其余的数据包则从数据流中被删除。目前大多数的网络路由器设备都具备一定的数据包过滤能力，因而使路由器设备在完成路由选择和转发功能之外同时进行数据包过滤。

数据包过滤的依据有：IP 源地址、IP 目的地址、协议（表明数据包是 TCP、UDP 或 ICMP 包）、TCP 或 UDP 源端口、TCP 或 UDP 目的端口、ICMP 消息类型等。

此外，路由器还知道某些没有反映在数据包报头中的关于数据包的信息，比如数据包到达的端口、数据包出去的端口等。

2. 数据包过滤原则

数据包过滤通过检查数据流中的每个数据包，根据数据包的源地址、目的地址和如上所述的多种信息或它们的组合来确定是否允许数据包通过。数据包过滤器在本地端接收数据包时，一般不保留上下文，只根据目前数据包的内容做决定。检查地址和端口 VI 号分别是网络层和传输层的功能。

屏蔽路由器对数据包的检测非常仔细，除了决定该数据包能否被它路由到目的地址之外，屏蔽路由器还要决定是否应该对这个数据包进行路由。是否对这个数据包进行路由是依据防火墙的安全规则而定的。管理员可以根据自己的安全规则来配置路由器。

3. 代理服务

代理服务是运行在防火墙主机上专门的应用程序或服务器程序，这些程序根据安全策略接收用户对网络服务的请求并将它们转发到实际的服务。代理服务位于内部网络用户和外部服务之间，处理内部网络用户和外部服务之间的通信，以阻隔它们之间相互直接的通信。

代理服务要求有两个部件：一个是代理服务器；一个是代理客户。代理服务器是一个运行代理服务程序的网络主机；代理客户是普通客户程序的特别版本，它和代理服务器交互而不与真正的外部服务器相连。所有跨越防火墙的网络通信链路分为两段：外部主机和代理服务器主机之间的连接，以及代理服务器主机与内部主机之间的连接。代理服务器检查来自代理客户的请求，并根据安全策略认可或否认这些请求。如果请求被认可，代理服务器代表客户连接真正的服务器，并且转发代理客户到真正服务器的请求和真正服务器到代理客户的响应。代理服务器不仅能够转送用户的请求到真正的网络主机，还能够控制用户做什么，根据安全策略，请求可以被允许或拒绝。例如，FTP 代理可以拒绝让用户输出文件，也可以允许用户从一定的站点输入文件。

4. 流过滤技术

东软 NetEye 防火墙采用的“流过滤”结构，是以状态包过滤形态，通过内嵌专用的 TCP 协议，实现了通用的应用信息过滤机制。它仍然工作在链路层或 IP 层，在规则允许下，两端可以直接访问，但是对于任何一个被规则允许的访问，在防火墙内部都存在两个完全独立的TCP会话，数据是以“流”的方式从一个会话流向另一个会话，由于防火墙的应用层策略位于流的中间，因此可以在任何时候代替服务器或客户端参与应用层的会话，从而起到与应用代理防火墙相同的对应用层的控制能力。采用流过滤机制，可以进行应用级插件的开发和升级、及时响应各种新的攻击方式，动态保护网络安全。

5. 智能防火墙技术

某公司的“黑客愁TM”防火墙采用了智能访问控制技术为核心的智能防火墙技术，是利用统计、记忆、概率和决策的智能方法对数据进行识别，以达到访问控制的目的。新的数学方法消除了匹配检查所需要的海量计算，高效发现网络行为的特征值，直接进行访问控制。智能防火墙的关键技术包括防攻击技术、防扫描技术、防欺骗技术、入侵防御技术、包擦洗和协议正常化技术及AAA技术等。

小应用6-2

目前，市场上可选用的防火墙种类很多，仅NetScreen公司的防火墙产品就有十余种。国内获得公安部许可证的防火墙产品已有几十种，如网络卫士、蓝盾、神州数码等。这些新型防火墙具有简单易用的Web界面，没有用户限制，支持多用户身份认证，检测黑客攻击手段有几十种，可以有效地防止黑客攻击。

二、加密技术

（一）加密的概念

数据加密的基本过程就是对原来为明文的文件或数据按某种算法进行处理，使其成为不可读的代码，通常称为“密文”，而且要做到只能在输入相应的密钥之后才能显示出本来内容，通过这样的途径来达到保护数据不被非法窃取、阅读的目的。

一个加密系统数学符号描述如下：

$$S=\{P,C,K,E,D\}$$

其中：P——明文，也就是原文，需要加密的信息；C——密文，是P经过加密后产生的信息；K——密钥，密码算法中的一个参数；E——加密算法；D——解密算法。

对每个密钥K，都有对应的E_k和D_k，并且满足$C=E_k(P)$和$P=D_k(C)$。

现代密码学的一个基本原则是一切秘密应寓于密钥之中，即在设计加密系统时，总是假定密码算法是公开的，真正需要保密的是密钥。

（二）现代密码体制

1. 对称密码体制和非对称密码体制

根据密码算法使用的加密密钥和解密密钥是否相同，将密码体制分为对称和非对称两种。对称密码体制又称为秘密密码体制，加密密钥和解密密钥相同或者一个可由另一个导出。这种体制需要有可靠的密钥传递渠道，常用的有DES、IDEA、AES等算法。

DES算法属于分组加密算法，在20世纪70年代中期由美国IBM公司的一个密码算法发展而来。在这个加密系统中，每次加密或者解密的分组大小是64位，所以DES没有密文扩充问题。

非对称密码体制称为公开密码体制，即加密密钥公开，解密密钥不公开。非对称密码体制适用于开放的使用环境，密钥管理相对简单，但工作效率低于对称密码体制。常用的有RSA、LUC、椭圆曲线等算法。

小思考 6-2

对称密钥和非对称密钥的典型算法是什么？

答：对称密钥的典型算法是DES，对 N 个用户来说，需要 $N(N-1)/2$ 对密钥；非对称密钥的典型算法是RSA，对 N 个用户来说，需要 N 对密钥。

2. 分组密码体制和序列密码体制

根据密码算法对明文信息的加密方式进行分类的方法，如果密文仅与给定的密码算法和密钥有关，与被处理的明文数据段在整个明文或者密文中所处位置无关，则称为分组密码体制。分组密码体制是将明文分为固定长度的组，如64位一组，用同一密钥和算法对每一组加密，输出也是固定长度的密文。

如果密文不仅与给定的密码算法和密钥有关，同时也是被处理的明文数据段在整个明文或者密文中所处位置的函数，则称为序列密码体制。序列密码的关键技术是伪随机序列产生器的设计。

3. 加密技术中的摘要函数

摘要是一种防止改动的方法，其中用到的函数叫摘要函数。这些函数的输入可以是任意大小的消息，而输出是一个固定长度的摘要。摘要有这样一个性质，如果改变了输入消息中的任何东西，甚至只有一位，输出的摘要将会发生不可预测的改变，也就是说输入消息的每一位对输出摘要都有影响。总之，摘要算法从给定的文本块中产生一个数字签名(Fingerprint 或 Message Digest)，数字签名可以用于防止有人从一个签名上获取文本信息或改变文本信息内容和进行身份认证。摘要算法的数字签名原理在很多加密算法中都被使用，例如SO/KEY和PGP(Pretty Good Privacy)，如图6-5所示。

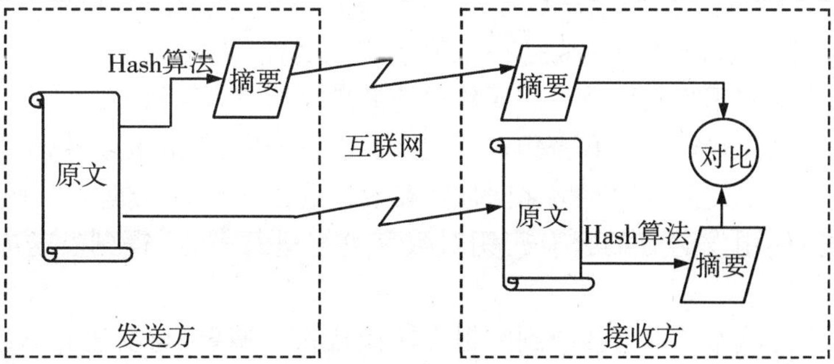

图 6-5　信息摘要过程

三、数字签名

（一）数字签名的含义

对文件进行加密只解决了传送信息的保密问题，而防止他人对传输文件进行破坏以及如何确定发信者的身份还需要采取其他的手段，这种手段就是数字签名。

在网上贸易安全保密系统中，数字签名技术有着特别重要的地位，在网上贸易安全服务中的源鉴别、完整性服务、不可否认服务中，都要用到数字签名技术。

在日常的社会生活和经济往来中，签名盖章和签名识别是一个非常重要的环节。

数字签名和书面签名有相同之处，采用数字签名，能确认以下两点：信息是由签名者发送的；信息从签发到收到为止未曾做过任何修改。因此，数字签名可用来防止电子信息因易被修改而有人作伪，或冒用别人名义发送信息，或发出（收到）信件后又加以否认等情况发生。

联合国国际贸易法委员会《网上贸易示范法》第 7 条的规定给数字签名一个非形式化的定义："数字签名"系指在数据电文中，以电子形式所含、所附或在逻辑上与数据电文有联系的数据，和与数据电文有关的任何方法，它可用于数据电文有关的签名持有人和表明此人认可数据电文所含信息。

一个签名方案由签署算法与验证算法两部分构成，可用 5 元关系组(P,A,K,S,V)表示，其中 P 是由一切可能消息所构成的有限集合；A 是一切可能签名的有限集合；K 是有限密钥空间及一些可能密钥的有限集合；S 是签署算法集合；V 是验证算法集合。

（二）数字签名使用原理

安全的数字签名使接收方可以确认文件确实来自声称的发送方。鉴于签名私钥只有发送方自己保存，他人无法做一样的数字签名，因此不能否认他参与了交易。

数字签名使用的是发送方的密钥对，发送方用自己的私有密钥进行加密，接受方用发送方的公开密钥进行解密。这是一对多的关系，任何拥有发送方公开密钥的人都可以验证数字签名的正确性。

在实际应用过程中，通常一个用户拥有两个密钥对，一个密钥对用来对数字签名进行加密解密，另一个密钥对用来对私有密钥进行加密解密，如图 6-6 所示。

下面介绍利用哈希函数进行数字签名和验证的文件传输过程。

（1）发送方首先用哈希函数将需要传送的消息转换成报文摘要。

（2）发送方采用自己的私有密钥对报文摘要进行加密，形成数字签名。

（3）发送方把加密后的数字签名附加在要发送的报文后面，传递给接收方。

（4）接收方使用发送方的公有密钥对数字签名进行解密，得到发送方形成的报文摘要。

（5）接收方用哈希函数将接收到的报文转换成报文摘要，与发送方形成的报文摘要相比较，若相同，说明文件在传输过程中没有被破坏。

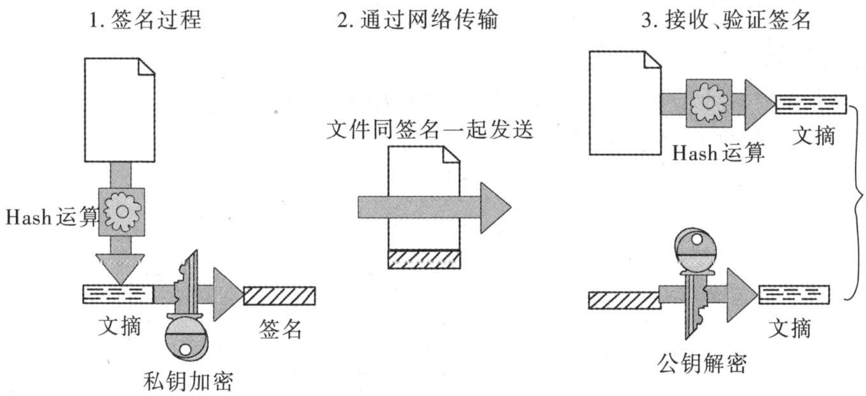

图 6-6　数字签名和验证过程

四、认证技术

网上交易的买卖双方在进行每一笔交易时，都要鉴别对方是否是可信的。例如，甲方收到了带有乙方数字签名的一封信，用属于乙方的公钥解密，他要确定公钥属于乙方，而不是在网上冒充乙方的其他人。一种确定公钥属于乙方的办法就是通过秘密途径接收由乙方亲自送来的公钥(Public Key)，这种办法在实际的交易中显然是不现实的。如果交易的甲乙双方通过互联网获取各自的公共密钥(这种办法是可行的)，他们则需要对这些密钥进行验证。甲方不能简单地向乙方询问其公共密钥，因为在网络上可能存在第三者截获甲方的请求，并发送它自己的公共密钥，借以阅读甲方传送给乙方的所有消息。因此，需要一个第三方来验证公钥确实是属于乙方的，这样的第三方被称为“认证机构”(Certificate Authority，CA)。通过认证机构来认证买卖双方的身份，是保证网络交易安全的重要措施。

1. 数字证书

根据联合国《电子签名示范法》第 1 条，“证书”系指可证实签名人与签名生成数据有联系的某一数据电文或其他记录。

最常用的 CA 证书是数字证书。数字证书作为网上交易双方真实身份证明的依据，是一个经证书授权中心(CA)数字签名的、包含证书申请者(公开密钥拥有者)个人信息及其公开密钥的文件。基于公开密钥体制(PKI)的数字证书是网上贸易安全体系的核心，用途是利用公共密钥加密系统来保护与验证公众的密钥，由可信任的、公正的权威机构 CA 颁发。CA 对申请者所提供的信息进行验证，然后通过向网上贸易各参与方签发数字证书来确认各方的身份，保证网上支付的安全性。

数字证书按照不同的分类有多种形式，如个人数字证书和单位数字证书，SSL 数字证书和 SET 数字证书等。

数字证书由两部分组成：申请证书主体的信息和发行证书的 CA 签名(如图 6-7 所示)。证书数据包含版本信息、证书序列号、CA 所使用的签名算法、发行证书 CA 的名称、证书的有效期限、证书主体名称、被证明的公钥信息。发行证书的 CA 签名包括 CA 签名和用来生成数字签名的签名算法。

客户向 CA 申请证书时，可提交自己的驾驶执照、身份证或护照，经验证后，颁发证书，以此作为网上证明自己身份的依据。

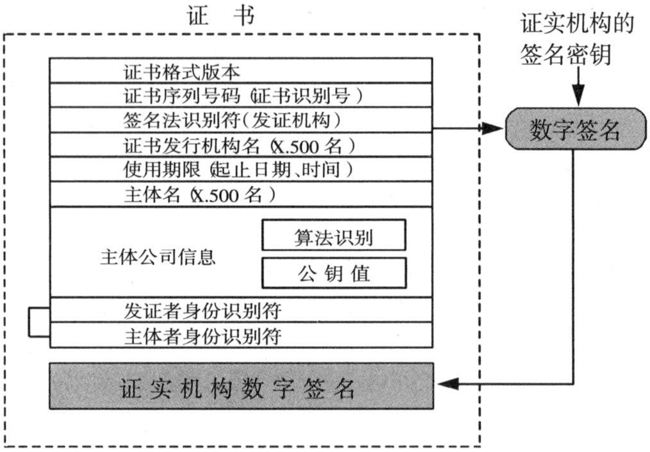

图 6-7　数字证书的组成

小思考 6-3

数字证书一般包括哪些内容？

答：版本信息、证书序列号、CA 所使用的签名算法、发行证书 CA 的名称、证书的有效期限、证书主体名称、被证明的公钥信息。发行证书的 CA 签名包括 CA 签名和用来生成数字签名的签名算法。

2. 认证机构

认证机构在网上贸易中具有特殊的地位。它是为了从根本上保障网上贸易交易活动顺利进行而设立的，主要是解决网上贸易活动中交易参与各方身份、资信的认定，维护交易活动的安全。CA 是提供身份验证的第三方机构，由一个或多个用户信任的组织实体构成。例如，持卡人要与商家通信，持卡人从公开媒体上获得了商家的公开密钥，但持卡人无法确定商家不是冒充的(是有信誉的)，于是持卡人请求 CA 对商家认证，CA 对商家进行调查、验证和鉴别后，将包含商家 Public Key(公钥)的证书传给持卡人。同样，商家也可对持卡人进行验证，如图 6-8 所示。

CA 的功能主要有：接收注册请求，处理、批准/拒绝请求，颁发证书。在实际运作中，CA 也可由大家都信任的一方担当，例如在客户、商家、银行三角关系中，客户使用的是由某个银行发的卡，而商家又与此银行有业务关系(有账号)。在此情况下，客户和商家都信任该银行，可由该银行担当 CA 角色，接收、处理他的卡客户证书和商家证书的验证请求。又例如，对商家自己发行的购物卡，则可由商家自己担当 CA 角色。

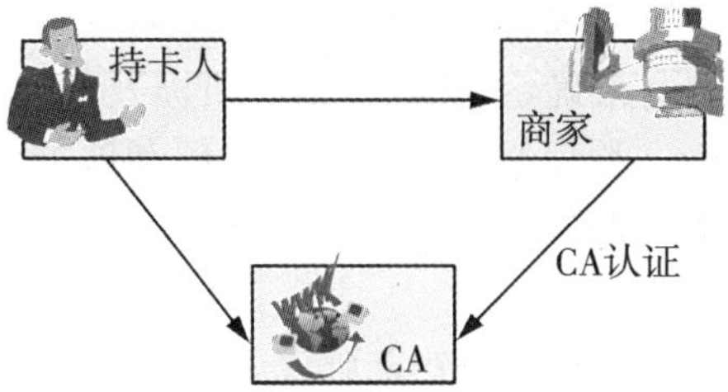

图 6-8　CA 认证

小应用 6-3

目前，国内的 CA 中心一般有 3 种类型：第一类是行业型 CA，如国家金融中心、中国电信、中国邮政、海关等；第二类是区域型 CA，南有广东、东有上海、北有吉林；第三类是商业型 CA，如天威诚信，以可信第三方的身份提供商业化 PKI/CA 服务。一般，CA 中心所提供的安全认证产品和服务主要有：个人证书、服务器证书、企业 PKI 解决方案（安证通）等。

3. 网上贸易的 CA 认证体系

网上贸易 CA 认证体系包括两大部分，即符合 SET 标准的 SET CA 认证体系（又叫“金融 CA”体系）和基于 X. 509 的 PKI CA 体系（又叫“非金融 CA”体系）。

(1) SET CA。

1997 年 2 月 19 日，由 MasterCard 和 Visa 发起成立 Setco 公司，被授权作为 SET 根认证中心（Root CA）。从 SET 协议中可以看出，由于采用公开密钥加密算法，认证中心（CA）就成为整个系统的安全核心。SET 中 CA 的层次结构如图 6-9 所示。

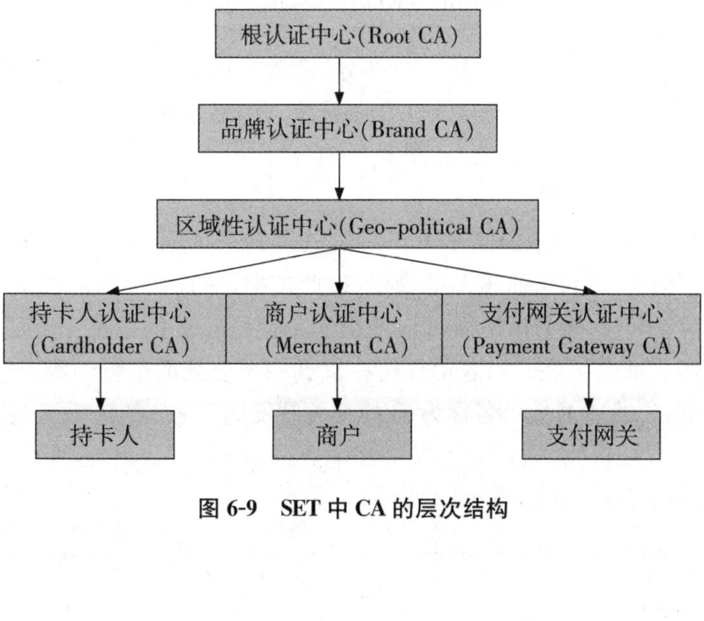

图 6-9　SET 中 CA 的层次结构

在 SET 中,CA 所颁发的数字证书主要有持卡人证书、商户证书和支付网关证书。在证书中,利用 X.500 识别名来确定 SET 交易中所涉及的各参与方。SET CA 是一套严密的认证体系,可保证 B2C 类型的网上贸易安全顺利地进行。但 SET 认证结构适应于卡基支付,对其他支付方式是有所限制的。

(2) PKI CA。

PKI(Public Key Infrastructure,公钥基础设施)是提供公钥加密和数字签名服务的安全基础平台,目的是管理密钥和证书。PKI 是创建、颁发、管理、撤销公钥证书所涉及的所有软件、硬件的集合体,它将公开密钥技术、数字证书、证书发放机构(CA)和安全策略等安全措施整合起来,成为目前公认的在大型开放网络环境下解决信息安全问题最可行、最有效的方法。

PKI 是网上贸易安全保障的重要基础设施之一。它具有多种功能,能够提供全方位的网上贸易安全服务。图 6-10 所示是 PKI 的主要功能和服务的汇总。

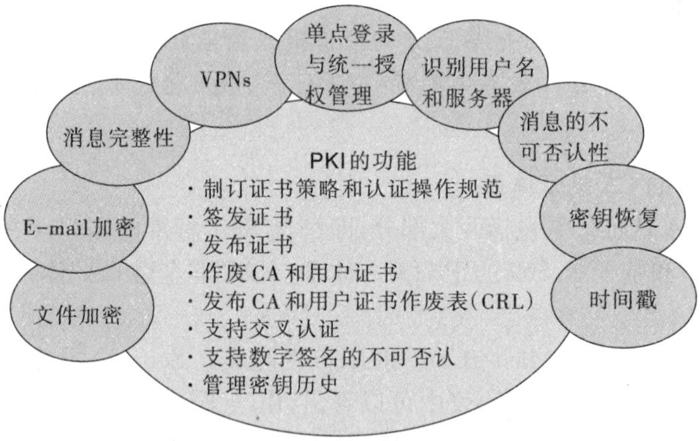

图 6-10 PKI 的主要功能和服务

一个典型的 PKI 应用系统包括 5 个部分:密钥管理子系统(密钥管理中心)、证书受理子系统(注册系统)、证书签发子系统(签发系统)、证书发布子系统(证书发布系统)、目录服务子系统(证书查询验证系统)。图 6-11 显示了 PKI 体系的构成。

4. 证书的树形验证结构

在双方通信时,通过出示由某个 CA 签发的证书来证明自己的身份,如果对签发证书的 CA 本身不信任,则可验证 CA 的身份,以此类推,一直到公认的权威 CA 处,就可确信证书的有效性。SET 证书正是通过信任层次来逐级验证的。每一个证书与数字化签发证书的实体签名证书关联。沿着信任树一直到一个公认的信任组织,就可确认该证书是有效的。例如,C 的证书是由名称为 B 的 CA 签发的,而 B 的证书又是由名称为 A 的 CA 签发的,A 是权威机构,通常称为根认证中心(Root CA)。验证到了 Root CA 处,就可确信 C 的证书是合法的(如图 6-12 所示)。

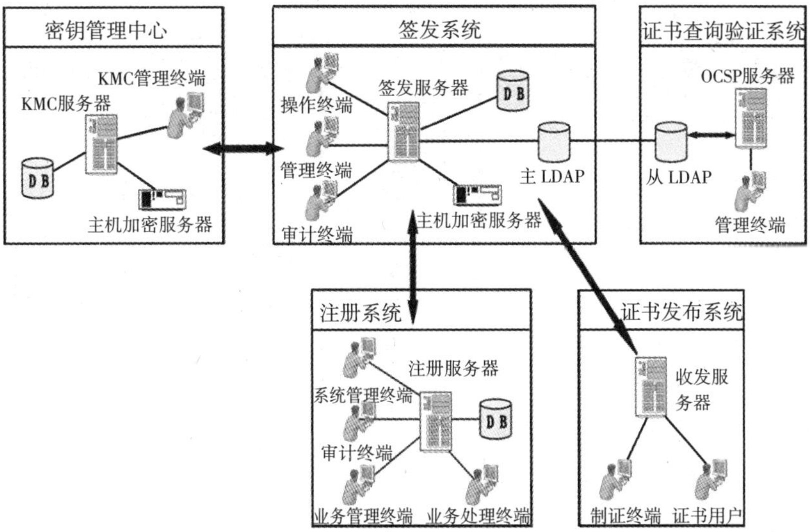

图 6-11　PKI 体系的构成

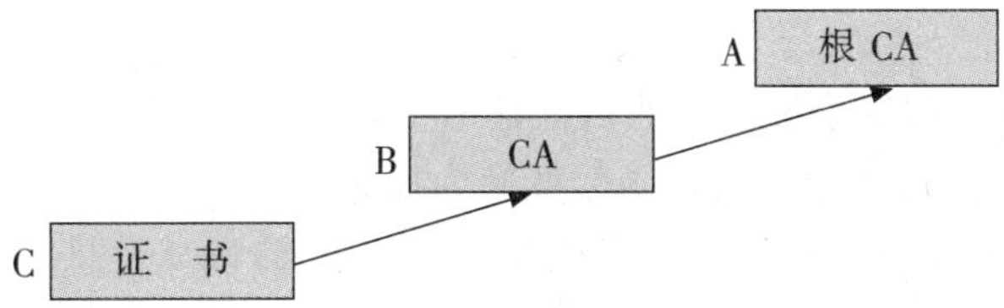

图 6-12　证书的树形验证结构

在网上购物中，持卡人的证书与发卡机构的证书关联，而发卡机构证书通过不同品牌卡的证书连接到 Root CA，而 Root 的公共签名密钥对所有的 SET 软件都是已知的，可以校验每一个证书。

5. 带有数字签名和数字证书的加密系统

安全网上贸易使用的文件传输系统大都带有数字签名和数字证书，其基本流程如图 6-13 所示。

图 6-13 表示了整个文件加密传输的 10 个步骤：

(1) 在发送方的网站上，将要传送的信息通过哈希函数变换为预先设定长度的报文摘要。

(2) 利用发送方的私钥给报文摘要加密，结果是数字签名。

(3) 将数字签名和发送方的认证证书附在原始信息上打包，使用 DES 算法生成的对称密钥在发送方的计算机上为信息包加密，得到加密信息包。

(4) 用预先收到的接收方的公钥为对称密钥加密，得到数字信封。

(5) 加密信息和数字信封合成一个新的信息包，通过互联网将加密信息和数字信封传到接收方的计算机上。

(6) 用接收方的私钥解密数字信封，得到对称密钥。

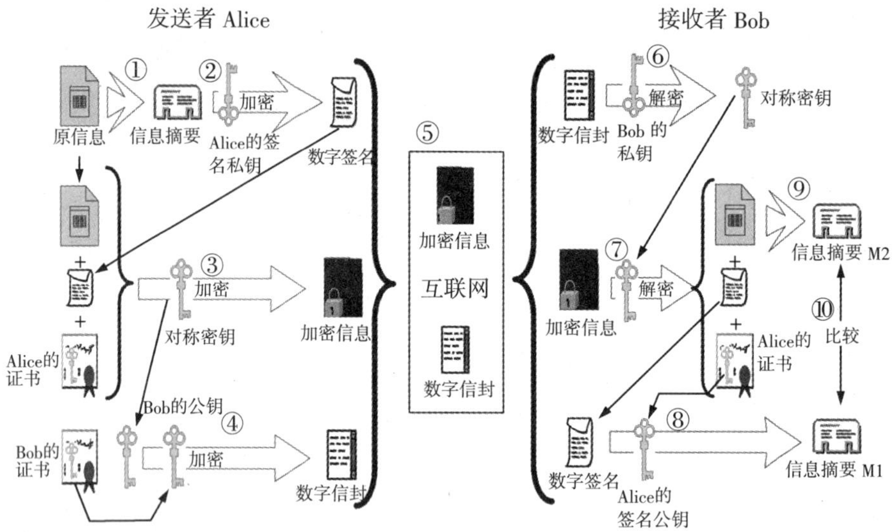

图 6-13　带有数字签名和数字证书的加密系统

(7) 用还原的对称密钥解密加密信息，得到原始信息、数字签名和发送方的认证证书。

(8) 用发送方公钥(置于发送方的认证证书中)解密数字签名，得到报文摘要。

(9)将收到的原始信息通过哈希函数变换为报文摘要。

(10)将第 8 步和第 9 步得到的信息摘要加以比较，以确认信息的完整性。

五、网上贸易安全协议

网上贸易的安全机制在逐渐走向成熟，为了保证电子交易安全进行，国际上逐渐形成了交易规范和标准。其中，SSL(Secure Sockets Layer，安全套接层)协议和 SET(Secure Electronic Transaction，安全电子交易)协议是安全交易体系中具有代表性的两种交易规范。

(一) SET 安全协议

SET 安全协议是由 MasterCard 和 Visa 两个国际信用卡组织与技术合作伙伴 Microsoft、VeriSign、GTE、IBM、Terisa System、Netscape、SAIC 等一批跨国公司共同开发的。它是一种应用于互联网并以信用卡为基础的电子交付系统协议，采用公共密钥体制(PKI)和 X. 509 数字证书标准。它是主要应用于 B2C 的网上贸易模式中，目的是为了解决用户、商家和银行之间通过信用卡进行支付的交易问题，由 VISA 和 MasterCard 两大信用卡公司于 1997 年合作制定。SET 协议是目前公认的用借记卡/信用卡进行网上交易的国际安全交易标准。

1. SET 协议的工作目标

可以保证交易信息在传输过程中具有保密性和完整性，在接收到信息后，可以验证信息的真实性和不可否认性。

2. SET 协议的优缺点

(1) 优点：SET 协议为顾客提供了更好的安全保护，SET 协议为商家提供了保护自己的手段。

(2) 缺点：必须安装软件、发放证书——比 SSL 昂贵得多。

(二) SSL 安全协议

SSL 安全协议是由 Netscape 于 1994 年年底首先推出的，它的主要目的是解决互联网上信息传输的安全性问题。它可以使客户机/服务器应用之间的通信不被窃听，并始终对服务器进行认证，同时还可以选择对客户进行认证。SSL 协议处于 TCP/IP 协议与各种应用层协议之间，它属于传输层的安全机制，能够对 TCP/IP 以上的网络应用协议传输起到保护作用。安全套接层协议 SSL 被广泛应用于网上贸易的网上购物中。

1. SSL 协议的工作原理

当用户使用浏览器浏览网页时，浏览器可以利用 Http 协议与 Web 服务器进行会话。也就是说，SSL 是采用 TCP 作为传输协议来为信息的传输和接收提供可靠性的。

2. SSL 协议的优缺点

(1) 优点：支持多种加密算法，实现过程简单、方便。

(2) 缺点：只能建立两点之间的安全连线。

第三节　网上贸易的交易安全管理

一、网络交易系统的安全管理制度

网络交易系统安全管理制度是用文字形式对各项安全要求所做的规定，它是保证企业网络营销取得成功的重要基础工作，是企业网络营销人员安全工作的规范和准则。企业在参与网络营销伊始，就应当形成一套完整的、适应于网络环境的安全管理制度。这些制度应当包括人员管理制度、保密制度、跟踪审计制度、系统维护制度、数据备份制度、病毒定期清理制度等。

(一) 人员管理制度

参与网上交易的经营管理人员在很大程度上支配着企业的命运，他们面临着防范严重的网络犯罪的任务。而计算机网络犯罪同一般犯罪不同的是其具有智能性、隐蔽性、连续性、高效性的特点。因而，加强对有关人员的管理变得十分重要。首先，对有关人员进行上岗培训；其次，落实工作责任制，对违反网上交易安全规定的行为应坚决进行打击，对有关人员要进行及时的处理；第三，贯彻网上交易安全运作基本原则：① 双人负责原则。重要业务不要安排一个人单独管理，实行两人或多人相互制约的机制。② 任期有限原则。任何人不得长期担任与交易安全有关的职务。③ 最小权限原则。明确规定只有网络管理人员才可进行物理访问，只有网络管理人员才可进行软件安装工作。

（二）保密制度

网上交易时涉及企业的市场、生产、财务、供应等多方面的机密，必须实行严格的保密制度。保密制度需要很好地划分信息的安全级别，确定安全防范重点，并提出相应的保密措施。信息的安全级别一般可分为 3 级：① 绝密级。如公司战略计划、公司内部财务报表等。这一部分网址、密码不在互联网上公开，只限于公司高层人员掌握。② 机密级。如公司的日常管理情况、会议通知等。这一部分网址、密码不在互联网上公开，只限于公司中层以上人员使用。③ 秘密级。如公司简介、新产品介绍及订货方式等。这一部分网址、密码在互联网上公开，供消费者浏览，但必须有保护程序，防止"黑客"入侵。

保密工作的另一个重要问题是对密钥的管理。大量的交易必然使用大量的密钥，密钥管理贯穿于密钥产生、传递和销毁的全过程。密钥需要定期更换，否则可能使"黑客"通过积累密文增加破译机会。

（三）跟踪、审计、稽核制度

跟踪制度是要求企业建立网络交易系统日志机制，用来记录系统运行的全过程。系统日志文件是自动生成的，其内容包括操作日期、操作方式、登录次数、运行时间、交易内容等。它对系统的运行进行监督、维护分析、故障恢复，这对于防止案件的发生或在案件发生后，为侦破工作提供监督数据，起着非常重要的作用。

审计制度包括经常对系统日志的检查、审核，及时发现对系统故意入侵行为的记录和对系统安全功能违反的记录，监控和捕捉各种安全事件，保存、维护和管理系统日志。

稽核制度是指工商管理、银行、税务人员利用计算机及网络系统，借助于稽核业务应用软件调阅、查询、审核、判断辖区内各网上贸易参与单位业务经营活动的合理性、安全性，堵塞漏洞，保证网上交易安全，发出相应的警示或做出处理处罚有关决定的一系列步骤及措施。

（四）网络系统的日常维护制度

对于企业的网上贸易系统来说，企业网络系统的日常维护就是针对内部内联网（Intranet）的日常管理和维护，它是一项非常繁重的工作，因为计算机主机机型和其他网络设备多。对网络系统的日常维护可以从以下几个方面进行。

1. 硬件的日常管理和维护

用户通过自己的互联网参与网上贸易，其日常管理和维护非常重要，特别是对那些运行关键任务的企业内部网，如银行、税务等。

网管人员必须建立系统档案，其内容应包括设备型号、生产厂家、配置参数、安装时间、安装地点、IP 地址、上网目录和内容等。对于服务器和客户机还应记录内存、硬盘容量和型号、终端型号及数量、多用户卡型号、操作系统名、数据库名等。这些内容可存于小型数据库中，以方便查询和管理。

对于网络设备，一般都有相应的网管软件，可以做到对网络拓扑结构的自动识别、显示和管理，网络系统结点配置与管理系统故障诊断等，还可以进行网络系统调优、负载平衡等。对于不可管设备，应通过手工操作来检查状态，做到定期检查和随机抽查相结合，以便及时准确地掌握网络的运行状况，一旦有故障发生能及时处理。

对于内部线路，应尽可能采用结构化布线。虽然采用布线系统在初期会增加投资，但可大大降低网络故障率，有故障时也易排除。

2. 软件的日常维护和管理

(1) 支撑软件。包括操作系统、数据库和开发工具等。一般需进行以下维护工作：① 定期清理日志文件、临时文件；② 定期执行整理文件系统；③ 检测服务器上的活动状态和用户注册数；④ 处理运行中的死机情况。

(2) 应用软件。应用软件的管理和维护主要是版本控制。设置一台安装服务器，当远程客户机软件需要更新时，可从网络上远程安装。注意选择在网络负载较低时进行，以免影响网络的正常运行。

3. 数据备份制度

每个系统都设置了若干角色，用户管理等任务就是添加或者删除用户和用户组号。如添加一个用户，需先在客户机上添加用户并分配组号，然后在服务器数据库上添加用户并分配组号，最后分配该用户的访问权限。

(五)病毒防范制度

病毒防范是保证网上交易很重要的一个方面。如果网上信息及交易活动遭到病毒袭击，将阻碍和破坏网上交易的顺利开展，因此必须建立病毒防范措施，做到如下几点，使计算机始终处于良好的工作状态，从而保证网上交易的正常进行。

1. 给电脑安装防病毒软件

防病毒软件有两种：一是单机版防病毒软件；另一种是联机版防病毒软件。前者是以事后消毒为原理的，当系统被病毒感染之后才能发挥这种软件的作用，适合于个人用户。后者属于事前的防范，其原理是在网络端口设置一个病毒过滤器，即事前在系统上安装一个防病毒的网络软件，它能够在病毒入侵到系统之前，将其挡在系统外边。

2. 不打开陌生电子邮件

电子邮件传播病毒的关键是附件，最好不要在进行网络交易时打开。

3. 认真执行病毒定期清理制度

由于许多病毒都有一个潜伏期。因此有必要实行病毒定期清理制度清除处于潜伏期的病毒，防止病毒的突然爆发。

4. 控制权限

将网络系统中易感染病毒的文件属性、权限加以限制，对各终端用户允许只读权限，断绝病毒入侵的渠道。

5. 高度警惕网络陷阱

对非常诱人的广告和免费使用的承诺应保持高度警惕。

小思考 6-4

企业在防范安全风险的时候,应建立怎样的病毒防范措施?

答:病毒防范措施包括:给电脑安装防病毒软件;不打开陌生电子邮件;认真执行病毒定期清理制度;控制权限;高度警惕网络陷阱。

(六) 应急措施

在计算机灾难事件发生时,利用应急计划辅助软件和应急设施排除灾难和故障,保障计算机继续运行。灾难事件有自然灾害直接导致的系统不能运行;发电厂事故、信息服务商的问题导致的系统非正常运行;计算机本身所发生的数据丢失等,其恢复工作包括硬件恢复和数据恢复。一般来讲,数据的恢复更为重要,目前运用的数据恢复技术主要是瞬时复制技术、远程磁盘镜像技术和数据库恢复技术。

1. 瞬时复制技术

瞬时复制技术就是使计算机在某一灾难时刻自动复制数据的技术。现有一种瞬时复制技术是通过使用磁盘镜像技术来复制数据,它利用空白磁盘和每一个数据磁盘相连,将数据拷贝到空白磁盘。在拷贝进行过程中,为保证数据的一致性,使用数据的应用程序被暂时挂起。当复制完成时,瞬时复制磁盘与数据磁盘脱离连接,应用程序继续运行。瞬时复制的备份数据可以用来产生磁带备份或用作远程恢复结点的基本数据。目前,大部分的系统厂商、存储设备供应商和软件开发商已利用这一技术开发了多种瞬时复制产品。

2. 远程磁盘镜像技术

远程磁盘镜像技术是在远程备份中心提供主数据中心的磁盘镜像。这种技术最主要的优点是可以把数据中心磁盘中的数据复制到远程备份中心,而不需要考虑数据在磁盘上是如何组织的。系统管理员仅需要确定哪些磁盘需要备份到远程备份中心,存储在这些磁盘上的数据会被自动地备份到远程备份中心,这对应用系统的安全非常有利。

3. 数据库恢复技术

数据库恢复技术是产生和维护一份或多份数据库数据的复制。数据库复制技术为用户提供了更大的灵活性。数据库管理员可以准确地选择哪些数据可以被复制到哪些地方。对于那些在日常应用中经常使用大量联机数据的用户,可以选择少量最为关键的进行复制,它比磁盘镜像更加灵活,支持对数据的多个复制,同时可以选择哪些数据可以被复制到哪些地方。

数据库复制技术为用户提供了非常灵活的手段,可在灾难发生后恢复应用数据,但它还不是完整的解决方案,必须考虑其他方法作为补充。因为数据库复制技术不能复制非数据库格式的数据,一些应用系统的主要数据存储于数据库,但通常也使用大量的常规文件。对于一些非常重要的数据或从数据库生成的数据，通常存放在文件中，有些应用系统的数据不能转换成数据库数据，配置文件、批量控制文件、应用程序的镜像和其他管理文件通常也不以数据库格式存储。所以，将数据库复制技术与远程磁盘镜像技术配合使用，常常可以获得更好的效果。

二、计算机系统的安全设置

（一）系统的安全隐患

系统的安全隐患主要体现在以下几个方面：

1. 互联网问题

互联网的最大特点就是具有开放性和进行资源共享。当某个用户不采取任何安全措施时，其他用户就可以非常方便地访问他的计算机。

2. 操作系统的安全问题

操作系统是开展网上贸易非常重要的软件支持平台，它的安全功能不全或设计时存在漏洞，会给网上贸易的开展造成很大的不安全。如 Windows 系统经常需要打补丁程序。另外，操作系统的许多缺省值已经被网络入侵者盯上，作为侵入网络的突破口。

3. 应用软件的安全问题

网上贸易中的许多数据库供用户、合作伙伴以及交易方共享，其中存在着大量的重要信息资源。各个用户在共享这些资源时，可能会出现越权访问，对数据库进行更改和破坏。

(1) Cookie 程序。这种小程序用来提供方便高效的服务，但有些商家、ISP 和网络入侵者利用该程序获取用户个人信息。

(2) Java 应用程序。Java 技术存在漏洞，入侵者可以利用这些漏洞进入提供网络服务的服务器，监听其他用户、获取用户电子邮件地址等。

(3) IE 浏览器。IE 浏览器存在安全漏洞，网管可以通过它进入用户的计算机，并访问计算机中的文件。

4. 通信传输协议的安全问题

互联网上使用的传输协议或多或少存在漏洞，从而给网上贸易的正常交易造成了一定的不安全因素。以 TCP/IP 协议为例，该协议在传输过程中，本身的信息没有经过任何加密措施，这样，网络入侵者就能轻易地读取其中的内容，获取用户计算机和服务器的信息。

5. 网络安全管理问题

网络安全管理的问题主要体现在许多信息系统缺少安全管理员、缺少信息系统安全管理的技术规范、缺少定期的安全测试和检查、缺少安全审计等。

（二）系统的安全设置

Internet Explorer 是使用最广泛的浏览器，它使用方便、功能强大，但由于它支持

JavaScript 脚本和 Active X 控件等元素，使得在利用它浏览网页时留下了很多安全隐患。在这里简单介绍 Internet Explorer 的安全配置手段，但注意利用网页进行攻击是很难防范的，没有特别有效的方法，而且安全的配置都是以失去很多功能为代价的。

1. 管理 Cookie 的技巧

在 IE 6.0 中，“工具”菜单的“Internet 属性”中的“隐私”标签专门用来管理 Cookie。移动图 6-14 所示的活动游标，可以发现 Cookie 有 6 个安全级别，分别是“阻止所有 Cookie”“高”“中高”“中”“低”“接受所有 Cookie”（默认级别为“中”），分别对应从严到松的 Cookie 策略，我们可以根据需要方便地进行设定。对于一些特定的网站，单击如图 6-14 所示中的“编辑”，还可以将其设定为“一直允许或拒绝使用 Cookie”。

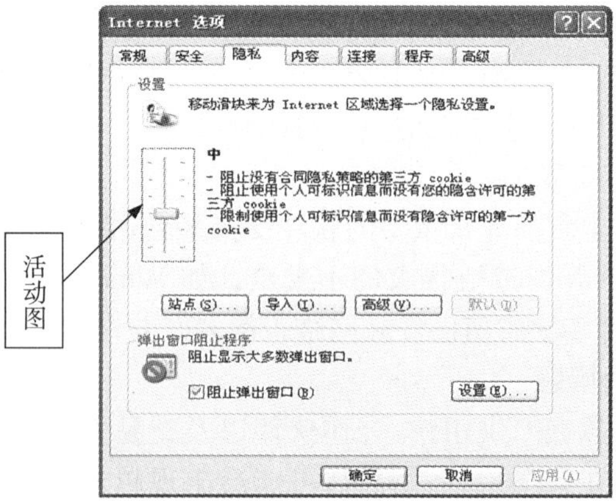

图 6-14 Cookie 的 6 个安全级别

通过 IE 6.0 的 Cookie 策略，就能个性化地设定浏览网页时的 Cookie 规则，更好地保护自己的信息，增加使用 IE 的安全性。例如，在默认级别“中”时，IE 允许网站将 Cookie 放入你的电脑，但拒绝第三方的操作。

2. 禁用或限制使用 Java、Java 小程序脚本、Active X 控件和插件

互联网上经常使用 Java、Java Applet、Active X 编写的脚本，它们可能会获取用户的用户标志、IP 地址和口令等信息，影响系统的安全。因此，应对 Java、Java 小程序脚本、Active X 控件和插件的使用进行限制。选中 IE“工具”菜单的“Internet 属性”中的“安全”标签，在这里，Internet Explorer 将互联网划分为 4 个区域，分别是 Internet、本地 Intranet、受信任的站点和受限制的站点，如图6-15所示。用户可以将网站分配到具有适当安全级的区域。通过图 6-15 所示的“自定义级别”对不同的区域设置不同的安全级别。

打开“自定义级别”进行设置，如图 6-16 所示。安全级别包括“Active X 控件和插件”“脚本”“下载”“用户验证”“其他”等 5 项，每一项均可展开进行详细配置，对于一些不安全或不太安全的控件或插件以及下载操作，应该予以禁止、限制或至少要进行提示。例如，在设置 Script Active X controls marked safe for scripting（对标记为可安全执行 Active X 控件执行脚本）项的时候，可根据信任级别来选择允许、禁止或是提示，默认情况为允许。

图 6-15　安全级别

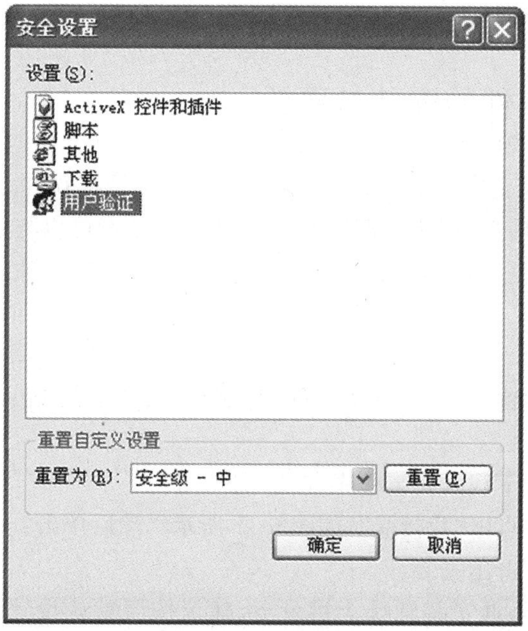

图 6-16　自定义级别

三、调整自动完成功能的设置

缺省条件下，用户在第一次使用 Web 地址、表单、表单的用户名和密码后（如果同意保存密码），在下一次进入同样的 Web 页面及输入密码时，只需输入开头部分，后面部分就会自动完成，给用户带来了便利，但同时也带来了安全问题。

可以通过调整“自动完成”功能的设置来解决该问题。可以做到只选择针对 Web 地址、表单和密码使用“自动完成”功能，也可以只在某些地方使用此功能，还可以清除任何项目的历史记录。

具体设置方法如下：

（1）在 Internet Explorer 的“工具”菜单上单击“Internet 选项”。

（2）单击“内容”标签。

（3）在“个人信息”区域单击“自动完成”。

（4）选中要使用的“自动完成”选项的复选框。

为了安全起见，防止泄露自己的一些信息，应该定期清除历史记录，这时只需在第 4 步点击“清除表单”和“清除密码”按钮即可。

第四节　安全工具的应用

一、防病毒软件的安装与更新

360 杀毒是 360 安全中心出品的一款免费的云安全杀毒软件。360 杀毒具有以下优点：查杀率高、资源占用少、升级迅速等等。同时，360 杀毒可以与其他杀毒软件共存，是一个理想杀毒备选方案。360 杀毒是一款一次性通过 VB100 认证的国产杀毒软件。

（一）安装

要安装 360 杀毒，首先通过多特软件站或 360 杀毒官方网站 sd.360.cn 下载最新版本的 360 杀毒安装程序。

下载完成后，运行下载的安装程序，点击“下一步”。

阅读许可协议，并点击“我接受”，如图 6-17 所示。然后单击“下一步”，如果不同意许可协议，可点击“取消”退出安装。

可以选择将 360 杀毒安装到哪个目录下，建议按照默认设置即可；也可以点击“浏览”按钮选择安装目录。然后，点击“下一步”，会出现一个窗口，输入想在开始菜单显示的程序组名称，然后点击“安装”，安装程序会开始复制文件。

文件复制完成后，会显示安装完成窗口，点击“完成”，360 杀毒就成功地安装到计算机上了。

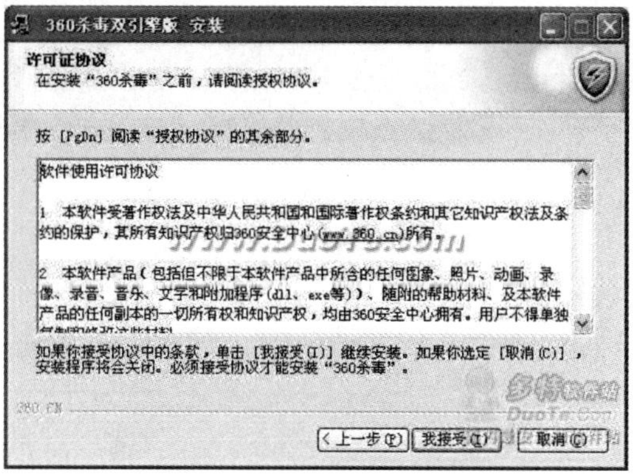

图 6-17　360 杀毒安装界面

（二）卸载

在 Windows 的开始菜单中，点击"开始"→"程序"→"360 杀毒"，"卸载 360 杀毒"菜单项。如图 6-18。

图 6-18　卸载 360 杀毒软件

360 杀毒会询问是否要卸载程序，点击"是"开始进行卸载，卸载程序会开始删除程序文件。

在卸载过程中，卸载程序会询问是否删除文件恢复区中的文件。如果准备重装 360 杀毒，建议选择"否"以保留文件恢复区中的文件；否则，请选择"是"，删除文件。

卸载完成后，会提示重启系统。可根据自己的情况选择是否立即重启。

如果准备立即重启，请关闭其他程序，保存正在编辑的文档、游戏的进度等，点击"完成"按钮以重启系统。重启之后，360 杀毒卸载完成。

（三）病毒查杀

360 杀毒具有实时病毒防护和手动扫描功能，为系统提供全面的安全防护。

实时防护功能在文件被访问时对文件进行扫描，及时拦截活动的病毒。在发现病毒时会通过提示窗口警告。

360 杀毒提供了四种手动病毒扫描方式：快速扫描、全盘扫描、指定位置扫描、右键扫描。如图 6-19 所示。

图 6-19　360 杀毒扫描方式

1. 快速扫描

快速扫描主要是扫描 Windows 系统目录及 Program Files 目录。

2. 全盘扫描

全盘扫描对所有磁盘进行扫描。

3. 指定位置扫描

指定位置扫描对指定的目录进行扫描。

4. 右键扫描

当在文件或文件夹上点击鼠标右键时，可以选择“使用 360 杀毒扫描”对选中文件或文件夹进行扫描。如图 6-20 所示。

图 6-20　右键扫描

其中，前三种扫描都已经在 360 杀毒主界面中作为快捷任务列出，只需点击相关任务就可以开始扫描。启动扫描之后,会显示扫描进度窗口,在这个窗口中可看到正在扫描的文件、总体进度,以及发现问题的文件。如图 6-21 所示。

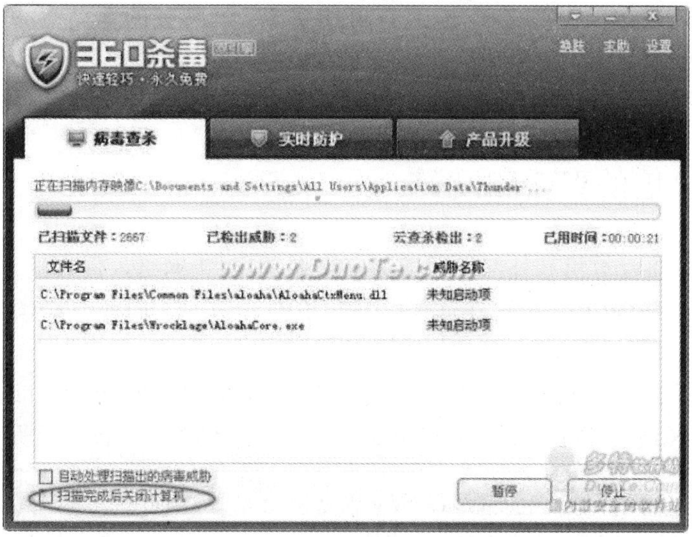

图 6-21 360 杀毒扫描进度窗口

如果希望 360 杀毒在扫描完电脑后自动关闭计算机,可选中“扫描完成后关闭计算机”选项。请注意,只有在将发现病毒的处理方式设置为“自动清除”时,此选项才有效。如果选择了其他病毒处理方式,扫描完成后不会自动关闭计算机。

(四)升级

360 杀毒具有自动升级功能,如果开启了自动升级功能,360 杀毒会在有升级可用时自动下载并安装升级文件。自动升级完成后会通过气泡窗口进行提示。如图 6-22 所示。

图 6-22 360 杀毒升级提示

如果想手动进行升级，可在 360 杀毒主界面点击“升级”标签，进入升级界面，并点击“检查更新”按钮。

升级程序会连接服务器检查是否有可用更新，如果有的话就会下载并安装升级文件。

升级完成后会提示：“恭喜您！现在，360 杀毒已经可以查杀最新病毒啦。”

二、防火墙的更新和设置

防火墙可以将计算机和外部的网络隔离起来，以防止网络入侵者的攻击。随着网络入侵者技术的提高，防火墙的软件也需要及时更新升级。下面介绍诺顿防火墙的升级。操作步骤如下：

(1) 在屏幕下方的开始菜单中找到 Norton Personal Firewall，也可以在屏幕下方的工具栏中找到 Norton Personal Firewall 的图标，双击，则弹出如图6-23所示的界面。

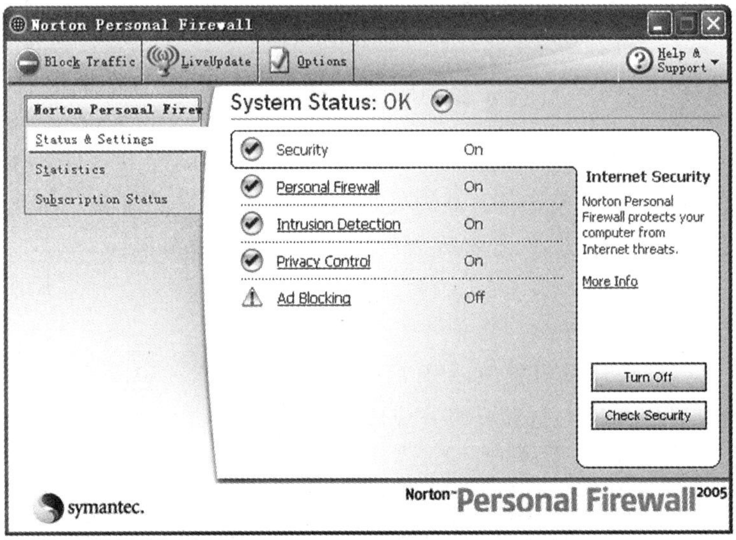

图 6-23 诺顿企业版界面

(2) 点击“LiveUpdate”按钮进行升级。点击“下一步”进入网络升级，如图 6-24 所示。注意，在升级时一定要保持网络畅通，因为升级是从网络下载病毒库。

(3) 点击“下一步”，开始下载最新的病毒库文件，如图 6-25 所示。

(4) 下载完后，点击“完成”。系统开始安装新的病毒库文件。

(5) 安装完成后，Norton 开始检查隔离区文件。点击“是”，进入下一步。

(6) 至此，升级完成，Norton 修复完隔离区的病毒。点击“完成”结束这次升级。

图 6-24 网络升级

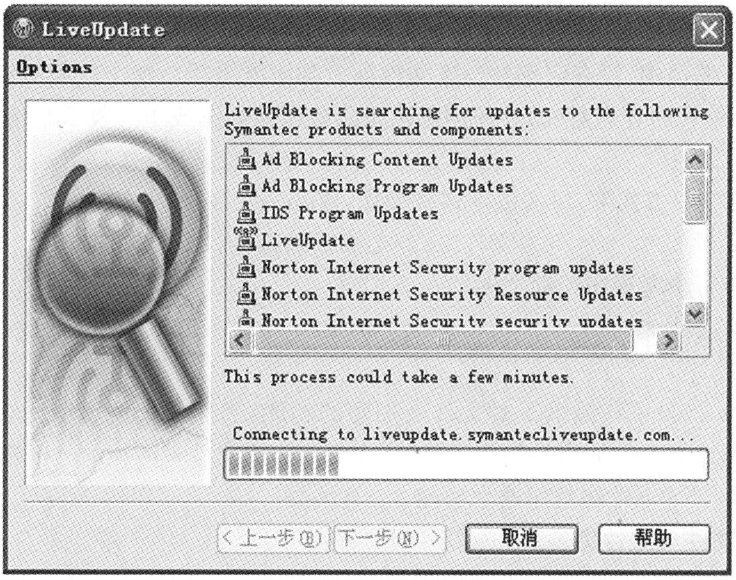

图 6-25 开始下载最新的病毒库文件

三、网上贸易环境中文件和电子邮件的安全加密

（一）文件的安全加密

很多时候我们是和别人共用一台电脑，为了保护自己的隐私或机密文件，我们需要

对文件加密来达到保护的目的，现在很多软件都内置了文件加密功能。

（二）压缩软件加密

1. Winzip 加密

Winzip 是时下最流行的压缩和解压缩软件，当然它也提供了非常简单的加密功能。其操作步骤如下：

(1) 新建一个空白的压缩文件，在压缩文件里添加需压缩的文件。

(2) 点击“操作”菜单中的“加密...”命令，弹出密码设置窗口。

(3) 在文本框中输入设置的密码。当你输入时，希望文本框的密码不可见，请选上“掩码密码”复选框。

2. Winrar 加密

用 Winrar 加密可在图形界面和命令行方式下进行。

(1) 在图形界面下，按下“Ctrl＋P”或者在文件菜单选择“密码”命令，弹出“输入默认密码”对话框，输入即可。

说明：① 如果“显示密码”选项被禁用，将被要求输入两次密码来确保正确性。② 如果设置了“加密文件名选项”，Winrar 不只加密数据，而且加密对象文件名、大小、属性、注释和其他数据块等所有的压缩包敏感区域，这样它提供了更高的安全等级。在使用这个命令加密的压缩包中，没有密码甚至连文件列表都不能查看。这个选项只有在把数据压缩成 RAR 压缩包时才有意义，在使用默认密码解压缩数据或压缩成 ZIP 格式时，它将被忽略。

(2) 在命令行方式下，可按以下格式操作：Winrar<命令><参数 1><参数 *N*><压缩包><文件...><@列表文件...><解压缩路径\>。

具体内容可参考程序帮助文件。

（三）Windows 2000/XP 的加密

Windows 2000/XP 提供了对文件夹加密的功能，当然我们就可以用它来保护文件了。在使用系统提供的加密功能前，要确认你要加密的文件夹所在的分区格式为 NTFS，因为只有在 NTFS 下才能使用这个功能。

1. 加密文件与文件夹

操作步骤如下：

(1) 在 Windows 2000 资源管理器中，选中待设置加密属性的文件或文件夹。

(2) 单击鼠标右键，选择“属性”，启动文件或文件夹的“属性”对话框窗口。

(3) 单击“常规”选项卡中的“高级”按钮，启动“高级属性”对话框。

(4) 选择“压缩或加密属性”框中的“加密内容以便保护数据”复选框，单击“确定”按钮，即可完成文件或文件夹的加密。

(5) 如果加密的是文件夹，系统将进一步弹出“确认属性更改”对话框。要求确认是加密选中的文件夹，还是加密选中的文件夹的子文件夹以及其中的文件。

加密后，用户可以像使用普通文件一样直接打开和编辑，或者执行复制、粘贴等操作，而且用户在加密文件夹内创建的新文件或从其他文件夹拷贝过来的文件都将自动被加密。

2. 赋予或撤销其他用户的权限

如果需要，可赋予其他用户对加密文件的完全访问权限，但要明白，Windows所采用的是基于密钥的加密方案，并且是在用户第一次使用该功能时才为用户创建用于加密的密钥，因此你准备赋予权限的用户也必须曾经使用过系统的加密功能，否则将无法成功赋予对方权限。Windows 内建立的文件加密功能只允许赋予其他用户访问加密文件的完全权限，而不允许将加密文件夹的权限赋予其他用户。

用鼠标右键单击已加密的文件，选择“属性”，单击“属性”对话框的“安全”选项卡，即可通过“添加”和“删除”按钮添加或删除其他可以访问该文件的用户。

3. 禁止加密功能

在多用户共用电脑的环境下，我们往往通过将其他用户指定为普通用户权限来限制他们使用某些功能，但普通用户账户默认允许使用加密功能。如果担心电脑上其他用户乱加密磁盘上的文件，可以设置特定的文件夹禁止被加密，也可以完全禁止文件加密功能。

（四）电子邮件的安全加密

目前电子邮件已经成为网络中最重要的通信方式。但是电子邮件从发送到传送到目的地，要经过很多地方。如果被人偷取了，将带来难以估量的后果，就如同我们的银行卡密码被窃一样。因此，给电子邮件加密成为我们最为关心的问题。

现在电子邮件已经成为人们联系沟通的重要手段，而电子邮件的安全问题也越来越得到使用者的重视。目前，安全电子邮件技术有如下几种：

1. 端到端的安全电子邮件技术

端到端的安全电子邮件技术也称点对点的安全电子邮件技术，用来确保邮件从发送端到接收端的整个过程中没有被修改，没有被窃取偷看，并且不可否认，即网上贸易中的完整性、保密性和不可否认性。目前比较成型的端到端安全邮件的标准有 PGP 和 S/MIME。

PGP 是 Pretry Good Privacy 的简称，是一种长期在学术界和技术界得到广泛使用的安全邮件标准。其特点是通过单向散列算法对邮件内容进行签名，以保证信件内容无法修改，使用公钥和私钥技术保证邮件内容保密且不可否认。发信人与收信人的公钥都分布在公开的地方，如 FTP 站点，而公钥本身的权威性（这把公钥是否代表发信人）则可以由第三方、特别是收信人所熟悉或信任的第三方进行签名认证，没有统一的集中的机构进行公钥/私钥的签发。即在 PGP 系统中，信任是双方之间的直接关系，或是通过第三者、第四者的间接关系，但任意两方之间都是对等的，整个信任关系构成网状结构，这就是所谓的 Web of Trust。

PGP 是一个基于 RSA 和 IDEA 的邮件加密软件。可以用它对邮件加密以防止被非授权者阅读，它还能对邮件加上数字签名，从而使收信人可以确信邮件是从真正的发信人那里发送出来的。它采用了审慎的密钥管理技术，即一种 RSA 和传统加密相结合的杂合算法，用于数字签名的邮件文摘算法和加密前压缩等。它功能强大，速度快，而且源代码是免费的。

(1) 身份验证。PGP 的身份验证是通过单向散列函数提供数字签名实现的。首先用发送单向散列函数对要发送的消息进行取值，用发送方的私钥对该函数值进行加密，然后发送；接收方收到消息之后用发送方的公钥解密，得到函数值，并用相同的单向散列函数对消息重新取值，然后将两个值比较，如果相符，则消息真实。

(2) 保密性。PGP 提供的另外一种服务是保密性，可以将传送的消息加密或在本地硬盘上存储成文件。这两种情况下都可以使用对称密钥或公开密钥的加密方法。PGP 保密性的特点在于它不需要专用的秘密通道进行会话期密钥的传递。

(3) 压缩。默认情况下，PGP 在应用数字签名后，在数据加密前会对传递的数据块进行压缩，以减少电子邮件在传送和存储时的磁盘空间。

(4) 电子邮件兼容性。在使用 PGP 时，我们往往会要求对要传递的数据进行加密处理，部分或所有结果会变成随机的 8 位组，和通常使用的 ASCII 文本不同，PGP 可以在这两种格式间转换。

(5) 分段和重组。电子邮件最大的可以被允许传递的数据块的长度是50 000个字节，任何大于这个长度的数据在传递前都会被 PGP 自动进行分段。会话期密钥组件和签名组件只在第一个数据段中出现。接收方接到所有分组后，要重组才能形成完整的消息。

S/MIME 是 Secure Multi-Part Intermail Mail Extension 的简称。它是从 PEM(Privacy Enhanced Mail)和 MIME(互联网邮件的附件标准)发展而来的。同 PGP 一样，S/MIME 也利用单向散列算法和公钥与私钥的加密体系。与 PGP 不同的主要有两点：首先，它的认证机制依赖于层次结构的证书认证机构，所有下一级的组织和个人的证书由上一级的组织负责认证，而最上一级的组织(根证书)之间相互认证，整个信任关系基本是树状的，这就是所谓的 Tree of Trust；其次，S/MIME 是将信件内容加密签名后作为特殊附件传送的。S/MIME的证书格式也采用 X. 509，但与一般浏览器网上购物使用的 SSL 证书有一定差异，支持的厂商相对少一些。在国外，Verisign 免费向个人提供 S/MIME电子邮件证书，在国内也有公司提供支持该标准的产品。而在客户端，Netscape Messenger 和 Microsoft Outlook 都支持 S/MIME。

2. 传输层的安全电子邮件技术

传统的邮件包括信封和信本身，电子邮件则包括信头和信体。现存的端到端安全电子邮件技术一般只对信体进行加密和签名，而信头则由于邮件传输中寻址和路由的需要，必须保证原封不动。然而，在一些应用环境下，可能会要求信头在传输过程中也能保密，这就需要传输层的技术作为后盾。目前，主要有两种方式实现电子邮件在传输过程中的安全。

一种是利用 SSL SMTP 和 SSL POP；另一种是利用 VPN 或者其他的 IP 通道技术，

将所有的 TCP/IP 传输封装起来，当然也就包括了电子邮件。

SMTP，即 Simple Mail Transfer Protocol，简单邮件传输协议，是发信的协议标准；POP，即 Post Office Protocol，邮箱协议，是收信的协议。SSL SMTP 和 SSL POP 即在 SSL 所建立的安全传输通道上运行 SMTP 和 POP 协议，同时又对这两种协议做了一定的扩展，以更好地支持加密的认证和传输。这种模式要求客户端的 E-mail 软件和服务器端的 E-mail 服务器都支持，而且都必须安装 SSL 证书。

基于 VPN 和其他 IP 通道技术，封装所有的 TCP/IP 服务，也是实现安全电子邮件传输的一种方法。这种模式往往是整体网络安全机制的一部分。

3. 邮件服务器的安全与可靠性

建立一个安全的电子邮件系统，采用合适的安全标准非常重要。但仅仅依赖安全标准是不够的，邮件服务器本身必须是安全、可靠、久经实战考验的。

对邮件服务器本身的攻击由来已久。第一个通过互联网传播的病毒 Worm，就利用了电子邮件服务器 Sendmail 早期版本上的一个安全漏洞。目前，对邮件服务器的攻击主要分为网络入侵(Network Intrusion)和服务破坏(Denial of Service)两种。

对于网络入侵的防范，主要依赖于软件编程时的严谨程度，一般选型时很难从外部衡量。不过，服务器软件是否经受过实战的考验，在历史上是否有良好的安全记录，在一定程度上还是有据可查的。

对于服务器破坏的防范，则可以分为以下 4 个方面：

(1) 防止来自外部网络的攻击，包括拒绝来自指定地址和域名的邮件服务连接请求，拒绝收信人数量大于预定上限的邮件，限制单个 IP 地址的连接数量，暂时搁置可疑的信件等。

(2) 防止来自内部网络的攻击，包括拒绝来自指定用户、端口地址和域名的邮件服务请求，强制实施 SMTP 认证，实现 SSL POP 和 SSL SMTP 以确认用户身份等。

(3) 防止中继攻击，包括完全关闭中继功能，按照发信和收信的端口地址和域名灵活地限制中继，按照收信人数限制中继等。

(4) 为了灵活地制订规则以实现上述的防范措施，邮件服务器应有专门的编程接口。

4. 电子邮件加密须注意的事项

(1) 如何在那些不支持 PGP 插件的邮件客户端(例如 Foxmail)中使用 PGP 加密方式呢？PGP 提供了一种折中的办法：点击系统托盘区中的“PGP”锁形图标，选择“the Current Window”→“Encrypt”，然后再选择对方的公钥即可(注意：是对方的公钥，而不是自己的)。接下来，按照正常情况发送邮件即可。

(2) 对电子邮件加密的另一种主要方法是通过数字证书进行加密。利用数字证书给电子邮件加密。操作步骤如下：① 设定邮件账户。打开“Outlook Express”，选择“工具”中的“账户”。② 在“Internet 账户”对话框中，点击“添加”按钮，并选择“邮件”选项，进入“Internet 连接向导”对话框。按照系统提示输入相关信息，完成账号设置。③ 现在开始设置邮箱与数字证书绑定。选择“工具”中“账户”，选中“邮件”选项卡中用于发送安全电子邮件的邮件账户，然后单击“属性”按钮，进入“属性”对话框。④ 选择“属性”对话框的

"安全"选项卡,我们可以看到"签署证书"项目。通过相关设置,我们可以进行邮件的签署。⑤ 点击"签署证书"项目后的"选择"按钮,就可以看到我们在 http://testca.netca.net 站点上申请的数字证书了。选择你的数字证书,点击"确定"按钮,即完成了邮箱与证书的绑定,也可以点击"查看证书"按钮,了解自己的数字证书的详细信息,最后点击"确定"按钮即可。如果点击"选择"按钮后没有相关的数字证书弹出,请确认证书已经正确安装且没有过期,而且在 Outlook Express中所设置的邮箱必须和申请数字证书时所提供的邮箱一致。⑥ 发送签名邮件。启动"Outlook Express 6.0",点击"创建邮件"按钮,进入"新邮件"窗口,开始撰写邮件。同时,我们选中工具栏中的"签名"按钮。⑦ 点击"发送"按钮,签名邮件的发送即告成功。当收件人收到并打开有数字签名的邮件时,对方将看到"数字签名邮件"的提示信息。

在收到具有数字签名的邮件后,我们可以看到,在邮件窗口的右边中间有一个"数字签名"图标,点击它后可以看到相关的数字证书信息。

本章小结

· 网上贸易发展的核心和关键问题是交易的安全性。网上贸易安全要求包括:有效性、机密性、完整性、真实性和不可抵赖性的鉴别。网上贸易安全的内容包括:网上贸易系统的硬件安全、软件安全、运行安全、网上贸易安全立法。

· 防火墙是目前保证网络安全的必备的安全软件,它通过对访问者进行过滤,可以使系统限定什么人在什么条件下可以进入自己的网络系统。防火墙技术包括:数据包过滤技术、数据包过滤原则、代理服务、流过滤技术及智能防火墙技术。

· 数据加密的基本过程就是对原来为明文的文件或数据按某种算法进行处理,使其成为不可读的代码,通常称为"密文"。摘要是一种防止改动的方法,其中用到的函数叫摘要函数。

· 对文件进行加密只解决了传送信息的保密问题,而防止他人对传输文件进行破坏以及如何确定发信的身份还需要采取其他的手段,这种手段就是数字签名。数字签名使用的是发送方的密钥对,发送方用自己的私有密钥进行加密,接受方用发送方的公开密钥进行解密。

· 认证机构(Certificate Authority,CA)在网上贸易中具有特殊的地位。它是为了从根本上保障网上贸易交易活动顺利进行而设立的,主要是解决网上贸易活动中交易参与各方身份、资信的认定,维护交易活动的安全。

· 网上贸易的安全机制在逐渐走向成熟,为了保证电子交易安全进行,国际上逐渐形成了交易规范和标准。其中,SSL(Secure Sockets Layer,安全套接层)协议和 SET(Secure Electronic Transaction,安全电子交易)协议是安全交易体系中具有代表性的两种交易规范。

· 网络交易系统安全管理制度是用文字形式对各项安全要求所做的规定,这些制度应当包括人员管理制度、保密制度、跟踪审计制度、系统维护制度、数据备份制度、病毒定期清理制度等。

·查杀病毒软件的安装、升级及文件与邮件的加密也是网上贸易安全的重要内容之一。

关键概念

网上贸易安全　防火墙技术　数字签名　认证技术　网上贸易安全协议

基本训练

□ 知识题

6.1　判断题

(1) 网络交易的信息风险主要来自冒名偷窃、篡改数据、信息丢失等方面。　(　　)

(2) 网上贸易交易安全过程是一般的工程化过程。　(　　)

(3) 基于公开密钥体制(PKI)的数字证书是网上贸易安全体系的核心。　(　　)

(4) SET 是提供公钥加密和数字签名服务的平台。　(　　)

(5) “特洛伊木马”(Trojan Horse)程序是黑客进行 IP 欺骗的病毒程序。　(　　)

6.2　选择填空题

(1) 基于私有密钥体制的信息认证方法采用的算法是(　　)。

A. 素数检测　　B. 非对称算法
C. RSA 算法　　D. 对称加密算法

(2) RSA 算法建立的理论基础是(　　)。

A. DES　　B. 替代相组合
C. 大数分解和素数检测　　D. 哈希函数

(3) 防止他人对传输的文件进行破坏需要(　　)。

A. 数字签名及验证　　B. 对文件进行加密
C. 身份认证　　D. 时间戳

(4) 属于黑客入侵的常用手段是(　　)。

A. 口令设置　　B. 邮件群发
C. 窃取情报　　D. IP 欺骗

6.3　图解题

下图显示了数字签名和验证的传输过程，试简述。

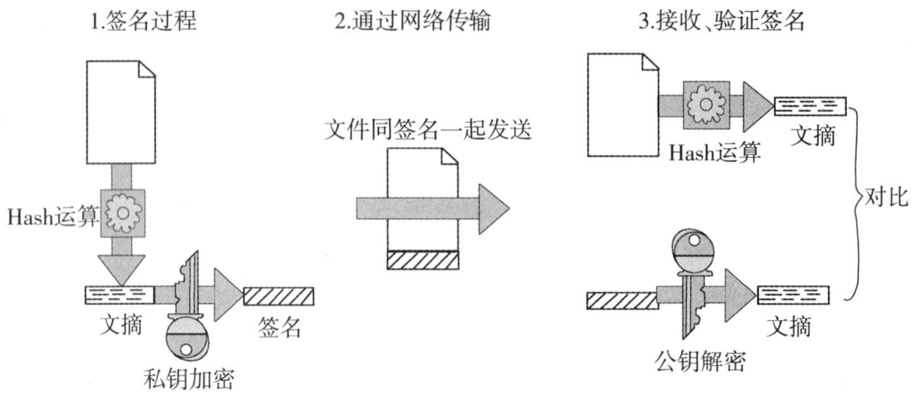

观念应用

□ 案例题

美国每年因网上贸易安全问题所造成的经济损失达 75 亿美元，网上贸易企业的电脑安全受到侵犯的比例从 1997 年的 49%升到 1999 年的 54%。美国的一家大公司网络联机通信服务公司的主干网出现重大故障，40 万用户被迫中断联络 40 小时。从 1993 年起，黑客在中国的活动就没有停止过。在 1997 年以后，黑客入侵活动日益猖獗，逐步转向网上贸易领域，国内各大网络几乎都不同程度地遭到黑客的攻击。

问题：

(1) 看完报道后，你对网络安全有何感想？

(2) 你对我国网上贸易站点安全有何建议？

章后习题参考答案与提示

■ 基本训练

□ 知识题

6.1 判断题

(1) 对；(2) 错；(3) 对；(4) 错；(5) 错。

6.2 选择填空题

(1) D；(2) C；(3) A；(4) D。

6.3 图解题

(1) 发送方首先用哈希函数将需要传送的消息转换成报文摘要。

(2) 发送方采用自己的私有密钥对报文摘要进行加密，形成数字签名。

(3) 发送方把加密后的数字签名附加在要发送的报文后面，传递给接收方。

(4) 接收方使用发送方的公有密钥对数字签名进行解密，得到报文摘要。

(5) 接收方用哈希函数将接收到的报文转换成报文摘要，与发送方形成的报文摘要相比较,若相同,说明文件在传输过程中没有被破坏。

■ 观念应用

□ 案例题

【分析提示】

(1) 如今,网络交易风险凸显,犯罪分子将触角伸向网上贸易领域。为了保证交易的安全进行,应该通过对网络交易风险源分析,从技术、管理、法律等方面对网络交易安全进行管理。

(2) 网上贸易交易安全是一个系统工程。一个完整的网络交易安全体系,至少应包括三类措施,并且三者缺一不可。一是技术方面的措施,如防火墙技术、网络防毒软件、信息加密存储通信、身份认证、授权等。二是管理方面的措施,包括交易的安全制度、交易安全的实时监控、提供实时改变安全策略的能力、对现有的安全系统漏洞的检查以及安全教育等。三是社会的法律政策与法律保障。只有从上述三方面入手,才可能真正实现网上贸易的安全运作。

第七章 网络采购

学习目标

通过本章的学习，掌握网络采购的基本含义，认识到它与传统采购比较所具有的优势；掌握网络采购的策略；掌握网上采购的模型及功能模块；初步掌握采购与付款业务中的循环流程与控制方法；了解网络采购合同条款的主要内容；学会对供应商选择与评价的方法。

引例
YINLI

2010 年 3 月 18 日下午，中国电子商务研究中心发布了《2009～2010 年全球买家网络采购行为调查报告》。据该报告显示，中小企业将成为 B2B 电子采购的主要增长力量。在被调查的企业中，中小型企业占了将近七成。

报告显示，超过 80%的买家使用电子交易市场前都对其有过了解，其中表示非常了解的有 23%。提前对电子交易市场进行了解，可以为其在以后的采购过程中进行顺利采购奠定基础。而在此次被调查的企业中，多数企业有 1 年以上电子市场使用年限，78%的企业使用年限在 1 年以上，5 年以下。

电子交易市场在公司采购的重要性调查中，多数企业把它作为稳定采购渠道，这一比例达 45%，而 37%的企业则当成即时采购需求。从被调查的企业中可看出，电子采购受到了极大的关注，大部分企业都把电子交易市场当做其公司的重要采购渠道，这也反映了电子交易市场与其他采购渠道相比有着极大的优势。

国内几大电子交易市场中，买家常用的交易市场阿里巴巴、环球资源、中国制造网、生意宝等被全球网络采购商选为常用采购平台。买家在对电子交易市场的选择中，据调查显示，能够满足采购需求成为买家选择交易市场的主要依据。被调查的企业中，32%的企业表示能很好地满足公司的采购需求，而该平台上供应商和产品种类多也分别占了 27%、23%的比例。

调查显示：企业在进行电子交易市场的选择中，满足企业的采购需求是最为关键的。此外，电子交易市场上所拥有的供应商数量和产品数量也是买家选择电子交易市场的重要依据之一，只有满足了采购商的采购需求才能吸引更多的买家加入。

该报告主编中国电子商务研究中心分析师张周平表示，对于供应商而言，及时准确地掌握买家的采购习惯、产品采购周期及各个相关类别产品的采购淡旺季，是供应商更稳定地立足于行业内的法宝。另外，对未来买方市场走势的了解，对供应商而言更是意义非凡，是其制订生产计划、针对性调整推广计划的重要参考。

这一案例表明网络采购现在已经是大势所趋，无订单采购和无票据自动结算将是网络采购的最佳形式。无论是政府还是企业，都可以通过计算机网络这种手段，完成采购任务。合理、正确地选择与评价供应商是十分重要的环节，同时，也要注意规范网络采购的业务流程。

第一节　网络采购概述

一、传统采购

（一）采购的含义

采购是企业为了进行正常的生产、服务和运营而向外界购买产品或服务的行为。它是企业生产经营活动的一个重要组成部分，连接着生产与销售等各个环节，对生产、销售以及企业最终利益的实现有着很大的影响。采购可分为直接采购和间接采购两种。直接采购是指与企业生产直接相关的原材料、零部件、生产设备等的采购。这类采购通常有固定的供应渠道，有采购供应商的选择、比较程序，在企业管理中处于重要地位，管理程序相对比较固定。间接采购指的是企业日常用品和服务的采购，包括通信、资本性设备、计算机硬件和软件、广告、办公用品、差旅和娱乐性支出、办公设备、设备维修和维护、日常经营性商品等。

（二）传统采购的弊端

传统采购具有以下弊端：

1. 采购成本居高不下

在一般的工业企业中，物资采购的成本占到企业生产总成本的70%以上，从事采购工作的员工数量和日常支出也极为可观。

2. 采购周期冗长

传统企业采购的周期较为冗长，一般对国产原材料的采购需要一个月，进口原材料的采购需要3～6个月。

3. 采购信息缺乏沟通与共享

传统的采购活动由于缺乏实时、动态、双向交互的信息沟通手段，使企业采购信息不能得到及时的沟通与共享。

4. 采购文档处理费时费力

传统的采购活动是建立在大量的纸面文件基础之上的，从生产部门采购需求的提出，到与供应商的各种联系，再到交货及资金的结算，整个过程产生了大量的纸质凭证，耗费大量人工。

5. 库存积压和物资短缺并存

在消费者需求越来越追求多样化和个性化的今天，如果有过多的库存成品，就必然会增加库存的成本，同时还会形成资金的积压，加大了销售的风险。

6. 采购范围受地理局限

采购部门选择供应商很大程度上受到地理位置的局限，与外地的供应商联系，差旅费用、通信费用都较高。

7. 采购环节监控困难

在很多企业特别是国有企业都或多或少存在不规范采购的行为，如采购中的回扣现象、不按正常的程序采购、随意违反合同条款等。

8. 采购招标往往流于形式

采购招标是传统采购模式中比较科学和有效的采购方法。但由于受到地域、供应商资料及制度上的缺陷等条件限制，不能使真正有实力和优势的供应商参与竞标。

二、网络采购的含义与优点

1. 网络采购的含义

网络采购是指通过互联网发布采购信息、接受供应商网上投标报价、网上开标以及公布采购结果的全过程。网络采购的主要目标是对于那些成本低、数量大或影响业务的关键产品和服务订单实现处理和完成过程自动化。

当前的网络采购正处在快速成长阶段，许多企业和公司出于自身业务的急剧增长或竞争需要，纷纷对网络采购进行了大量的投资。这些投资包括对企业原有的 ERP 系统改造或自行构建新的商务系统。网络采购是大势所趋，无订单采购和无票据自动结算将是网络采购的最佳形式。

2. 网络采购与传统采购的异同

网络采购相对于传统的采购方式，最主要的区别就是网络采购采取现代计算机网络技术，特别是以互联网的应用为工具，把采购项目的信息公告、发标、投标报价、定标等过程放在计算机网络上来进行，采购相关的数据和信息实现了电子化。

小思考 7-1

传统采购与网络采购的最大区别在哪？

答：最大区别在于采取手段的差异，网络采购采取现代计算机网络技术、特别是以互联网的应用为工具。传统采购更多依赖于人工的操作与干预。

3. 网络采购的优点

网络采购作为一种先进的采购方式，其优势主要体现在：

(1) 大大减少了采购需要的书面文档材料，减少了对电话传真等传统通信工具的依赖，提高了采购效率，降低了采购成本。

(2) 利用网络开放性的特点，使采购项目形成了最有效的竞争，有效地保证了采购质量。

(3) 可以实现电子化评标，为评标工作提供方便。

(4) 由于需要对各种电子信息进行分析、整理和汇总，可以促进企业采购的信息化建设。

(5) 能够更加规范采购程序的操作和监督，大大减少采购过程中的人为干扰因素。

小应用 7-1

政府采购正在成为政府有偿获取货物、工程和服务最通用的做法，也正在成为一种国际趋势。国外成功的政府网络采购具有以下特点：起步早、积极运用新的信息技术、前期比较注重规划、计划性好、注重实效、注重程序、尊重企业的创造性、容许企业进入参与建设、开放性、不同的国家具有自己的特色。国外政府网络采购正处于积极发展状态中，不少国家认定发展政府网络采购是他们提升和改造政府采购的重要举措，是未来的发展方向。

三、网络采购的策略

网络采购的解决方案已成为众多计算机软、硬件厂商开发的热点问题，目前成熟的产品也已较为常见，这些方案对网络采购的各个方面进行了设计，使得采购工作程序化、自动化。但是，企业开展网络采购并不是选用某一公司的软件就万事大吉了，实际上网络采购不仅仅影响企业的采购流程，还深入到整个企业的业务运作之中，将从根本上改变企业的运营方式。企业只有内外结合、“软硬兼施”，才能建立起一套运行良好的网络采购体系，才能充分发挥网络采购的优势。

1. 逐步实现企业内部的信息化

网络采购的开展必须要有内部信息系统做支持，只有企业内部实现了信息化，才能使网络采购发挥出更好的优势。当前，我国有一些企业把网络采购只当作一种尝试，偶尔为之。究其原因，一方面对网络采购的发展趋势还持怀疑态度；另一方面，因为没有企业内部信息化的配套，其作用很难发挥。因此，加快企业内部信息化建设已成为当务之急，通过建设企业内联网，应用 ERP(企业资源计划)管理系统，把企业进货、销货、存货、生产以及财务、计划等各个环节通过网络连接起来，再把网络延伸到企业外部，与网络采购系统对接，这样才能成为网络采购的真正受益者。

2. 设计开发符合企业自身特点的网络采购软件

企业开展网络采购,要求把采购请求形成、采购单填写、采购审批、订单下达等各项采购工作通过网络并借助计算机软件来实现。因此,网络采购软件的作用显得十分重要。目前市场上这类成品软件十分丰富,但不同的软件其侧重点和出发点也有所不同,不同的软件各有自己的优势和劣势,这就要求企业需要根据自身的采购规模、周期等情况选用最符合自身需要的软件,不要盲目追求功能强大,也不应片面采用国外大公司的产品,必须坚持"最合适的才是最好的"原则,避免产生"花大钱办不成事"的结局。

一般来说,网络采购软件必须建立在互联网基础之上,包括 CA 认证、咨询和支付等功能;根据需要还应提供商业伙伴目录、定价服务以及集成功能;要能与 ERP 和办公自动化等后台系统集成。另外,采购管理人员的工作界面必须友好、简单明了、易操作。当然,除购买成品软件外,企业也可委托软件公司或企业计算机专业人员专门开发,真正设计出符合企业需要的采购软件,为企业更好地开展采购业务服务。

3. 加强采购管理人员培训

网络采购的有效实施离不开高素质的管理人员,他们应掌握专业的采购管理知识,同时还必须有较高的计算机和网络应用的知识,懂得电子商务的运作,能够充分利用网络这一先进工具为企业的生产经营活动服务。这样的人才,在国内的传统企业中是十分缺乏的。因此,加强人员培训,提高现有管理人员的素质是一项十分重要的任务。当然,企业领导人的重视和身体力行,对推动企业信息化建设和员工素质的提高都有十分重要的影响。随着网络采购的深入实施,单纯意义上的采购员将不复存在,采购工作将会涉及企业整个生产经营的全过程,几乎与每一位员工都有直接或间接的联系,有必要对关系较为密切的部门的员工进行网络采购的培训,让他们更好地了解企业内部的采购要求和规定,对企业的运作流程有一个系统的认识,提高他们参与网络采购过程的积极性、主动性和创造性。

4. 坚定不移地推进网络采购的实施

网络采购作为企业电子商务发展的基本应用,是企业电子商务实施的重要组成部分,也是对传统采购方式的一次革命。但是,我们也应看到,对中国企业来说,采购业务部门是一个改革相对困难的领域。因为,实施网络采购会涉及许多人既得利益的调整,会使原来的一些"暗箱操作"透明化,会对不具有专业水平的采购人员带来很大的冲击,会使原来的岗位更加精简等,由此而产生的阻力是显而易见的。作为企业领导和采购管理人员,必须认清网络采购的发展趋势,认识到其在降低成本、提高效率,进而提升企业竞争力中的重要作用,坚定不移地推动企业网络采购的实施。

小思考 7-2

一般企业要开展网络采购应采取哪些策略?

答:企业要开展网络采购应采取以下策略:① 逐步实现企业内部的信息化;② 设计开发符合企业自身特点的网络采购软件;③ 加强采购管理人员培训;④ 坚定不移地推进

网络采购的实施。

小应用 7-2

中联钢采购网是中国钢铁行业唯一的第三方采购网，通过构建信息化、电子化、专业化的行业虚拟供应链群，向钢铁行业企业提供专业的网络采购服务。

采购网提供招标、议标、拍购、团购、询价等多种网络采购模式，提供供应商推荐、供应商信用评估、采购模式选型、电子支付等采购增值服务，共享资源，降低成本，提高效率，增强管理，阳光采购，实现供需多边效益的最大化。图 7-1 所示为中联钢采购网的业务流程图。

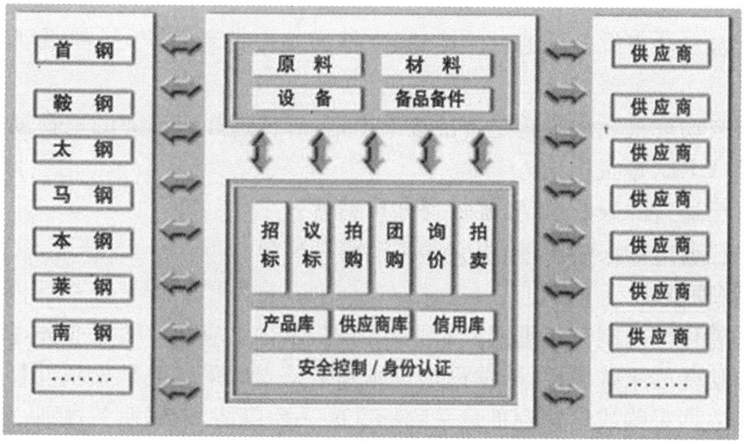

图 7-1 中联钢采购网的业务流程图

采购网积累了多年的采购服务经验，典型客户包括首钢、鞍钢、太钢、马钢、本钢、莱钢、南钢等，采购范围包括钢铁原料、材料、设备、备品备件、办公用品等。采购网还可以和企业的 ERP/进销存/MIS 等系统实现无缝对接。

（资料来源：中国联合钢铁网.）

第二节 网络采购流程

一、网络采购的模型及功能模块

针对我国企业信息化基础较为薄弱的特点，现阶段网络采购的重点应放在企业信息流和资金流的有效集成上，解决采购与财务结算中的瓶颈问题，以确保网络采购行为的正常畅通，网络采购模型通常包括采购申请、采购审批和采购管理 3 个功能模块。

1. 采购申请模块

企业要进行采购，一般需要相关部门提出采购申请，因而在设计采购申请模块时，应考虑：

(1) 接受企业关键原材料供应部门或生产部门提交的采购申请。

(2) 接受企业 ERP 系统自动提交的原材料采购申请。

(3) 公司员工提交申请或供应部门手工提交申请，都应通过浏览器登录网络采购站点的页面进行，ERP 系统的采购单据则可根据数据交换标准自动传递。

2. 采购审批模块

(1) 根据预定的审批规则自动审核并批准所收到的任何申请。

(2) 对于员工提交并自动审批通过的低价值产品申请，直接向仓库管理系统检查库存，如库存已有，立即通知申请者领用。

(3) 对于被自动审批未获通过的申请，立即通知申请者，由于何种原因未获批准，请予修改。

(4) 通过自动审批无法确定是否批准的申请，邮件通知申请者的主管领导，由领导登录采购系统的 URL，审批申请。

(5) 对于已通过的采购申请，邮件通知申请者。

(6) 对于已通过的采购申请，提交给采购管理模块。

3. 采购管理模块

(1) 采购管理部门制订年度或月份采购计划，制订供应商评估等业务规则。

(2) 对所接受的采购申请，依据设定规则确定是立即采购或是累积批量采购。

(3) 对需立即采购或已达到批量采购标准的采购申请，依据业务规则，放入竞标广场投标或立即生成订单。

(4) 对放入竞标广场的申请单，根据竞标结果生成订单。

(5) 对已生成的订单，依据设定规则是立即发给供应商，还是留待采购管理部门再审批修改。

(6) 所有订单，依据预设的发送途径向供应商发出。

(7) 自动接受供应商或承运商提交的产品运输信息和到货信息，或者这些信息由采购管理部门手工录入。

(8) 任何有权限的用户都可查询所提交申请的被执行情况。

(9)订购产品入库或服务完成后，系统自动生成凭证并提交，采购部门向财务管理部门提交有关单据。

(10)订购产品入库或服务完成后，系统自动邮件通知或采购管理部门电话通知申请者申请已执行完毕。

(11)依据设定规定，系统在发出订单时或者产品验收入库后，自动触发对供应商在网上自动付款系统，或者采购管理部门依据有关收货单据人工通知财务部门向供应商付款。

小思考 7-3

招标采购的流程分为哪几个阶段？

答：公开招标采购必须按照规定的作业程序来进行，一般而言，招标采购的流程可分发标、开标、决标和签订合约 4 个阶段。

二、采购和付款业务循环和控制

（一）采购和付款业务循环流程和控制

采购和付款业务循环包括为经营而获取商品所必需的决策和处理过程。这一循环一般是从提出采购申请开始到企业支付货款结束，它通常包括 4 个流程：

1. 处理订单

商品采购人提出采购申请并填制请购单是循环的起点。为了保证购入的商品符合要求，避免过量或不必要的购入，采购需要经过适当的授权批准。为了提高采购的效率，商业企业都设有专门的采购部门。在保证多供应渠道的条件下，应该集中订货以取得数量折扣，降低进货成本。根据实际情况，计算出最佳经济批量。采购部门要根据批准后的请购单签发订单，订单上应注明求购的数量、价格和交货时间，并送交供应商处以表明购买意愿。

2. 验收订单

企业从供应商处收到商品是循环中的关键点。企业在其记录中确认有关应付款项。验收职能部门应检查收到的商品是否与订单上的详细项目一致。对采购数量应通过计数、称量或测量来验证，并尽可能检验商品，包括检验有无装运损坏。在特殊情况下，还必须通过对商品的技术分析来确定其质量是否符合规定。此外，还需要检查到货的及时性和其他情况。验收完毕后，填制验收单作为验收商品的证据，其中一份送仓库，另一份送应付账款记账部门以作为付款时的凭证。

3. 确认债务

确认已验收商品的债务，要求企业准确迅速对采购业务进行记录，初始记录对财务报表记录和实际支付有重大影响。因此，应特别注意按正确的金额记录企业确已发生的采购事项。有的企业在商品验收后确认债务，而另一些企业习惯于在收到卖方发票时才记录。无论哪种情况，会计人员都应将应付账款记在收到供应商发票时，把发票上所列明的商品规格、价格、数量及运费等与订单、验收单的相关资料核对，发票经过审核入账后，这些采购业务就登记在采购日记账和应付账款明细账上。

4. 处理和记录账款的支付

多数企业的付款凭单在付款前由应付账款记账员掌管，付款通常是采用支票方式进行，支票的签发要求有付款凭单，加盖“款已付讫”戳记的已注销发票和验收单等有效证明。为防止这些单据被重复处理，支票要由适当授权的人员签名。出纳人员根据签发的支票及时登记银行存款日记账。签发后支票原件送给供应商，副本、付款凭单和其他单据一起存档。

（二）采购和付款业务循环内部控制使用的基本文件

在采购和付款业务循环内部控制中使用的文件有许多，但主要包括：

1. 请购单

由存货仓库、销售部门向采购部门提出商品采购申请并编制的单据。请购单预先编号，并注明所需采购商品的种类、数量以及请购人。

2. 订单

由采购部门编制的授权供应方提供商品预先编号的文件。订单上包括供应方名称、采购项目、数量、付款条件、价格等，这一凭证常用于表明商品采购的批准手续，并将其送交采购方表明购买意愿。

3. 验收单

验收单是企业收到采购的商品时由验收部门对商品进行验收，并据此编制有关收到的商品种类、数量、供方名称、订单号以及其他有关资料的凭证。验收单必须预先编号。

4. 卖方发票

卖方发票是由卖方送来的标明采购的商品的种类、数量、运费、价格、现金折扣条件以及开票日期的凭证，它详细说明了由于某项采购业务而应付卖方的货款金额。

5. 借项通知单

借项通知单反映由于退金或折让而减少向卖方付款金额的凭证，其格式常与卖方发票相同，用于证明应付账款借项记录。

6. 付款凭证

付款凭证用来建立正式记录和控制采购的凭单，它是采购日记账中记录采购的基础，也是支付货款的依据。一般来说，付款凭单正本必须随附卖方发票、验收单和订单副本。

三、网络招投标

（一）招投标网络平台的建设

目前我国的互联网发展迅速，光纤通讯技术的应用使宽带和网速大幅提高，100 M 独享宽带为招投标平台的建设创造了技术条件，为推动建设工程招标投标活动的健康发展，建立全国性的工程招投标网络平台是必要的和可行的。

其实，每一个工程项目建设都是比较繁杂的，也是不尽相同的，因为每一个工程项目的造价、投资方向、资金来源等不同。为满足招投标各方择优选择的意向，在全国建立一个统一的招投标网站，设立国家、省、市三级网络模块，分类交易、分类管理、各负其责，作为该地区的招投标官方网站，取代全国各地分散的招投标网站。建立一个阳光工程的招投标网络平台，既有利于招投标活动的管理，也可以实现信息资源的共享。

（二）招投标网络平台的优点

1. 沟通快捷方便，提高工作效率

有了网络，所有招标信息可以通过网络平台发布，全国所有的建筑企业可以通过平台看到招标信息，也可以利用网络传递投标文件，招标方与投标方之间的沟通更加方便快捷。而且利用网络平台对建筑企业、招标代理机构、评标专家实行网络化管理，招标信息、投标、开标、投诉等多个环节都可以在网上进行，大大提高了工作效率。

2. 招标范围广泛，有利于招投标的公开、公正、公平

对于以往的招投标，地方企业较多。建立全国性的招投标网络，全国所有企业都可随时查询招标公告，及时参与投标，避免了地方保护，使招投标更加公开、公正、公平。

由于评标专家由网络随机抽取，无论是招标方还是投标方都很难事先与专家联络，因此可以有效地避免人情的干扰，防止中标企业内定情况的发生。而且投标企业来自全国各地，事先串标的现象也可以有效避免。

3. 招标全程网络记录，避免人为操纵

现实招标过程中经常掺杂一些人为因素，网络招标平台的建立可以将参与各方的影像、声音、文字等各种资料以电子媒体方式存储在计算机中长时间保存，便于对招投标各个环节进行监督。而且通过各种计算机技术，标书的保密、投标日期截止等工作将会更加准确。

（三）招投标网络平台的操作流程

目前，建设单位存在的不规范问题概括起来主要是暗箱操作。有的建设单位在招标前就有明确意向，并根据意向单位的施工技术方案等要素，制定评分原则及打分办法，以确保“意中人”中标。同时，在评标过程中，建设单位作为评委参与评标，往往会借介绍工程项目概况及对投标企业的考察情况，引导其他专家评委为自己的“意中人”打高分，干扰招投标市场秩序。实行网上招投标，对招标、投标、开标、评标工作进行网络化管理，真正实现招投标工作的阳光化操作。如此一来，既能充分表达建设单位的招标意愿，又能进一步规范建设单位的招标行为。

1. 网上发布招标公告

在该平台发布招标公告，全国的建筑企业都可以浏览该信息，符合招标资质并有兴趣的企业都可以到网上参与投标，这样扩大了选择范围，使信息范围传递的更广泛，所有建筑企业都可以平等地同时看到招标信息，更加体现了公开、公平、公正的原则。

2. 投标企业网上报名

投标企业从客户端进行网上报名，输入相关的企业信息，计算机自动审核报名企业条件。

3. 投标企业的资格预审

计算机通过数据库系统自动完成对投标企业的资格预审，再由相关工作人员进行核实后，将存在的问题反馈给投标企业，限期进行补正。

4. 网上投递标书

过去企业做出标书都要在招标机构规定的时间前将标书送达指定地点，这样就有许多不稳定因素。有的企业可能因多种原因迟于规定时间送达标书而丧失了一次机会。现在网上投递标书不用投标企业直接送去，只需以电子邮件或上传的方式将标书传递到网上即可，这样既省时、省力还节约资金。所有参与投标的企业在平台上都可以查询到，便于大家互相监督。为了防止泄漏标书内容，上传的标书应该是加密的，只有投标企业知道密码，其他任何人不知道密码就无法打开。

5. 现场与网络同时开标

虽然采用网上投标的方式，但为了保证公平、公正，采用现场开标的方式，所有投标的企业可以派人参加开标会议，所有的标书必须从招投标网络平台上下载下来，由投标企业输入密码现场打开，这样就在全体人员的监督下完成，避免有人偷换或篡改标书。同时，开标全过程在网上直播，接受投标企业和公众的监督。

6. 网上评标

传统模式下，一般都是在当地聘请评标专家对标书进行评议，由于专家数量有限，又都在一个城市，难免会受其他方面的干扰，影响评标的公正。网络评标系统是指在较大范围内筛选专家进行评标。

小应用 7-3

在整个招标采购过程中，最重要的是标单的制订，理想的标单必须具备三原则：具体化、标准化和合理化。一份理想的标单，应具备以下几项特性：① 能够制订适当的标购方式，不要指定厂牌开标；② 规格要明确，对于主要规格开列必须明确，次要规格则可稍有伸缩；③ 所列条款务必具体、明确、合理，可以公平比较；④ 投标须知及合约标准条款能随同标单发出，内容定得合情合理；⑤ 标单格式合理，发标程序制度化、有效率。目前一般招标所采用招标单的格式有三用式标单和两用式标单两种。所谓三用式标单，系指一份标单中包括招标单、投标单和合约三种。所谓两用式标单，指的就是使用前两种。

四、采购协议的签订

与传统采购一样，网络采购也涉及合同（协议）的签订，在合同（协议）签订过程中，尤其要注意条款的内容。一般网络采购中，条款内容主要有：

（1）交货地点。交货地点的确定，直接影响到采购商品价格的高低，也影响交货时间的长短。运输中的危险性、付款验收的效率与方便性等都是事先需要考虑与确定的。

（2）包装及运输方法。包装是为了有效地解决商品在运输存放过程中的质量和数量问题，有利于分拣或环保，便于销售，而把货物装进适当容器的操作。包装条款的主要内容有：包装的标志与商标、包装尺寸与重量、包装方式方法、包装材料、填充物、包装成本等。运输主要是运输方式的选择和运输路线的选择，这些都会影响运输费用的大小、安全程度、运输时间的长短。

(3) 付款方法。双方应在协议(合同)中确定付款方式,如果资金充裕,可选择现金付款;如果安全性高且信誉好,可采用转账支票;如果商品紧缺,可采用预付款的形式;如资金紧张,可采用月结或其他形式。同时,也可在网上采用银行卡等电子支付的形式。

(4) 采购标准。也可称为品质标准,是物品所具有的内在质量与外观形态的综合标准。

(5) 遇上不可抗力因素的处理。遭遇不可抗力的一方可免除合同责任。不可抗力的主要条款包括:不可抗力的含义、适用范围、法律后果、双方的权利义务等。

(6) 违约责任。对于不履行合同的一方应承担的责任。应对不符合品质标准、交货延期、交货数量不足、服务水平低等违约行为的惩罚措施。

小应用 7-4

目前我国网络采购等电子商务的法律规范还不健全,所以采购方要有风险意识,特别要控制好付款和验货等环节。

五、网络采购的保证措施

(一) 采购商品质量管理与控制的保证措施

1. 采购商品质量管理与控制的内容

为了提高采购商品质量,加强采购质量管理与控制,必须明确采购质量管理与控制的内容,并确定有效的质量管理与控制措施。它有三方面的内容:一是对供应商管理与控制;二是进货检验;三是对采购物流过程的质量管理。

2. 采购商品质量管理与控制的依据

由于质量在采购中的特殊地位,决定了采购质量管理与控制的重要性。一般来说,采购质量管理与控制的依据主要体现在以下两个方面:一是技术标准。技术标准是衡量、评定产品质量的技术依据,是采购人员可以获得的直接信息。企业生产产品所需要采购的商品,都要符合现有产品标准。二是市场标准。商品是为了满足消费者需要而采购的,能否满足消费者需求是采购商品质量首要的、根本的依据和标准。技术标准和市场标准要相互参照,彼此兼顾。

小思考 7-4

采购质量管理与控制的依据是什么?

答:采购质量管理与控制的依据主要体现在以下两个方面:一是技术标准;二是市场

标准。同时，还要注意技术标准和市场标准的相互参照，彼此兼顾。

3. 采购商品质量管理与控制的具体措施

采购商品质量管理与控制的具体措施如下：

(1) 选择合适的供应商。调查了解供应商产品质量保证能力、一定的标准和程序，尽量选择那些质量管理体系完善、设备先进、技术领先、服务好、交货及时的企业作为供应商。

(2) 确定在处理同供应商之间的关系中有关的质量标准。

(3) 严格按技术规程、工艺文件认真选购。

(4) 制订保证和验证供应商产品质量的正式程序。

(5) 建立双程多线交流沟通制度，参与供应商的产品质量控制过程，共同探讨、分析和解决影响质量的各种因素，并制订各种严格标准，协助供应商改进和提高产品质量。

(6) 规定查明差错和采取纠正措施的办法。

(7) 建立采购质量档案、进货质量记录制度。

(8) 对供应商进行质量监督和质量评级。

需要强调的是，在保证商品质量的同时，还要正确处理质量与成本、供应、服务等要素之间的关系。

(1) 正确处理好质量与成本的关系。最常用的办法是使用“性能价格比”来平衡。作为采购人员，应能根据性能、价格慎重地确定质量标准，应选择那些在满足需要的情况下价格便宜的商品，以便能正确地采购每一种商品。

(2) 正确处理好质量与供应的关系。对于采购大批量商品，如提出过高的质量要求，可能会导致供应商供应周期过长，严重时会导致缺货。

(3) 正确处理好质量与销售服务之间的关系。由于企业商品的质量问题导致退货频繁发生，不仅有损企业形象，也会给企业售后服务带来麻烦，增加服务成本。

(4) 正确处理好质量与采购规格之间的关系。为了保证采购商品符合质量要求，企业采购部门在采购商品时，根据申购部门提出的具体质量要求和规格，编制采购质量文件，向供应商提出适当、明确、具体的要求，并让供应商充分地理解这些要求。“适当”就是既不能降低也不能提高顾客对商品的要求，降低要求不能保证应有的质量，而过高的要求会导致采购成本的上升。

（二）采购伦理道德法律和杜绝回扣现象的措施

1. 采购伦理道德法律

从事采购工作的采购人员，在他开始从事采购工作之前，就应该懂得与之相关的法律，明确自己的权利和义务的范围和界限。一般在采购职能高度集中的公司里，关于明示或实际代理权的条文常在书面政策中给出很好的定义，而且也被相当严格地遵守。在非集中化的环境中，书面政策常常不太完整或有些过时，雇员和他们的供应商在更大程度上常常要依赖授权。重新设计采购职能，常常会促使公司重新审视和重新定义他们的采购权力范围，调整采购政策和作业程序。因此，采购人员必须关心代理权力的两个方面：

(1) 明确权力范围。应该如何进行公司的采购活动，是否确保只有拥有明示采购权力的人才能进行采购，从而避免或减少“后门采购”。说明哪种工作头衔拥有采购权力的最新书面政策是最好的，为它们规定了实际或明示权力。除了正式政策，还必须有内部沟通程序，使公司的所有雇员都知道并定期地提醒他们能做什么和不能做什么。

(2) 明确活动范围。在与供应商谈判时，确定协议法律有效性的最好办法是警惕采购人员可能超越其权力范围的情况。当你认为可能出现问题的时候，要求采购人员以书面形式明示出他能做的事，并将此内容包括在采购合同中。

随着企业赋予采购人员以权力或职权，同时也有义务和责任。因为企业信任采购员作为代理人代表其行动，采购员承诺委托的责任，要完全以企业的利益为行动准则，其个人的利益绝对不能影响决策。而且采购人员不仅要服务于企业的利益，在代表企业实施采购行为的时候，还要在任何时候都在法律范围内行事并且真诚地对待第三方。无论代理关系是明示还是授权，上述义务都存在，它们是采购道德标准的核心。因为道德要求植根于代理权法，所以代理权法为一些看似道德困境的问题提供了解决办法。

采购人员的多数日常活动都与合同法有关。每一次采购员和供应商之间的一个合同，都要受到合同法原则的约束。在涉及国际合同的时候，会遇到相互开展贸易的不同国家的法律，每个国家都有自己的合同法，但是为了促进业务的开展，许多国家通过合约联合在一起，制定了共同的合同原则——《联合国国际货物销售公约》来管理国际业务。各个国家必须自愿地决定是否受其约束。因此，当我们与其他国家的企业签订合同的时候，明确适用于什么法律以及法律的内容是十分重要的。

2. 防止暗箱操作的对策措施

虽然暗箱操作一直存在，我们不可能完全杜绝此类现象的发生，但至少可以采取措施减少此类现象的出现。下面介绍几种防止暗箱操作的方法：

(1) 三分一统。“三分”是指三个分开，即市场采购权、价格控制权、验收权要做到三权分离，各负其责，互不越位；“一统”即合同的签约特别是结算付款一律统一管理。商品管理人员、质量检验人员和财务人员都不能够与客户见面，实行严格的封闭式管理。财务部依据合同规定的质量标准，对照检验结果，认真核算后付款。这样可以形成一个以财务管理为核心，最终以降低成本为目的的制约机制。

(2) 三统一分。“三统”是指所有采购商品要统一采购验收、统一审核结算、统一转账付款；“一分”则是指费用要分开控制。只有统一采购、统一管理，才能既保证需要，又避免漏洞；既保证质量，又降低价格；既维护企业信誉，又不至于上当受骗。各部门要对费用的超支负责并有权享受节约所带来的收益。这样，商品采购管理部门和销售部门自然形成了一种以减少支出为基础的相互制约机制。

(3) 三公开两必须。“三公开”是指采购品种、数量和质量指标公开，参与供货的客户和价格竞争程序公开，采购完成后的结果公开；“两必须”是指在货比三家后采购，必须按程序、按法规要求签订采购合同。

(4) 五到位一到底。“五到位”是指采购的每一笔商品都必须有五人的签名，即采购人、验收人、证明人、批准人、财务审查人都必须在凭证上签名，才视为手续齐全，才能报销入账；“一到底”就是负责到底，谁采购谁负责，并且一包到底，包括价格质量使用效果都要记录在案，便于审计。在发现问题时方便找到相应的责任人。

(5) 全过程、全方位的监督制度。全过程监督是指采购前、采购过程中和采购完成后都要有监督。从采购计划的制订开始，到采购商品使用的结束，其中共有 9 个需要进行监督的环节(计划、审批、询价、招标、签合同、验收、核算、付款、领用)。虽然每一个环节都有监督，但重点在于制订计划、签订合同、质量验收和结账付款 4 个环节。计划监督主要是保证计划的合理性和准确性，使其按正常渠道进行；合同监督主要是保证其合法性公平程度，保证合同的有效性；质量监督是保证验收过程不降低标准，不弄虚作假，每一个入库产品都应符合要求；付款监督是为确保资金安全，所有付款操作都要按程序、按合同履行。

第三节　供应商管理

在网络采购中，对供应商的选择与评价是重要的一环，对供应商进行全面、细致地调查，找到供应商间的差距及各自的优劣势。通过科学、合理的评价指标进行评价，是供应商管理的重要工作。

一、供应商的选择

(一) 供应商的调查

通过招标确定采购的项目一般是一次性的采购项目，更多的采购项目可能是具有某种特殊联系的企业之间的长期采购。企业之间是一种长期合作关系，对于这样的采购，一个重要的工作就是对供应商开展调查。

1. 供应商调查的方法

对供应商进行调查的目的是对供应商的能力做出一种预测。一般方法是派出一组有资格的专门人员对供应商进行访问。这些人应着手了解供应商的硬件和软件，研究各种程序，同有关负责人交谈并收集有关信息。通过这些工作，对供应商是否有可能交付质优、价廉、物美的产品做出预测。

(1) 对老供应商进行调查。如供应商是企业的老供应商，它要提供新产品时，企业可查询本企业对该供应商的评定资料。评定资料包括该供应商的质量供应能力、交货的及时能力、对质量问题处理的及时能力、财力状况以及其他相关信息。

(2) 对新供应商进行调查。如供应商是准备开发的新供应商。企业进行直接调查的同时，可查询与其合作的其他企业对供应商的报价资料，以获取供应商的开发实力及合作的优势等各方面信息。

(3) 进行直接调查。要使调查结果尽可能反映实际情况,企业就要对调查的方法和内容做认真细致的考虑。总的来说,调查方法形式多样,调查的内容力求全面,调查的重点应侧重于工序控制、员工培训和资历考核等方面,同时,调查要避免重复劳动,要善于利用社会性的数据库。一般通过调查表进行调查。

2. 调查表的主要内容

对供应商进行调查通常通过填写调查表完成,一般来说,调查表的主要内容包括:

(1) 经营管理总体情况。包括经营宗旨、质量方针、组织结构、企业规模、生产规模、主导产品、主要客户和合作意识等。

(2) 质量控制。包括质量控制方法的有效性、质量计划与试验等。

(3) 人员。包括人员技术水平、培训计划、培训内容以及执行情况等。

(4) 成果。包括质量管理方面的业绩、有声望的用户、被调查供应商的评价、通过的质量认证、获得的质量奖项、质量管理方面的论文及研究成果等。

调查表的内容应尽量全面、具体,尽量用数据或量值进行表达,同时调查内容应便于进行现场审核。对每一新产品可同时对若干个有合作意向的企业展开调查,并由其主要领导确认调查内容的真实性。供应商质量管理体系审核和质量保证能力的评估要做到优选商品,企业必须充分掌握供应商质量管理体系和质量保证体系,把握住关键要素和过程。表 7-1 所示为某公司对供应商情况的调查表。

3. 审核内容

对供应商审核的主要内容包括:

(1) 制造资格审核。根据供应商设计出来的样品进行试验,以判断供应商的能力或资格。制造能力是管理、技术、加工方法等各种能力的综合。因此,制造资格审核就是到供应商现场进行调查、实地考察,对供应商的能力做出评价。审核内容根据企业情况的不同而不同,大体上包括管理能力、技术能力、运用质量控制工具和手段的能力。

(2) 供货质量的审核。通过查阅以往供货质量情况,审核该供应商的商品质量保证能力。具体做法是查验该供应商供应商品的记录和有关产品质量的记载,走访使用单位,了解商品使用情况。若连续向该供应商进货,均未发现和发生质量问题,说明该供应商提供商品质量保证能力较好,可以依赖。

(3) 供应商的质量管理体系以及质量控制能力的审核。对已经过 ISO 9000 标准质量认证或其他质量认证的供应商进行审核,可到现场了解运行和落实情况,审查其质量管理文件,并应着重关注反映其持续改进状况的管理评审、内审、纠正(预防)措施和试验等过程。如这些方面处理得好,表明该供应商具有较完善的质量管理体系,可作为企业的供应商。供应商未通过 ISO 9000 标准质量认证或其他质量认证的,并不意味着其没有质量管理体系,只要企业对关键要素和过程控制良好,产品质量能达到要求,也能成为企业的供应商。供应商质量控制能力的审核主要是了解其控制的有效性和完整性。

(4) 样品、小批量试用的鉴定与审核。如果一个供应商的样品质量高,但是其批量质量不尽如人意的话,这个供应商就不能成为企业考虑的供应商。① 样品鉴定与审核。样品鉴定应符合技术规范的要求,遵循技术标准。该标准可直接采用国际标准、国家标准

表 7-1 某公司对供应商情况的调查表

1. 材料供应状况
   产品所用原材料的供应来源
   材料的供应渠道是否畅通
   原材料的品质是否稳定
   供应商原料来源发生困难时，其应变能力的高低等

2. 专业技术能力
   技术人员设计制造能力
   技术人员的维护和加工控制能力
   其他专业技术能力

3. 品质控制能力
   产品是否符合 ISO 国际标准
   品质管理组织、制度是否健全
   检验仪器是否精密及维护是否良好
   原材料的选择及进料检验标准是否规范
   品质异常的追溯是否程序化
   统计技术是否科学以及统计资料是否翔实等

4. 机器设备情况
   机器设备的名称、规格、厂牌、使用年限及生产能力
   机器设备的新旧、性能及维护状况
   机器设备操作者技能及环境安全性

5. 财务及信用状况
   每月的产值、销售额
   来往的客户
   经营的业绩及发展前景等

6. 管理规范制度
   管理人员水平
   管理制度是否系统化、科学化
   工作指导规范是否完备
   执行的状况是否严格

7. 供应商发展前景
   产品开发战略
   销售战略

或行业标准。同时,该标准应在开发样品前经双方认可,应和加工标准一致或相容。当产品的技术规范与供应商的相关标准存在差异时,企业认证人员有责任向设计人员提出合理的、不影响产品质量的改动。如供应商在产品技术规范要求上有一定的实现难度时,供应商要参与供应竞争就必须进行质量整改。企业认证人员及质量管理人员和供应商一起研究并实施质量改进措施。企业认证部门应组织质量小组对供应商进行审核,直到达到技术规范要求为止。② 小批量试用审核。样品的质量符合要求,并不代表小批件的质量符合要求。因此,确定样品合格后,可先进行小批量试用,试用合格后再批量供货或正式使用。小批量试用不但验证供应商产品和技术要求的一致性,还验证供应商产品满足企业工艺要求的能力以及供应商供应质量的稳定性程度。③ 供应商的确定。经过质量调查、论证、开发样品、小批量试用等过程的选择,符合企业质量要求的即为备选的供应商。但是,供应商的选择除了考虑质量要求以外,还要考虑价格、信用、管理水平等因素。另外,同一商品的供应商数目应根据商品的重要性程度和供应商的可靠程度而定,一般可以保持2~3个,以保证供应的可靠性和形成竞争,有利于商品质量的持续改进和提高。

在评价的过程进行后,会得出一个决策点。根据一定的技术方法选择供应商,如果选择成功,则可开始实施供应链合作关系。在实施供应链合作关系的过程中,市场需求将不断变化。企业可以根据实际情况的需要及时修改供应商评价标准,或重新开始供应商评价选择。在重新选择供应商的时候,应给予旧供应商以足够的时间适应变化。

(二) 供应商选择的阶段及其选择的方法

1. 内部需求分析阶段

(1) 确认业务需求。由企业内部需求部门提出,并经过分析与研究,确认为业务需求的商品。

(2) 用户需求确认。

(3) 利用网络工具进行采购信息的收集以产生潜在供应商列表。

(4) 准备和发布RFP。

(5) 为投标人举办会议。企业应召集投标人,召开招标会,将企业的需要详细、完整地陈述出来。

(6) 发表RFP附录与补充。

2. 供应商选择阶段

(1) 将内部需求和组织要求与市场上相关供应商的能力相对照。

(2) 评估供应商的回应。

(3) 分析必要的需求。

(4) 建立最佳候选名单。

(5) 详细的供应商分析和RFP分析。

(6) 确认最终名单。

3. 谈判和选择阶段

(1) 准备谈判阶段。

(2) 确定合同重要条款。

(3) 谈判策略。

(4) 确认合同条款。

(5) 选择最后供应商。

(6) 合同处理。

(7) 使用所选产品。

二、供应商的评价

(一) 供应商评价的目标

现代企业处于一种动态的环境中,必须随时根据外在环境的变化调整其行动方略。企业从选择供应商开始就必须将其纳入整个企业管理系统之中。在今天,供应商的交货、商品质量、库存水平等对企业的影响越来越大,并直接影响到采购的效率。因此,企业需要对供应商的开发、控制、评价、评定及重新确定双方合作关系等多方面进行跟踪,保证企业供应链系统的稳定和高效运作。因此评价目标包括:

1. 获得符合企业总体质量和数量要求的商品和服务

每一个采购方企业都会有一整套的战略规划和方针。在选择供应商时,必须充分考虑该供应商与本企业的发展方向是否一致,它所提供的商品和服务能否满足本企业质量及数量的要求。

2. 确保供应商能够提供优质的服务、商品和及时地供货

企业在选择供应商时,在双方的供需关系确立后,必须将优质的服务、商品和及时的供货作为评价供应商的根本原则。

3. 力争以低的成本获得优良的商品和服务

企业总是以追求最大利润为根本目标。因此,在供需关系发生后,采购方也会采取多种措施来降低自己取得最优商品和服务的成本,能够提供最大供应价值的供应商是所有采购方都希望与之合作的。

4. 淘汰不合格的供应商,开发有潜质的供应商

采购方与供应商之间并非是从一而终的既定关系。双方都会不断地审视和衡量自身利益是否在和对方的合作中得以实现,不符合自身利益的合作伙伴最终会被摒弃。

5. 维护和发展良好的、长期稳定的供应商合作关系

越来越多的企业意识到,同供应商发展战略伙伴关系更加有利于自身的长远发展,采购方谋求的应该是同供应商长期的伙伴关系。

(二) 供应商评价的主要内容

对供应商进行评价的基础是确定评价的内容和方法。基于供应商在企业供应链中的地位和作用,可以从以下几个方面考虑:

1. 供应商是否遵守公司制定的供应商行为准则

供应商行为准则是企业对供应商最基本的行为约束，也是二者保持合作关系的基本保障，这是进行供应商评价的首要内容。

2. 供应商是否具备良好的售后服务意识

采购商品在装配使用和运输过程中可能因为质量问题或使用方式不当等原因而被损坏。

3. 供应商是否具备良好的质量改进意识和开拓创新意识

随着市场竞争的加剧，企业的技术创新、商品创新层出不穷。尤其是在高新技术企业中，商品更新换代的速度日新月异。企业的创新意识离不开供应商的支持，有时供应商的创新甚至是推动企业创新的原动力之一，它为企业提供了更大的利润空间。

4. 供应商是否具备良好的运作流程、规范的企业行为准则和现代化企业管理制度

管理混乱、行为规则不健全的供应商是很难在激烈的竞争中维持生存和发展的，因为这些问题的存在不利于和采购方建立长期稳定的合作关系。

对供应商进行评价的内容涉及许多方面，不同企业对此有各自的具体要求和期望。对于大型企业尤其是跨国集团来讲，供应商选择的成功与否关系到整个系统能否正常运作，因此它们对供应商进行评价时有更多、更严格的标准和广泛的内容。而中小企业对供应商的要求则相对较为宽松。另外，就评价内容而言，有些方面是可以量化的，有些则只能由企业在长期的运作中通过观察来得到。许多企业根据自身规模和运作，根据实际情况形成了对供应商进行考评的指标体系。

供应商评价指标体系是企业对供应商进行综合评价的依据和标准，是反映企业本身和环境所构成的复杂系统不同属性的指标，是按隶属关系、层次结构有序组成的集合。不同行业、企业，不同商品需求和环境下，供应商评价应是不一样的，但不外乎涉及以下几个可能影响供应链合作关系的方面：供应商的业绩、人力资源开发、质量控制、成本控制、技术开发、消费者满意度和交货协议。

企业必须建立一个专门的小组来控制和实施供应商评价，这个小组的组员以来自采购、质量等与供应链合作密切的部门为主。这些组员必须有团队合作的精神，而且还应具有一定的专业技能。另外，这个评价小组必须同时得到采购方企业和供应商企业最高领导层的支持。一旦企业决定实施供应商评价，评价小组必须与初步选定的供应商取得联系，来确认它们是否愿意与企业建立供应链合作关系，是否有获得更高业绩水平的愿望，所以，企业应尽可能早地让供应商参与到评价的设计过程中来。然而，企业的力量和资源毕竟是有限的，只能与少数关键的供应商保持紧密的合作，所以参与的供应商应该是尽量少的。

评价供应商的一个主要工作是调查、收集有关供应商生产运作等全方位的信息。在收集供应商信息的基础上，就可以利用一定的工具和技术方法进行供应商的评价了。

（三）供应商评价的考核指标

采购人员通常从价格、品质、交期交量和配合度几个方面来考查供应商，并按百分制的形式来计算得分。

1. 价格

根据一定时期市场上某种材料或产品的最低价、最高价、平均价、自行估价，结合企业自身的情况，然后选择出一个较为标准、合理的价格作为依据。

2. 品质

衡量材料或产品的品质一般有 3 个指标：批退率、平均合格率和总合格率。批退率是指在某一固定时间内退货批次数占总供货的次数。如 3 月份某供应商交货 60 次，退货 4 次，其批退率为 4÷60×100%＝6.67%。批退率越高，表明其品质越差。平均合格率是根据每次交货的合格率，计算出一段时间内合格率的平均值来判定品质的好坏。如某厂家第四季度交货 5 次，其合格率分别为 92%、95%、89%、90%、96%，则其平均合格率为：(92%＋95%＋89%＋90%＋96%)÷5＝92.4%。合格率越高，表明品质越好。总合格率是根据某固定时间内总的合格率来判定品质的好坏，如某供应商 2006 年共交货 20 000个，总合格数为 19 998，则其总合格率为：19 998÷20 000×100%＝99.99%。总合格率越高，表明品质越好。

3. 交期交量

准时交货率＝准时交货数量÷订购数量×100%。另一指标为逾期率，逾期率＝逾期批数÷交货批数×100%。

4. 配合度

配合度应配备相当的分数，服务越好，得分越多。

综合考虑以上得分，计算出总评得分，以此来考核供应商的绩效。

小应用 7-5

供应商综合评价指标体系涉及众多影响评价供应商的因素，价格因素仅仅是其中比较重要的因素之一，但不是唯一因素。不要因过分看重价格，而忽视质量与交期交量等因素而造成错误评价供应商。

小应用 7-6

表 7-2 所示是某家电商场 2016 年第一季度同款彩电的采购统计资料。

表 7-2　某家电商场 2016 年第一季度同款彩电的采购统计表

供应商	采购商品数量(台)	验收合格商品数量(台)	准时交货数量(台)	单价(元)	综合考评得分
A	40	38	39	2 350	96.61
B	50	49	50	2 400	97.95
C	80	78	78	2 340	97.74
D	100	96	100	2 300	98.40

假设该家电商场网络采购委员会先前制定的评价项目和分数权数为：产品质量40%，价格30%，交期交量30%。根据评价项目和采购统计资料，显然各供应商的产品质量评价可用合格率＝验收合格商品数量/采购商品数量来表示；价格评价以最低的供应商为基数（满分30分），其他供应商与此比较，价格越高，得分越低；交期交量评价可用准时交货率＝准时交货数量/订购数量来表示。

那么，根据加权综合评分法对4家供应商进行评价，各供应商综合考评得分分别是：

A：$38/40\times40+2\,300/2\,350\times30+39/40\times30=96.61$；

B：$49/50\times40+2\,300/2\,400\times30+50/50\times30=97.95$；

C：$78/80\times40+2\,300/2\,340\times30+78/80\times30=97.74$；

D：$96/100\times40+2\,300/2\,300\times30+100/100\times30=98.40$。

本章小结

· 网络采购是通过互联网发布采购信息，接受供应商网上投标报价、网上开标以及公布采购结果的全过程。网络采购的主要目标，是对于那些成本低、数量大或影响业务的关键产品和服务订单实现处理和完成过程自动化。

· 网络采购相对于传统的采购方式，最主要的区别就是网络采购采取现代计算机网络技术，特别是以互联网的应用为工具，把采购项目的信息公告、发标、投标报价、定标等过程放在计算机网络上来进行，采购相关的数据和信息实现了电子化。

· 网络采购的策略包括：逐步实现企业内部的信息化；设计开发符合企业自身特点的网络采购软件；加强采购管理人员培训；坚定不移地推进网络采购的实施。网络采购模型通常包括采购申请、采购审批和采购管理等3个功能模块。

· 采购和付款业务循环内容控制中使用的文件一般有：请购单、订单、验收单、卖方发票、借项通知单和付款凭证。网络采购中签订合同的条款内容一般包括：交货地点、包装及运输方法、付款方法、采购标准、不可抗力、违约责任。

· 通过招标确定采购的项目一般是一次性的采购项目，更多的采购项目可能是具有某种特殊联系的企业之间的长期采购。企业之间是一种长期的合作关系，对于这样的采购，一个重要的工作就是对供应商开展调查。

· 供应商评价指标体系是企业对供应商进行综合评价的依据和标准，是反映企业本身和环境所构成的复杂系统不同属性的指标，是按隶属关系、层次结构有序组成的集合；不同行业、企业，不同商品需求和环境下，供应商评价应是不一样的，但不外乎涉及以下几个可能影响供应链合作关系的方面：供应商的业绩、人力资源开发、质量控制、成本控制、技术开发、消费者满意度和交货协议。考核供应商的主要指标有：价格、品质、交期交量和配合度。

关键概念

网络采购　网络采购策略　采购和付款业务循环　三分一统　三统一分　同质市场与异质市场　供应商调查　供应商评价　供应商评价指标体系

基本训练

□ 知识题

7.1　判断题

(1) 无订单采购和无票据自动结算将是网络采购的最佳形式。　(　　)

(2) 任何有权限的用户都可查询所提交申请的被执行情况。　(　　)

(3) 验收单可以预先编号,也可以不预先编号。　(　　)

(4) 供货质量审核就是到供应商现场进行调查、实地考察,对供应商的能力做出评价。　(　　)

(5) 供应商评价指标体系是反映企业本身和环境所构成的复杂系统不同属性的指标,是按隶属关系、层次结构有序组成的集合。　(　　)

7.2　选择填空题

(1) 以下属于网络采购优点的是(　　)。

A. 减少了对电话传真等传统通信工具的依赖

B. 可以实现电子评标,为评标工作提供方便

C. 大大减少采购过程中的人为干扰因素

D. 由于需要对各种电子信息进行分析、整理和汇总,可以促进企业采购的信息化建设

(2) 针对我国企业信息化薄弱的特点,现阶段网络采购的重点应放在(　　)的有效集成上。

A. 信息流　　B. 资金流　　C. 物流　　D. 商流

(3) 在(　　)流程过程中,要检查到货的及时性和其他情况。

A. 处理订单　　B. 验收订单

C. 确认债务　　D. 处理和记录价款的支付

(4) (　　)上应包括供应方名称、采购项目、数量、付款条件、价格等。

A. 验收单　　B. 卖方发票　　C. 订单　　D. 请购单

(5) 一般衡量材料或产品品质的指标有(　　)。

A. 批退率　　B. 平均合格率　　C. 配合度　　D. 总合格率

7.3　简答题

(1) 网络采购中,一般采购协议的条款合同有哪些?

(2) 在对供应商进行审核时,审核的内容有哪些?

□ 技能题

如果你是采购经理,你如何选择供应商?

观念应用

□ 分析题

价格是否第一

小张是一个外贸采购人员,产品很多、很杂。以各种日用品、小家电、工艺礼品、五金工具为主……小张做采购的风格是价格第一,质量第二。原因是小张感觉只有价格第一,才可以吸引客户,进入了价格这个门槛,你才有机会跟客户洽谈下一步的质量问题……因为现在外贸是一个非常严峻的价格战,如果没有低的价格去吸引客户,你连收取客户第二封回复邮件的机会都没有。甚至从此客户就把你从供应商中删掉了。

问题:你认为小张的做法对不对,为什么?

□ 案例题

浙江省政府采购信息管理系统(外网系统)计划用 5 年左右时间,分 3 期分别建设完成。最终目标是要建立一个全省统一开放的"网上政府采购市场"。即能够覆盖省、市、县三级政府采购监管部门和各采购当事人,涵盖预算执行管理、采购交易活动实施、采购资金支付等整个政府采购流程,以及实现省、市、县三级采购信息集中交互、统一发布和互通共享的信息系统。其中,一期以政府采购网上监管业务为主要内容;二期以网上采购交易业务为主要内容;三期以网银业务及与周边省市政府采购系统和其他相关部门系统的信息交互业务为主要内容。它的前提是规范化,重点是电子化,优势是精细化,基本要求是一体化,根本目的是要保护干部。

该负责人强调,政府采购信息化既是深化财政管理改革的内在要求,又是实现财政支出管理科学化、精细化的有效途径。政府采购信息化的重要意义还在于它既是政府采购改革发展的必然选择,又是当前深化政府采购制度改革的一项重要内容;既是预防和治理商业贿赂的重要手段,又是建立政府采购领域"惩防体系"的重要内容。同时,政府采购信息化也是推行政务信息公开,建设服务型政府的客观要求。

问题:

(1) 结合以上案例,谈谈政府采用网络采购有何意义?

(2) 目前我国各级政府在开展网络采购过程中还存在哪些问题?

章后习题参考答案与提示

■ 基本训练

□ 知识题

7.1 判断题

(1) 对；(2) 对；(3) 错；(4) 错；(5) 对。

7.2 选择填空题

(1) ABCD；(2) AB；(3) B；(4) C；(5) ABD。

7.3 简答题

(1) 一般网络采购中，条款内容主要有：交货地点、包装及运输方法、付款方法、采购标准、遇上不可抗力因素的处理、违约责任。

(2) 对供应商审核的主要内容包括：设计资格的审核、供货质量的审核、供应商的质量管理体系以及质量控制能力的审核、样品小批量试用的鉴定与审核。

□ 技能题

可以从价格、质量、交期交量、一致性、稳定性等方面考虑。

■ 观念应用

□ 分析题

略。

□ 案例题

略。

第八章
网上贸易案例分析

学习目标

通过本章的学习，能够在学习前几章网上贸易理论知识的基础上，了解几家传统企业或电子商务公司的网上贸易实务，从中找出它们各自的优点和存在的问题，发现企业开展网上贸易的一般规则和适宜途径。

今天，网络技术日益成熟，网络经济已呈蓬勃发展之势，几乎所有知名企业都投入到建站热潮中，网上企业站点数、站中页面数呈爆炸性增长。但是，网络营销作为新生事物，需要全新的营销策略和手段，其理论和方法也处于不断的发展变化之中。经过几年的发展和探索，许多企业的网站日渐成熟，网站的定位、主题、创意、气势、主页、内容、文字、总体容量、规模、服务功能、互动模式等方面均显示出共性和特色。

本章在前面几章讲解的基础上，从不同的角度深入分析这些典型知名网站的网络经营策略，对目前企业网站的整体运营做一个全面、清晰的介绍，期待读者能够从中找出它们的成功之处，以此借鉴。

第一节　网络综合销售平台——淘宝网

目前我国应用范围比较大的网络综合销售平台主要有：淘宝网、拍拍网和易趣网等，其中规模和影响力比较大的是淘宝网。

一、网站背景

淘宝网成立于2003年5月10日，由阿里巴巴集团投资创办。经过6年的发展，截至2009年，淘宝网拥有注册会员1.7亿，2009年全年交易额达到2 083亿元人民币，是亚洲最大的网络零售网。国内著名互联网分析机构艾瑞咨询调查显示，淘宝网占据国内电子商务80%以上的市场份额。2008年，“大淘宝战略”应运而生。秉承“开放、协同、繁荣”

的理念，通过开放平台，发挥产业链协同效应，大淘宝致力于成为电子商务的基础服务提供商，为电子商务参与者提供水、电、煤等基础设施，繁荣整个网络购物市场。为社会创造100万直接就业机会是大淘宝最重要的目标。截至2009年，已经有超过80万人通过在淘宝开店实现了就业（国内第三方机构IDC统计），带动的物流、支付、营销等产业链上间接就业机会228万个（国际第三方机构IDC统计）。目前每天全国三分之一的宅急送快递业务都因淘宝网交易而产生。推动"货真价实、物美价廉、按需定制"网货的普及是大淘宝的使命。通过缩减渠道成本、时间成本等综合购物成本，淘宝帮助更多的人享用网货，获得更高的生活品质；通过提供销售平台、营销、支付、技术等全套服务，大淘宝帮助更多的企业开拓内销市场、建立品牌，实现产业升级。大淘宝的出现将为整个网络购物市场打造一个透明、诚信、公正、公开的交易平台，进而影响人们的购物消费习惯，推动线下市场以及生产流通环节的透明、诚信，从而衍生出一个"开放、透明、分享、责任"的新商业文明。

二、网站结构

淘宝网网址为 http://www.taobao.com/，淘宝网首页如图8-1所示。

图8-1　淘宝网首页

1. "登录"和"注册"

网上交易的买家和卖家通过注册来进行网上交易。注册中需要提交手机号码，然后在注册过程中需要通过手机接收验证码。支付宝（第二节介绍）账号同时注册。如果要进行网上销售，还需要进行实名注册，如图8-2所示。

图 8-2　淘宝网“注册”页面

2. “我要买”

用户登录后，就可以根据商品类别进行点击进入，或者在搜索引擎中进行搜索。淘宝网提供“宝贝”(商品)搜索和“店铺”搜索，如图 8-3 所示。

图 8-3　“我要买”页面

3. “我的淘宝”

用户可以在此栏目中，对自己账户的信用情况和买卖商品的详细情况进行查询和整理，如图 8-4 所示。

图 8-4　淘宝网“我的淘宝”页面

4. “淘宝商城”

该栏目在淘宝网的首页上点击进入。该频道主要都是一些品牌厂家自己的销售平台，因此相对可信度是比较高的，如图 8-5 所示。

图 8-5　淘宝网“淘宝商城”页面

5. “阿里旺旺”

这是一个类似于腾讯 QQ 的及时沟通软件，且集合了淘宝账户的全部账户管理功能，是一个网络销售的综合性工具，既提供实时在线交流，又提供交易记录查询的一系列功能，如图 8-6 所示。

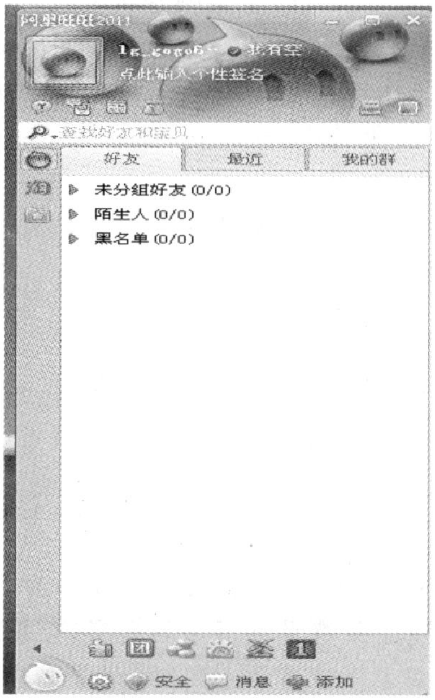

图 8-6　阿里旺旺工具

三、网站特色

1. 产品种类多

淘宝的商品数目在近几年内有了明显的增加，从汽车、电脑到服饰、家居用品，分类齐全，除此之外还设置了网络游戏装备交易区、虚拟货币交易区(类似醉逍遥点卡秒杀的特色交易区)等。

同时，淘宝网还推出定制商品。2009 年 10 月 18 日，淘宝网正式宣布，首次推出 3 款淘宝定制手机。这 3 款手机分别是与联想移动公司合作的联想 i61 型号手机“灵素”、与中国电信合作的海信 E6 型号手机“风云”、与 TCL 公司合作的阿尔卡特 OT808 型号手机“无双”。

2. 特色服务

与易趣不同的是，会员在交易过程中感觉到轻松活泼的家庭式文化氛围。其中一个例子是会员及时沟通工具——阿里旺旺。会员注册之后淘宝网和淘宝旺旺的会员名通用，如果用户进入某一店铺，正好店主也在线的话，会出现掌柜在线的图标，可与店主及时地发送、接收信息。淘宝旺旺具备了查看交易历史、了解对方信用情况、个人信息、头像、多方聊天等一般聊天工具所具备的功能。

3. 安全制度

淘宝网也注重诚信安全方面的建设，引入了实名认证制，并区分了个人用户与商家用户认证，两种认证需要提交的资料不一样，个人用户认证只需提供身份证明，商家认证还需提供营业执照，而且一个人不能同时申请两种认证。从这方面可以看出淘宝在规范商家方面所作出的努力。

淘宝同样引入了信用评价体系，点击还可查看该卖家以往所得到的信用评价。

小应用 8-1

淘宝信用评价体系由心、钻石、皇冠 3 部分构成，目的是为诚信交易提供参考。并在此过程中保障买家利益，督促卖家诚信交易。

2009 年淘宝信用评价系统升级，2009 年 9 月 24 日起，淘宝网所有店铺违规、产生纠纷的退款及受到的处罚，将被完全公布在评价页面。升级后的评价体系将在以往的评价列表基础上，加上店铺相关信息，包括是否参加消费者保障计划；对消费者有何承诺；受到处罚的情况。

对于已经加入消保的卖家，显示信息包括：该店铺已加入淘宝网消费者保障服务及对买家的承诺等。对于因为违规被清退出消保的卖家，在被清退后 30 天之内，将显示：该店铺已被清退出淘宝网消费者保障服务。同时，在卖家服务质量查询栏里面，消费者可以看到该卖家近期是否有被投诉情况；产生纠纷的退款情况及违规情况。

这将成为除评价以外，买家对卖家诚信度判断的最重要标准。

4. 阿里旺旺

最新版本的淘宝旺旺与原阿里巴巴的贸易通结合，成为阿里旺旺（淘宝版），作为一种即时交流软件供网上注册的用户之间交流。淘宝网支持用户以网站聊天室的形式交流，同时发布广告，还可以将交易纪录保存为电子证据。阿里旺旺在淘宝网用户的线上交流交易过程中发挥着越来越大的作用。

阿里旺旺主要分为两个版本：卖家版，买家版。

小应用 8-2

淘 宝 大 学

淘宝大学（如图 8-7 所示）是由亚洲最大的购物网站淘宝网创办的专业网商培训中心，它承载着淘宝网未来为社会提供一百万个就业机会、帮助更多的人成就网商梦想的社会使命。经过不断的探索与实践，淘宝大学研发了一系列实战课程，拥有资深淘宝卖家讲师 50 余名，并逐步形成了在线培训、现场授课和培训认证三位一体的教学模式，培训足迹已遍布全国 40 余座城市。

淘宝大学可以提供的服务：

（1）致力于网上经营培训，帮助广大学员获取全面的网上创业知识、经验和技巧，协助广大学员在网上创业、就业。

图 8-7　淘宝大学标志

(2) 为学员提供产品货源。

(3) 针对经营实力较弱的学员，提供产品代发货，让学员完全没有资金积压、库存风险。

(4) 为学员提供物流优势。学员的物流费用一年可以省上千元。

(5) 学员学习完以后可以加入风语淘宝卖家联盟，解决经营难题，共享资源。

(6) 学员学习完以后，暂时不愿开店创业的，也可以选择相应的网店营销岗位就业。

(7) 每年组织学员参加多场高级卖家经验交流会，拓展您的经营思维。

(8) 为了让广大网商能更好地发展壮大自己的事业，风语淘宝创业联盟正在积极和银行洽谈，为优质联盟会员提供低息创业贷款，解决资金短缺等难题。

第二节　网络交易支付平台——支付宝

现在我国应用范围比较大的网络支付平台主要有：支付宝、快钱和财付通等，其中规模和影响力比较大的是支付宝。

一、网站背景

支付宝(中国)网络技术有限公司是国内领先的独立第三方支付平台，是阿里巴巴集团的关联公司。支付宝致力于为中国电子商务提供“简单、安全、快速”的在线支付解决方案。

支付宝公司从 2004 年建立开始，始终以“信任”作为产品和服务的核心。不仅从产品上确保用户在线支付的安全，同时让用户通过支付宝在网络间建立起相互的信任，为建立纯净的互联网环境迈出了非常有意义的一步。

支付宝提出的建立信任、化繁为简、以技术的创新带动信用体系完善的理念，深得人心。在不到 6 年的时间内，为电子商务各个领域的用户创造了丰富的价值，成长为全球最领先的第三方支付公司之一。截止到 2010 年 12 月，支付宝注册用户突破 5.5 亿户，日交易额超过 25 亿元人民币，日交易量达到 850 万笔。

目前除淘宝和阿里巴巴外，支持使用支付宝交易服务的商家已经超过 46 万家，涵盖了虚拟游戏、数码通信、商业服务、机票等行业。这些商家在享受支付宝服务的同时，还拥有了一个极具潜力的消费市场。

二、网站构成

支付宝网站网址为 https://www.alipay.com/，首页如图 8-8 所示。

图 8-8　支付宝网站首页

1. 个人服务

主要包括网络购物付款、收款/付款、担保交易、爱心捐赠和生活助手服务。

使用支付宝进行网络购物付款流程如下：

(1) 选择商品，如图 8-9 所示。

图 8-9　买家选择商品

（2）付款到支付宝，如图 8-10 所示。

图 8-10　买家付款到支付宝

（3）如果收货确认无误，支付宝付款给卖家，交易成功，如图 8-11 所示。如图买家未收到货，支付宝则退款给买家，交易失败，如图 8-12 所示。

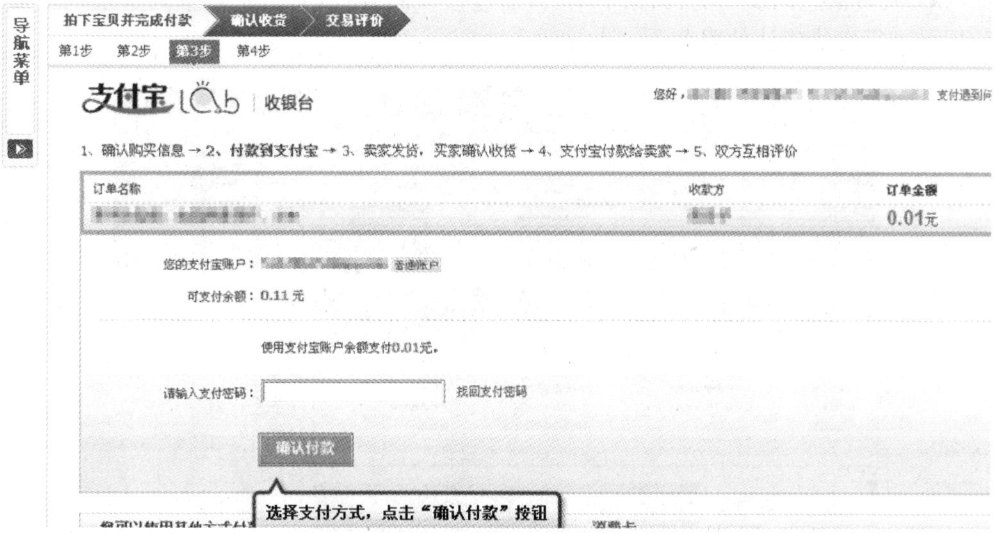

图 8-11　买家收到货后，支付宝付款给卖家

图 8-12　买家未收到货，支付宝退款给买家

2. 商家服务

支付宝商家服务页面如图 8-13 所示。

(1) 担保交易收款功能：支付宝提供给商家，通过支付宝中间账户为买家交易资金做担保，以买家收货确认结果判断交易资金流向的收单接口。若买家确认收货，则资金到达商家账户。

(2) 支付宝会员通用登录功能：支付宝会员不需要在网站注册，通过支付宝账号即可直接登录网站，进行下单购物。

(3) 发货信息同步功能：买家下单后，通过接口的方式，对指定订单同步录入发货信息，即可进行发货确认的服务。

图 8-13　支付宝商家服务页面

3. 银行合作

支付宝银行合作页面如图 8-14 所示。

图 8-14　支付宝银行合作页面

支付宝目前合作的银行有：中国工商银行、中国农业银行、中国建设银行、中国邮政储蓄银行、中国交通银行、中国银行、招商银行、浦东发展银行、兴业银行、华夏银行、广东发展银行、深圳发展银行、中国民生银行、中信银行、中国光大银行、恒丰银行、浙商银行、上海银行、深圳平安银行、宁波银行、杭州银行、南京银行、武汉市商业银行、北京农村商业银行、上海农村商业银行、重庆银行、温州银行、台州银行、徽商银行、大庆市商业银行、长沙市商业银行、青岛银行、荆州市商业银行、济南市商业银行、焦作市商业银行、嘉兴农村信用社、常熟农村商业银行、吴江农村商业银行、宜昌市商业银行、南海信用社、常州农村信用社、贵阳市商业银行、绍兴商业银行、呼和浩特市商业银行、遵义市商业银行、顺德信用社、富滇银行、淄博市商业银行（现齐商银行）、乌鲁木齐市商业银行、潮州市商业银行等 72 家银行。

4. 手机支付

支付宝手机支付页面如图 8-15 所示。

图 8-15　支付宝手机支付页面

三、网站特色

1. 优点

为买家提供简单、安全、便捷的购买和支付流程，极大限度地减少买家的流失，提高可观的成交支付转化率。同时支付宝以稳健的作风、先进的技术和敏锐的市场预见能力，赢得了银行、国际机构和合作伙伴的认同。国内各大银行（中国工商银行、中国农业银行、中国建设银行、招商银行和上海浦东发展银行等）及中国邮政、VISA 国际组织等各大机构均与支付宝在电子支付领域建立了稳固的战略合作关系，使支付宝成为电子支付领域最值得信任的合作伙伴。

2. 缺点

（1）支付宝不能很好地打击网上支付宝骗子。

（2）支付宝对虚拟物品纠纷缺乏评判标准。特别是网站、域名、程序等站长类的网络交易。

（3）支付卡太多，不能使用户不需要再次选择所在银行就能充值付款犹如支付宝卡通支付一样便捷。

（4）遇到黑客，资金的安全问题就很困难。

小思考 8-1

使用支付宝应该注意哪些安全措施？

答：使用支付宝时，应该注意：① 谨慎接收文件；② 警惕仿真号码和假客服；③ 请勿外泄校验码；④ 请不要把支付宝账号出租给他人；⑤ 好友借钱需确认；⑥ 谨防低价陷阱。

第三节　网络专业销售平台——钻石小鸟

鼠标加水泥的企业是将先进的互联网技术与传统优势资源相结合，利用先进的信息技术提高传统业务的效率和竞争力，实现真正的商业利润的一种动态模式。这类企业如上海华联超市、苏宁电器，不但有实体店面作为主要零售渠道，也会在网上作为商品出售在线零售商。

钻石小鸟始创于 2002 年，率先把“鼠标＋水泥”的模式引入网络奢侈品销售，是国内最早的网络钻石品牌。其始终倡导钻石文化的传播，坚持以安特卫普经典切割，一钻双证，为消费者带来贴心的购钻体验和无与伦比的 DIY 乐趣。钻石小鸟已见证了 30 万对情侣的爱情，收获了 40 万会员的口口相传，倾情演绎着钻石与网络的恒久传奇。

一、网站简介

钻石小鸟(如图 8-16 所示)是国内最早从事网络钻石销售的专业珠宝品牌,同时也是中国网络钻石销售第一品牌,始终致力于引领全新钻石消费潮流。从 2002 年初创品牌到 2004 年在国内首开基于 OFFICE 的钻石体验中心,短短时间内,钻石小鸟迅速把“鼠标+水泥”的全新钻石销售模式从上海相继带到了北京、杭州、广州、宁波、南京、成都、武汉、西安、青岛、长沙、重庆,在不远的将来将覆盖全国各大主要城市,成为一个全国性的钻石珠宝大品牌。

钻石小鸟
zbird.com

图 8-16 钻石小鸟图标

钻石小鸟体验店和传统珠宝店有很大的不同。首先你进门看见的不是柜台与商品,而是几台电脑——“顾客上网区”,再进去是一面讲述钻石历史的文化墙以及“一对一”的专业顾问咨询台,进而是一间四壁铺满钻石的璀璨裸钻厅。它不仅仅是一个钻石销售的空间,同时还是一个兼具钻石文化传播、网络销售传播以及钻石体验的空间。体验店满足了大部分客户线下交易的需求,但他们既要控制体验店数量以控制成本,又要满足越来越多的顾客的需要。

二、网站结构

(1) “注册”与“登录”:用户可以点击“注册”链接进入注册页面,填写相关资料进行注册。登录后就可以进行相关消费。该网站的注册分为两类,非会员卡注册和会员卡注册,如图 8-17 所示。

图 8-17 钻石小鸟用户注册

（2）“裸钻”：用户点击按键，就可以进入裸钻的搜索界面，对库存的裸钻进行个性化选择。可以进行选择的选项主要有：形状、颜色、净度、证书和所在地，如图 8-18 所示。

图 8-18　钻石小鸟裸钻选择

（3）“钻戒”“吊坠”“耳饰”“手链”：用户点击相应按键就可以对不同的钻石饰品进行个性化选择，如图 8-19 所示。

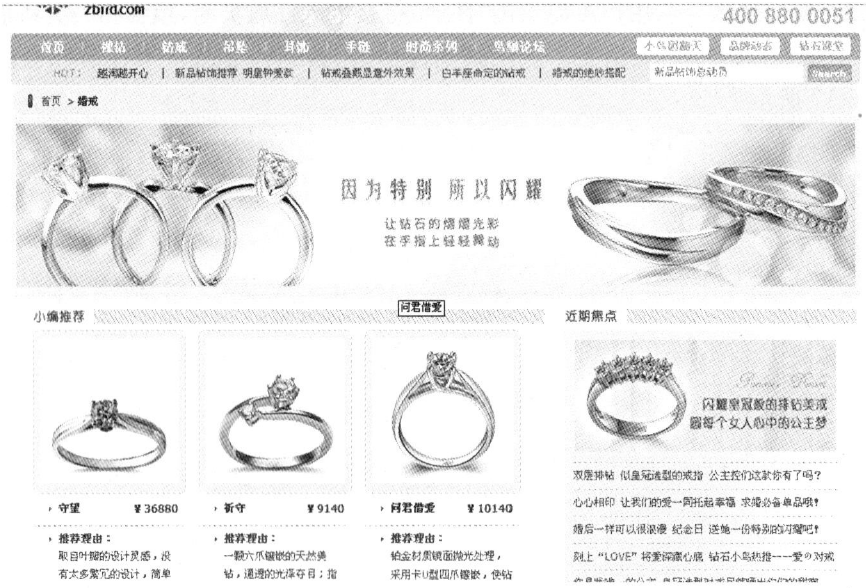

图 8-19　钻石小鸟成品选择

（4）“小鸟团翻天”：每一段时间网站会推出一款特价的饰品进行促销，吸引消费者的注意，如图 8-20 所示。

图 8-20　钻石小鸟团翻天

三、网站特色

1. 写字楼的销售

通常的钻石等饰品的销售都会在黄金铺面进行，其租金价格是比较昂贵的。钻石小鸟通过网站的宣传，可以在写字楼里进行，这样就很好地降低了成本，这样钻石小鸟就可以以低于市场价格很多的价格进行销售，使消费者获利，同时也扩大了自己的营业额。

2. 引进国内外著名的钻石认证

钻石小鸟的主要钻石认证是：GIA、HRD、IGI 和国检。消费者可以通过这些认证的官方网站，来对每颗钻石的品质进行认证。通过这些国内外著名的第三方钻石认证，可以解决钻石的真假品质问题，使得钻石小鸟的信誉获得了第三方的肯定，解决了网络销售的信誉问题。

3. 网下实体体验中心

钻石毕竟是大价值的商品，且个性化特征比较明显。为了满足消费者的体验化消费，钻石小鸟在 12 个中心城市开设了体验中心，方便消费者进行实地体验和消费。消费者在钻石小鸟网上购买的商品可以选择快递送货，也可以选择去体验中心取货，这样通过网下实体体验中心使得网上销售和网下销售有机结合。

小应用 8-3

钻石小鸟的 4C 文化

1. Concept of new model——全新模式

“线上订单购买＋线下体验中心服务”为顾客带来多维度便捷购钻渠道。无论身处互联网还是体验中心，均可享受到独特的一对一购钻体验。

2. Create your own ring——钻戒 DIY

先行选择合适的裸钻、再配以心仪的戒托，DIY 专属于自己的钻戒。开钻石行业风潮之先河。

3. Culture of Diamond——钻石文化

钻石小鸟始终坚持为客户营造美好的文化氛围，并通过自身的努力，坚持传播钻石文化、推广钻石文化，让更多的人去领会钻石背后的真正含义。

4. Care for love——为爱呵护

钻石小鸟对钻石品质的不断追求、对客户每一个购钻细节的贴心关爱、对客户佩戴感受的细致揣摩以及为顾客提供周全的会员关怀，让每一颗钻石从加工打磨到佩戴再到客户的指尖，都倾注了钻石小鸟对呵护爱情的坚定追求。与顾客一起，呵护钻石背后所代表的爱。

第四节　网络团购平台——美团网

从 2010 年初中国第一批团购网站成立到 2010 年年底，“千团大战”号角吹响。2011 年，玩家们纷纷用资本换市场，快速扩张掩盖的行业问题逐渐暴露。2012 年，资本断粮，崇尚精耕细作的美团网和大众点评脱颖而出。2013 年，商家“开团”已经逐渐常态化，注重服务和抓住移动化趋势的市场前两名进一步巩固了“第一阵营”的地位。2014 年，资本的青睐以及互联网巨头的投资，使得团购网站从最初的独立发展逐渐变为倚靠拼钱。2015 年，团购网站在 O2O 领域多线作战已成趋势。

仅仅五年时间，在经历了千团大战、野蛮生长、资本泡沫、优胜劣汰等一系列剧烈变化后，中国的团购市场愈发理性。五年沉浮恍如一梦，中国团购网站开始“革自己的命”，将触角从团购领域伸至更广阔本地生活服务消费领域。

一、网站简介

美团网是 2010 年 3 月 4 日成立的团购网站。美团网有着“美团一次，美一次”的宣传口号。其目标是为消费者发现最值得信赖的商家，让消费者享受超低折扣的优质服务；为商家找到最合适的消费者，给商家提供最大收益的互联网推广。图 8-21 所示为美团网首页。

图 8-21 美团网首页

2014 年，美团全年交易额突破 460 亿元，较上年增长 180%以上，市场份额占比超过 60%。

2015 年 10 月 8 日，美团、大众点评联合发布声明，宣布达成战略合作，共同成立“新美大”。

2015 年，美团点评全年交易额超 1 700 亿元，为用户提供电影票、外卖、餐饮到店、酒店旅游、婚庆、家装、KTV 等生活领域方面的服务。

美团点评在餐饮领域不断创新，推出了手机买单、闪惠、订座、点单等服务，有效地提升了用户体验。相关数据显示，美团点评在餐饮 O2O 领域的市场份额已经超过 85%。

在外卖领域，美团外卖日订单量突破 400 万单，在国内外卖市场份额排名第一。美团外卖一直以消费者的需求为基础，在保证餐饮外卖优势的基础上，积极进行品类扩张，上线了超市、鲜果购、甜点饮品、夜宵等更多品类的外卖配送服务，服务覆盖校园、工作、居家等各种场景。

在酒店旅游领域，2015 年前 5 月，美团点评酒店消费间夜量达 4 600 万。其中，第一季度的消费间夜量达到了 2 600 万，同比增长 80%，同时住宿业务的营收同比增长近 100%。此外，在过去的 4 月和 5 月，消费间夜量单月均超过了 1 000 万，成为国内第一的住宿在线预订服务商。

二、网站结构

1. 注册与登录

用户可以点击首页左上角的“注册”链接，进入注册页面，美团提供“邮箱注册”和“手机注册”两种方式，填写相关资料后即可注册成功，如图 8-22 所示。登录后就可以进行相关消费。

图 8-22　美团网注册页面

2. 今日新单

用户先要选择所在城市，然后点击“今日新单”，就能查询本地区正在进行的团购，可以根据自己的需求加以选择。每个团购都有消费的时间期限，消费者要在期限内进行消费，如图 8-23 所示。

图 8-23　今日新单页面

3. 购买

用户选择套餐类型和数量后，即可点击“立即抢购”，购买成功后，美团会将消费的订单号、二维码等信息发送到手机。消费者到店消费时，只需出示信息，经过验证就可消费了。如图 8-24、图 8-25 所示。

图 8-24　选择套餐类型和数量

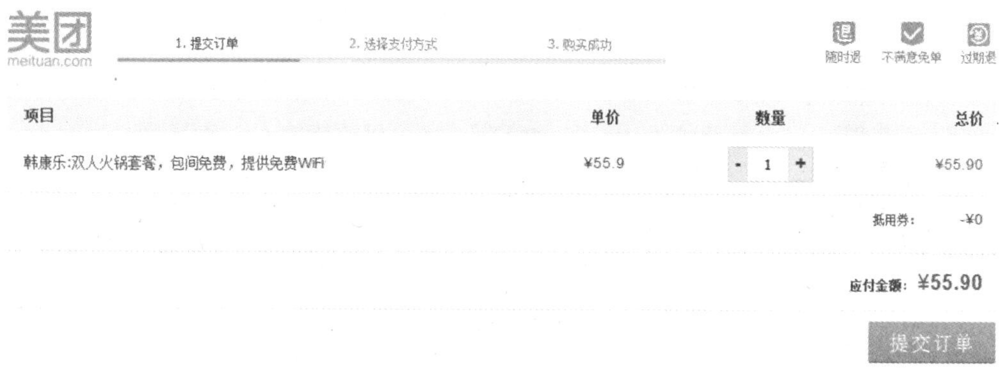

图 8-25　提交订单

美团的支付系统支持微信、支付宝、财付通等第三方支付工具，如图 8-26 所示，也支持图 8-27 所示的网银支付。

图 8-26　微信/财付通/支付宝支付

图 8-27　网银支付

4. 购物

美团除提供餐饮等生活服务外，还提供商品购物功能。如图 8-28 所示。

5. 身边外卖

美团提供外卖服务，支持手机端和 PC 端下单，手机端将基于用户位置自动推送美食信息。如图 8-29 所示。

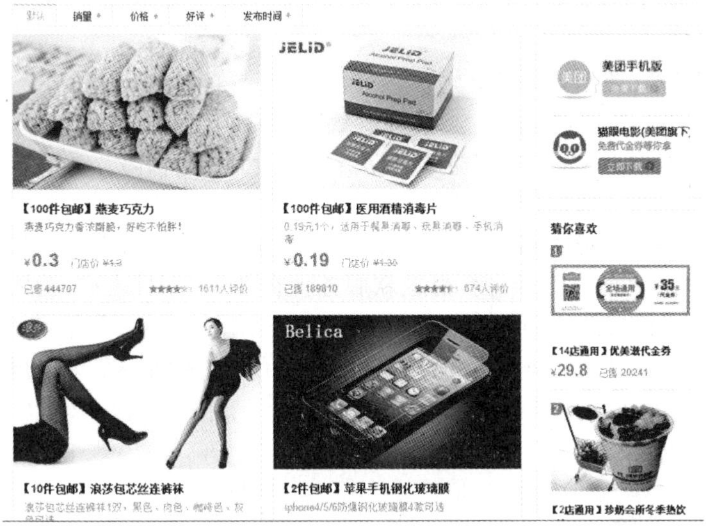

图 8-28　美团购物页面

图 8-29　美团外卖页面

三、网站特色

为了更好地服务用户，美团网除了对商家进行严格地审核之外，还投入千万元进行呼叫中心建设，同时率先推出“7 天内未消费，无条件退款”“消费不满意，美团就免单”和“过期未消费，一键退款”等一系列消费者保障计划，构成了完善的“团购无忧”消费者保障体系，为用户提供最贴心的权益保障，免除消费者团购的后顾之忧，让消费者轻松团购，放心消费。

1.“7 天内未消费，无条件退款”计划

美团网承诺，凡是在美团网申请团购成功的消费者，7 天之内如有特殊情况尚未消费美团券，均可以致电美团网客服反映事实情况，经核实符合退款标准的，美团网会在第一时间给消费者退款。

2. 消费不满意，美团就免单计划

美团网在推出“7 天内未消费，无条件退款”计划的基础上，开创性地新增了“消费不满意，美团就免单”计划，为用户利益方面提供了更加完善的保障。

3. “过期未消费，一键退款”计划

2011 年 3 月 4 日，美团网在成立一周年之际正式宣布“过期包退”计划正式启动，即今后美团网用户如过期未消费将获得退款服务。在 3 月 31 日之前，美团网已把过去一年内 1 000 多万未消费的团购款返还给相应的美团网用户。这一举措在团购行业尚属全球首次，1 000 万巨额返款更是史无前例，可谓“开行业之先河”，最大限度地保障了用户的利益，解除了用户的后顾之忧。

本章小结

• 淘宝网是亚太最大的网络零售商圈，致力打造全球领先的网络零售商圈，由阿里巴巴集团在 2003 年 5 月 10 日投资创立。淘宝网现在业务跨越 C2C(个人对个人)、B2C(商家对个人)两大部分。淘宝网的优势包括：广泛的市场宣传推广、出类拔萃的网站质量、永远免费的吸引政策、完善的信用体系建设、灵活的支付宝交易平台和方便的旺旺交流工具。

• 支付宝(alipay)最初作为淘宝网公司为了解决网络交易安全所设的一个功能，该功能为首先使用的“第三方担保交易模式”，由买家将货款打到支付宝账户，由支付宝向卖家通知发货，买家收到商品确认指令后支付宝将货款放于卖家，至此完成一笔网络交易。支付宝开放的平台为网络交易奠定了基础，目前它不仅和全国 72 家银行合作，还推出手机支付、电视支付等新业务。

• 钻石小鸟率先把“鼠标＋水泥”的模式引入网络奢侈品销售，是国内最早的网络钻石品牌。作为钻石小鸟首创的“鼠标＋水泥”的线上载体，其官方网站以强大的功能、人性化的界面，成为了中国最特别的一家“钻石店”，为消费者带来更为便捷和人性化的网络购钻体验。具体特色包括体验中心 360 度全景照片、钻石在线 3D 展示、多项人性化智能搜钻方式、全新“全球寻钻”功能等等。这些都为消费者带来最特别、最贴心的购钻感受。

观念应用

□ 实验题

可口可乐和百事可乐的网络营销特色分析

传统企业如何在信息经济时代赶上潮流，如何在网络环境下开展产品营销？这是传统企业必须面对的崭新问题和巨大挑战。

全球著名的美国可口可乐公司和百事可乐公司是传统企业的代表，它们在世界饮料市场上占有绝对的优势地位。对可口可乐和百事可乐来说，它们的产品单一，在世界各地不间断地大做广告，其产品在大街小巷随时都可买到。但是，以网络营销为代表的新经济代表着一种商业趋势和发展方向。每个企业要想在未来继续保持领先，就必须对网络营销有足够的重视，并在网络上树立起自己的品牌形象。

要求：请分别登录可口可乐和百事可乐网站，比较分析二者在网站定位、网页特点、网站功能等方面的共性和特点。

□ 案例题

大众汽车的网上推广策略

大众汽车在产品推广方面有个好主意，它要在网上发布最新的两款甲壳虫系列——亮黄和水蓝。总共 2 000 辆新车出售，而且均在网上销售。公司花了数百万美金在电视和印刷媒体上大做广告，推广活动的广告词为："只有 2 000，只有在线"。大众汽车 e-Business 经理 Tesa Aragones 认为："大众汽车的用户中有很多人能上网，我们这次市场活动不仅推广了新车型，而且支持了整个在线购车的过程。我们将使之成为一次独特的品牌宣传，大约 60%的客户通过互联网来购买我们的产品和服务。"

这是大众汽车第一次在自己的网站上销售产品，推广活动从 2001 年 5 月 4 日延续到 2001 年 6 月 30 日。根据 Aragones 的报道，网站采用 Flash 技术来推广两款车型，建立虚拟的网上试用驾车。

Aragones 解释道："采用 Flash 技术，将动作和声音融入活动中，让用户觉得他们实际上是整个广告的一个部分。用户可以选择网上试用驾车的不同场景，例如在城市中，在高速公路上，在乡间田野或其他地方。"

网上试用驾车使得网站流量迅速上升。Aragones 指出网站每月平均有 100 万人次访问。在推广的第一天，就有超过 8 万的访问量。在活动期间，每天独立用户数平均为 47 000，每个用户花费时间翻了 1 倍，达到 19 分钟，每页平均浏览 1.25 分钟。

网上试用驾车同时完成了重要目标——得到更多的注册用户。用户能够在网上建立名为"我的大众"的个人网页。Aragones 指出在推广期间，超过 9 500 人建立了自己的网页。他们能够更多地了解自己需要的汽车技能，通过大众的销售系统检查汽车的库存情况，选择一个经销商，建立自己的买车计划，安排产品配送时间。

Aragones 说："用户能够就自己的需要，通过互联网、BBS 或电话与经销商取得联系。一旦交易成功，用户能直接确定新车型的发送时间。"

Aragones 说推广活动产生了 2 500 份在线订单，其中 60%的用户选择了水蓝车型。"由于水蓝车型有着更多的价格选择，所以它卖得较好。亮黄则只有一种型号且较贵。"

这次市场活动对美国国内大众汽车经销商来说也是成功的。超过 90%的经销商参与了活动，虽然 Aragones 拒绝透露销售的具体情况，她还是指出销量是非常高的。

Aragones 说："这次活动达到了我们的预期目标。我们向消费者证明了在线买车为他们提供了更多的选择余地。活动也向我们的经销商证明了电子商务的力量所在，让他们为汽车行业在线销售的高速增长做好了准备。"

问题：分析大众汽车的网上试用驾车对产品销售的促进作用，效果如何？

章后习题参考答案与提示

■ 观念应用

□ 实验题

【分析提示】

1. 网站定位

(1) 可口可乐。针对其产品早为人们熟悉的特点，将可口可乐定义为美国文明史的一部分，体现可口可乐是具有文化内涵的品牌而不仅仅是饮料。

(2) 百事可乐。以年轻人为主要推广对象，成功地树立起了独立、叛逆和富于个性的时尚形象。

2. 网页特点

(1) 可口可乐。网页的设计和手法上着意于各种出其不意的花样和噱头，刻意追求光怪陆离的视觉效果。整个网站营造出了一种热闹纷繁的场面，这在互联网中显得极为独特。

(2) 百事可乐。主页采用了方方正正的"传统型"设计风格，画面与其商标一样，取蓝白冷色为主。网页风格新奇、大胆、活泼、现代，完全迎合青年人的口味。

3. 网站功能

(1) 可口可乐。第一是创造出一种可乐文化。它并不期望网民点击鼠标来购买产品，而是要让大众时时记着这一网站，时时光顾，看看有何"可乐"。所以公司采用多幅首页的方式。访问者每次看到的首页都不一样，每幅走马灯式的首页都用涂鸦体的嬉皮士腔调来一段话，彼此间无关联。第二它向网络渗透、扩张的意图非常强烈，与网民交互中获取信息是其网络营销的核心任务。如在网上商场设立了网络调查栏目，通过一系列问题来获得客户的资料。

(2) 百事可乐。第一注重公司形象和产品的推广，它按产品广告与经营业绩分为两大板块，分别在首页页眉的左右侧目录区列出。第二设立了向经销商、承运商等开设的普及电子数据交换(EDI)系统的栏目。

□ 案例题

【分析提示】

1. 网上试用驾车对销售的促进作用

(1) 推广了新车型。

(2) 支持整个在线购车的过程。

(3) 使之成为一次独特的品牌宣传。

(4) 采用 Flash 技术来推广两款车型，建立虚拟的网上试用驾车，加强了用户对新车的感性认识。

2. 网上试用驾车的效果

(1) 网站流量迅速上升，得到更多的注册用户。

(2) 通过大众的销售系统检查汽车的库存情况，选择一个经销商，建立自己的买车计划，安排产品配送时间。

(3) 推广活动产生了 2 500 份在线订单。

3. 意义

在线买车为他们提供了更多的选择余地。活动也向经销商证明了电子商务的力量所在，让他们为汽车行业在线销售的高速增长做好了准备。

参考文献

[1] 劳动和社会保障部中国就业培训技术指导中心. 电子商务师国家职业资格培训教程[M]. 北京：中央广播电视大学出版社，2002.

[2] 劳动和社会保障部中国就业培训技术指导中心. 电子商务师国家职业资格培训教程[M]. 2 版. 北京：中央广播电视大学出版社，2005.

[3] 桂海进. 网站建设与网络营销[M]. 北京：中国商业出版社，2001.

[4] 杨坚争，汪芳，李大鹏. 网络广告学[M]. 北京：电子工业出版社，2002.

[5] 栗志明. 网络贸易优劣势分析[J]. 河南科技，2006(6)：10-11.

[6] 宋文官. 电子商务基础[M]. 大连：东北财经大学出版社，2004.

[7] 沈风池. 电子商务概论[M]. 北京：中国电力出版社，2005.

[8] 张继文. 电子合同[M]. 北京：中国民主法制出版社，2003.

[9] 劳帼龄. 电子商务安全与管理[M]. 北京：高等教育出版社，2003.

[10] 韩宝明，杜鹏，刘华. 电子商务安全与支付[M]. 北京：人民邮电出版社，2004.

[11] (美)特伯恩，等. 电子商务：管理新视角[M]. 王理平，等译. 2 版. 北京：电子工业出版社，2003.

[12] 金晓岚，刘晓. 网络营销：金牌企业新实营销实战技法[M]. 北京：中华工商联合出版社，2006.

[13] 方程. 电子商务概论[M]. 北京：电子工业出版社，2003.

[14] 郑承志. 电子商务与现代物流[M]. 大连：东北财经大学出版社，2006.

[15] 李涛，万晨妍. 电子签章技术及其在网络电子合同中的应用研究[J]. 网络安全技术与应用，2005(9)：54-56.

[16] 刘苏醒，李瑛，韩焱. 电子商务在涉外企业网上贸易中的应用[J]. 网络安全技术与应用，2005(6)：13-15.

[17] 杜廓，郭振宇. 刍议影响我国网络贸易发展的因素及其对策[J]. 商业经济，2005(6)：36-37.

[18] 刘丽杰. 网络贸易的发展及其对我国经济的影响[J]. 辽宁教育行政学院学报，2006(2)：69-70.